노동사회과학 제14호
공황기 정세와 전선의 성격

엮은이: 노동사회과학연구소 연구위원회
연구위원장: 문영찬
편집위원: 고희림, 권정기, 김용화, 김유정, 김정수, 김해인, 배은주, 신재길, 심미숙, 이규환, 이동건, 이상배, 임경민, 장인기, 전성식, 채만수
펴낸이: 채만수
펴낸곳: 노사과연
교정·교열: 문영찬, 김용화, 이동건
편집: 이동건
표지디자인: 이규환

등록: 302-2005-00029 (2005.04.20.)
주소: (우)06916 서울시 동작구 본동 435번지 진안상가 나동 2층
    (신주소: 서울시 동작구 노량진로 22길 31 나동 2층)
전화: (02) 790-1917 | 팩스: (02) 790-1918
이메일: wissk@lodong.org
홈페이지: http://www.lodong.org

발행일: 2020년 11월 14일

ISBN 978-89-93852-36-3   04300
        978-89-956695-8-7

* 책값은 뒤표지에 있습니다.
* 잘못된 책은 바꿔드립니다.

노동사회과학 제14호

공황기 정세와 전선의 성격

차 례

편집자의 글

문영찬　　사상의 재정립, 전선의 구축으로　　　7
　　　　　세계사적 반동기에 맞서자!!

권두시

고희림　　티브이의 계산　　　　　　　　　　　14

문영찬　　현 정세에서 전선의 성격에 대하여　　16

김태균　　(국가)독점자본주의와 노동조합　　　41
　　　　　— 사회적 합의주의 공세에 맞선
　　　　　노동자계급의 투쟁

조남수　　대우조선해양 인수·합병 저지 투쟁과　72
　　　　　국유화의 문제

박문석　　민족문제에 대한 계급적 접근을 위하여　85

홍승용　　변혁주체의 자유와 결정론　　　　　110
　　　　　— 맑스·엥겔스와 지젝의 주체론 소고

천연옥	콜론타이의 ≪붉은 사랑≫, ≪위대한 사랑≫을 읽고	137
문영찬	과학의 위기와 그에 대한 레닌의 철학 상의 해결: ≪유물론과 경험비판론≫을 읽고	156
디미트리스 코스쿰바스	신화와 환상의 끝 오늘을 마주하며 내일을 준비하기 위해	175
기오르고스 마리노스	다양한 나라들에서 자본주의의 발전의 상이한 수준에도 불구하고, 노동자의 이익의 통일을 위한 투쟁에서 그 전위― 공산당들 간의 관계	184
러시아 공산주의노동자 당	국제주의와 계급투쟁 간의 변증법적 관계	203
러시아 공산주의노동자 당	민족 문제와 공산주의자들의 전술	210

편집자의 글

사상의 재정립, 전선의 구축으로 세계사적 반동기에 맞서자!!

트럼프가 대선에서 패배할 것이 확실시 되고 있다. 소송으로 선거 결과의 확정을 늦추고자 하지만, 현재 진행되고 있는 상황은 트럼프의 패배 확정에 다가서고 있다. 트럼프가 그동안 '법과 질서'를 강조하고 인종주의를 조장하는 등 파시즘적인 행보를 보였던 것에 비추어 보면, 트럼프의 패배는 세계적 차원의 반동의 경향 중의 일부가 패배한 것으로 볼 수 있다.

그러나 트럼프의 패배는 세계사적 반동의 경향이 극복될 수 있다는 징표의 하나에 불과하다. 왜냐하면 쏘련의 해체 뒤 세계적 차원에서 노동자계급의 해방운동은 침체하고 있고 사회주의 사상, 맑스-레닌주의 사상 자체가 대중적 영향력을 회복하고 있지 못하기 때문이다. 이러한 상황에서 트럼프의 패배는 세계사적 반동기가 극복될 수 있는 가능성이 서서히 자라고 있다는 것을 드러내는 것이다. 사실 쏘련 해체 뒤 승승장구하던 세계 자본주의는 2007년의 세계대공황과 2020년 현재의 세계 대공황으로 인해 위기에 몰려 있다. 연이은 두 번의 세계대공황은 자본주의가 영원하지 않다는 것을 세계적 차원에서 드러내고 있고 전 세계 노동자계급의 해방운동, 사회주의 운동이 재생할 수 있는 조건을 만들어 내고 있다.

그런 점에서 한국의 노동자계급의 운동은, 나아가 세계 노동자계급의 해방운동은 세계사적 반동기라는 지금의 현실에 정면으로 맞서는 길을 갈 필요가 있다. 쏘련의 해체는 반혁명의 승리였다는 것, 자본주의는 해결할 수 없는 모순으로 신음하고 있다는 것, 노동자계급의 운동은 사상에 기초한 과학적 노선의 수립을 통해 재생될 수 있다는 것 등의 인식을 기초로 다시금 노동자계급의 해방운동의 기치, 사회주의 운동의 기치를 들어야 한다.

노동자계급의 해방은 어느 한 지역, 어느 한 부문의 과제가 아니라 전 세계 노동자계급의 세계사적인 과제이다. 이에 대해 맑스는 ≪공산주의 당 선언≫에서 "만국의 노동자여, 단결하라!"라는 구호를 제시한 바 있었다. 이는 프롤레타리아 국제주의에 대해 한국의 노동자계급이 심화된 인식을 갖고 그것을 정치노선으로까지 확대하여 정립해야 한다는 것을 의미한다. 그런 점에서 20세기 사회주의의 교훈을 철저히 체득하면서 21세기 지금 현실에 맞는 프롤레타리아 국제주의를 정립해 갈 때, 변혁의 전망은 태양이 여명을 뚫고 솟아오르듯이 열리게 될 것이다.

이번 ≪노동사회과학≫ 14호는 한편으로 프롤레타리아 국제주의에 대해 세계 노동자계급이 현재 탐구한 결과를 번역하여 싣고 있다. 독자 여러분의 많은 관심을 바란다. 또한 세계사적 반동기에 맞서는 것은, 여전히 사상의 문제를 핵심 관건으로 제기하지만, 동시에 노동자계급은 자본주의의 현실에 맞서는 전선의 구축을 과제로 하고 있다. 그런 점에서 이번 호에는 전선에 대한 이론적 접근과 현재 노동운동이 부딪히고 있는 전선에서의 쟁점들을 포괄적으로 다루고 있다.

먼저 문영찬은 '현 정세에서 전선의 성격에 대하여'에서 지금의 정치적 정세, 정치적 구도에서 형성되어야 할 전선의 성격을 고찰하고 있다. 먼저 전선(front)은 단순한 전술적 차원의 문제가 아니며, 전선은 정세에 조응하는 계급세력의 배치 문제라는 점에서 전선은 전략과 전술의 교집합임을 제기하고 있다. 그런데 한국에서 당면 변혁의 성격이 '민족민주 과제를 포함하는 사회주의 변혁'이라는 점에서 현 정세에서 전선은 반자본주의 전선과 민족민주 전선이라는 중층적 성격을 갖고 있음을 분석하고 있다. 그리고 두 개의 전선 중에서 일차적인 것은 반자본주의 전선이며 민족민주 전선은 이차적 전선으로서 두 개의 전선은 성격상 차이가 있지만 서로 분리되어 있는 것이 아니라 통일적인 연관 하에 상호 결합되어 있음을 밝히고 있다. 반자본주의 전선과 민족민주 전선이 상호 간에 긴밀하게 연관되어 있고 통일되어 있는 것은, 한국자본주의의 발전이 미제국주의에 대한 예속성을 조건으로 이루어지고 있다는 점, 그리고 한국 자본가계급이 국가보안법의 폐지 등 민주주의 과제에 대해 손을 놓고 있는 현실, 즉, 한국 자본가계급의 반동성으로 인해 민주주의 투쟁과 사회주의 투쟁의 거리가 매우 좁혀지고 있는 현실 등이 근거로 제시되고 있다. 그리고 반문재인 정권 전선에서 반자본주의 전선과 민족민주 전선은 하나로 모아질 수 있다는 점을 전망하고 있다.

김태균의 '(국가)독점자본주의와 노동조합'은 사회적 합의주의의 역사와 이론을 다루고 있는 글이다. 노태우 정권 당시의 노·경총 임금가이드라인 합의에서부터 시작하여 문재인 정권에 이르기까지 자본가계급은 자본가들의 자본축적 위기를 노동자계급의 양보와 굴종을 내용으로 하는 노사정 합의를 통해 극복해 왔다는 것을 드러내고 있다. 그리고 이러한 사회적 합의주의가 가능하기 위한 조건으로 제국주의 단계의 (만성적) 경제위기가 존재할 것, 그리고 민주당류의 정치세력이 존재할 것, 노동운동 내에서 사회적 합의주의에 대한 찬동 세력이 존재할 것 등을 들고 있다. 그런데 사회주의 합의주의의 이러한 전제들에서 제국주의 시대를 만성적 경제위기로 규정한 것은 논쟁의 여지가 있다. 필자는 사회적 합의주의에 대한 투쟁의 방향으로 노동해방을 지향하는 변혁적 투쟁을 목적의식적으로 배치할 것, 공황기 투쟁의 전형을 창출할 것, 노동운동 내의 사회적 합의주의 세력과의 비타협적 투쟁을 들고 있다. 그런데 공황기 투쟁의 전형에서 국유화 투쟁을 제기한 것은 논란의 여지가 있다. 왜냐하면 노동자계급의 권력이 전제되지 않은 국유화의 제기는 자본주의 국가를 강화하는 것으로서 사회민주주의적 방향으로 흐를 가능성이 있기 때문이다. 그럼에도 불구하고 이 글은 사회적 합의주의의 역사와 이론을 나름대로 체계화하고 있다는 점에서 노동운동의 발전에 있어서 귀중한 자산이 될 것이다.

조남수의 '대우조선해양 인수·합병 저지 투쟁과 국유화의 문제'는 앞서 김태균 동지가 잠깐 언급했던 국유화의 문제를 전면적으로 다루고 있는 글이다. 필자는 현재의 자본주의 사회를 '기계가 사람을 잡아먹는' 사회로 본다. 그리고 자본주의 생산의 무정부성으로 인해 수요와 공급의 자동조절 신화가 붕괴되고 있고, 한국의 재벌, 독점자본들을 옹호하는 논리인 규모의 경제 또한 자본주의 하에서는 착취의 도구일 뿐임을 지적하고 있다. 조선산업의 경우 규모의 경제에서 살아남기 위해 과잉생산보다는 설비투자의 과잉이 주로 문제가 되고 있는데, 이로 인해 대규모 구조조정, 해고의 위협이 존재하며 이에 대해 거제 조선산업의 공기업화, 대우조선해양의 공기업화가 제기되고 있다고 한다. 그러나 공기업화는 고용의 안정을 담보하지 못하며, 따라서 자본주의 내에서 한계는 있지만 경제위기 상황 하에서 고용의 안정이 담보되는 국유화를 전술적 슬로건으로 제출할 필요가 있음을 주장하고 있다. 이러한 국유화의 제기는 앞서의 김태균 동지의 국유화 주장과 같은 맥락인데, 다른 점이 있다면 그것을 전술적 슬로건으로 제시한다는 점이다. 국유화가 하나의 전략으로서가 아니라 경제위기 상황 하에서 전술로서 제기될 수 있는가는 그 자체로 검토해 보아야 할 쟁점이다. 그러나 자본주의 하에서 국유화를 통한 고용의 안정이라는 담론은 그 자체로 이미 사회민주주의적인 것으로서 자본주의 국가의 계급적 성격을 흐리고 노동자 계급의 자본주의 국가에 대한 투쟁을 어렵게 하는 요소가 될 수 있다. 그럼에도 필자가 전략적 차원이 아닌 전술적 차원으로 국유화를 제기한다는 것을 분명히 하고 있는 만큼 이에 대한 활발한 논의가 필요할 것이다.

박문석의 '민족문제에 대한 계급적 접근을 위하여'는 노동운동 내에서 계급적 전망을 흐리고 있는 엔엘(NL)적 흐름에 대한 비판의 글이다. 필자는 엔엘적 경향을 소부르주아 민족주의라 규정하면서 소부르주아 사상은 노동자계급의 것이 아님을 강조하고 있다. 필자는 엔엘적 경향이 민족모순을 주요모순으로 놓고 당면 변혁으로 인민민주주의 혁명을 추진하는 것을 비판하고 있다. 그리하여 계급모순이 지금은 단지 기본 모순인 것만이 아니라 주요 모순으로 되고 있음을 주장하면서 인민민주주의 혁명 노선이 낡았고, 지금의 당면 변혁은 사회주의 변혁임을 강조하고 있다. 그리하여 '통일만 되면 노동해방은 자동적으로 된다'는 몰계급적 관점을 비판하고 있고 남과 북은 두 개의 국가, 사회로서 남과 북의 노동자의 관계는 국제주의적 관계여야 한다고 주장하고 있다. 그러나 이 점은 논쟁의 여지가 있는데 남과 북이 2개의 국가로서 남북 노동자계급의 관계가 일차적으로 국제주의적 관계여야 한다는 것은 옳지만 2차적으로는 민족적 관계 또한 존재하기 때문이다. 그리하여 통일을 위해 남북의 노동자계급 모두가 미제국주의를 극복해야 하는 것은 남북 노동자계급 모두의 민족적 과제가 되는 것이다. 필자는 엔엘진영이 노동운동 내의 분열을 극복하려는 노력이 없고 계급협조주의 등으로 노동운동의 분열에 책임이 있음을 비판하고 있다.

홍승용의 '변혁주체의 자유와 결정론'은 지젝의 철학을 비판하면서 자유와 필연의 문제, 결정론의 문제를 고찰한 논문이다. 필자는 "악성 결정론에 맞서 자유로운 주체의 지위를 옹호하는 지젝의 논의는 흥미롭다"고 보면서 자유와 필연의 문제에서 지젝을 매개로 자신의 담론을 형성해 간다. 필자는 "나는 원인들에 의해 결정되지만 사후적으로 어떤 원인이 나를 규정하게 될 것인가를 결정한다(할 수 있다)"는 지젝의 사후적 결정이라는 처방이 인과적 그물에서 벗어나게 하는 것은 아님을 비판하고 있다. 즉 지젝의 사후적 결정이라는 방식은 인과적 필연성과 주체를 분리시키는 것이며, 그에 따라 주체는 인과적 그물에 포섭될 수밖에 없다는 것이다. 필자는

'악성 결정론'이 인간의 자유를 부정하고 숙명론에 빠지게 함을 비판하며 "필연의 그물을 현실적 인식이 아닌 인식 생산에 유용한 '규제적 이념'으로서 상정"할 것을 주장한다. 그리하여 필연에 대한 탐구와 인식의 확장, 자유의 문제를 '병립'하는 것으로 파악한다. 사실 자유와 필연의 문제는 근대에 논의가 시작된 이후 지금까지도 논쟁의 대상이다. 그런데 필자는 결정론 자체를 극복의 대상으로 파악하는 듯하다. 그러나 결정론이 숙명론을 야기하는 기계론적 결정론만이 있는 것은 아니며, 변증법적 유물론에서의 결정론은 우연의 존재를 인정하는 변증법적 결정론이기도 하다. 자유의 쟁취와 자유의 확장을 위한 투쟁은 실천의 영역에서도 필요하지만 자유와 필연의 관계 문제, 결정론의 문제를 이론의 영역에서 개념적으로 다듬어 가는 것도 필요할 것이다.

이번 호에는 [서평] 두 꼭지가 실렸다. 천연옥의 '콜론타이의 ≪붉은 사랑≫, ≪위대한 사랑≫을 읽고'와 문영찬의 '과학의 위기와 그에 대한 레닌의 철학 상의 해결: ≪유물론과 경험비판론≫을 읽고'가 그것이다. 천연옥 동지는 그동안 페미니즘과 대결하면서 여성해방은 노동자계급의 해방을 통해서만 가능하다는 것을 강조하며 노동자계급의 여성해방론을 세우기 위해 노력해왔다. 이 서평 또한 그러한 노력과 투쟁의 연장선상에 있는 것이다. 콜론타이는 여성해방 관련 소설로도 유명하지만 볼셰비키 혁명에 직접적으로 참여하고 투쟁한 사람이며 천연옥 동지는 이 과정을 콜론타이의 삶과 정치적 역정이라는 점에서 자세히 서술하고 있다. 그리고 콜론타이가 혁명 후에 노동자 반대파에 참여하여 레닌과 대립했지만 이후 노르웨이 대사를 하면서 그리고 삶 전체에 걸쳐서 충실한 볼셰비키로 활동하고 삶을 마감했다는 것을 강조하고 있다. 페미니즘이 여성해방을 내세우는 문제의식을 살리되, 그러한 운동이 노동자계급의 해방운동과 대립되는 것이 아니라 통일되는 길을 열어가는 천연옥 동지의 노력과 투쟁에 연대의 인사를 보낸다.

문영찬의 ≪유물론과 경험비판론≫에 대한 서평은 1905년 러시아 1차 혁명이 좌절되고 난 후 반동기에 경험비판론이라는 반동적 철학에 맞서 노동자계급의 철학, 변증법적 유물론을 수호하고 발전시키기 위한 레닌의 노력과 투쟁에 대한 서술이다. 경험비판론이 고전적인 버클리의 주관적 관념론에 뿌리박고 있다는 것을 폭로하며 감각복합, 요소 등의 요란한 언설이 새로운 개념을 도입함을 통해 마치 새로운 철학을 수립하는 양 하는 기만에 지나지 않는다는 것을 폭로하는 레닌의 견해를 요약하고 있다. 그리고 무엇보다도 ≪유물론과 경험비판론≫은 당시 원자의 붕괴, 방사능의 발견, 전자의 발견 등 과학의 새로운 진전을 철학적으로 해명하지 못해 야기된 이른바 '과학의 위기'에 대한 레닌의 철학 상의 해결을 서술하고 있다. 원자의 붕괴는 물질의 소멸도 아니고, 나아가 과학의 붕괴가 아니며 물질에 대한 기존의 우리 자신의 인식의 한계가 소멸하고 물질에 대한 우리의 인식이 심화되는 것이라는 레닌의 견해를 서술하고 있다.

　이외에 이번 ≪노동사회과학≫ 14호에는 번역이 4편 실려 있다. 코로나 정세 속에서 노동자계급이 어떠한 태도를 가져야 하는가에 대한 그리스 공산당이 입장이 실려 있고 이외에 ≪국제 공산주의 평론 International Communist Review≫에서 특집으로 실린 프롤레타리아 국제주의와 관련된 러시아 공산주의 노동자당의 글과 그리스 공산당의 글이 번역되어 실렸다. 이 글들을 통해 독자들은 국제적으로 세계사적 반동기가 여전히 지배적이지만 그러한 세계사적 반동기를 극복하려 노력하는 전 세계 노동자계급과 공산주의자들의 투쟁의 면면을 읽을 수 있다.

2020년 11월 14일
노동사회과학연구소 연구위원장 문영찬

권두시

티브이의 계산

고희림 l 시인, 회원

  밤 늦은 티비 프로그램 제목은 '특별한 트롯의 행사'
  기다리겠어요, 천원씩, 천사번이예요, 가수 김트롯씨가 나왔습니다,
현장은 마이크를
  받아주세요

  아랫니 몽창 빠진 하반신 마비의 어머니가 실실 웃으면서 걸렐
훔치고
  '걷지도 못하는 스무 살 아들을 두고 어째 죽어요.
  녀석과 조금이라도 더 살아야겠어요.'
  여든 된 아비, 품팔이 다녀와서 마스크로 하시는 말씀 거듭 전해
주시는

  이 시대의 공영방송은
  생각의 뚜껑일랑은 닫으시고
  단풍여행 대신 비 대면 트롯을 시청하거나
  하늘에서 뚝 떨어질듯한 돈 천 원을 눌러대라고 종용합니다

  그 때 아비의 눈에 흐르던 눈물은 동앗줄 같았지만

  그래요 저 줄을 잡은 순성이의 손목에 칼 긋지 않게

"울지마, 울긴 왜 울어…"
라고 외치는
무대 위에서는
여가수의 트롯에 맞춰 몸을 흔들며
순성이의 상처를 진공시키네요, 포장 시키네요

그래요 "불쌍도 하여라 불쌍도 하여라"
비루한 탄식을 생산하며
가난을 사고 파는 tv에 선처라도 하듯
핑핑 코를 풀면서 천원을 누르겠지요,
트롯을 듣겠지요
한 번 더, 더…
누르지 않으면 누군가는 올라야 되는 굴뚝같은 마음으로요.

현 정세에서 전선의 성격에 대하여

문영찬 │ 연구위원장

코로나 바이러스 국면과 경제 공황의 국면이 겹쳐지고 있는 현재의 정세에서 투쟁의 전선은 좀처럼 형성되지 못하고 있다. 경제 공황의 국면에서 대량의 정리해고가 발생하고 또 택배물량의 증가로 과로에 시달리던 택배 노동자들이 올해 들어서만 10명 이상 사망하는 상황이 전개되고 있지만, 투쟁 전선은 이른바 방역에 묻혀 실종되고 있다.

코로나 바이러스가 퇴치되는 것이 언제쯤일지 지금 알 수는 없지만, 코로나 국면이 끝나면 투쟁전선이 자동으로 회복되는 것은 아닐 것이다. 투쟁 전선이 이렇게 실종되고 있는 것은 단지 코로나 때문만이 아니다. 올 4월에 있었던 총선에서 민주당이 압승한 결과 노동자와 민중들이 스스로 투쟁하기보다 민주당이라는 부르주아 정치세력에 기대하고 의존하는 경향이 강화된 것 또한 투쟁 전선 실종의 하나의 원인일 것이다.

이와 더불어 투쟁 전선이 실종되고 있는 주요한 원인의 하나인 주체적 측면을 보면 투쟁전선을 이끌어 갈 정치세력의 부재와 투쟁전선에 과학성을 부여할 이론의 부재 또한 한몫 하고 있다. 진보정당들은 의회주의 노선을 추구하고 있어서 투쟁 전선 구축의 주체가 되지 못하고 있고, 여타의 민중 세력, 노동운동 세력 또한 의식적으로 전선을 형성하려는 노력이 매우 부족한 것이 현실이다.

이러한 상황에서 전선의 형성과 구축에 대해 정세적으로 접근할 뿐만 아니라 전선에 대해 이론적으로 접근하여 투쟁 전선 구축의 전망을 밝히려는 노력은 긴요한 것이다. 노동자계급의 사회주의 정치는 과학이라고 일컬어지는데, 전선에 있어서도 과학을 끈질기게 추구할 때 정확한 전선의 구축과 세력 배치, 투쟁의 전망의 문제에 있어서 새로운 단계로 도약이 가능할 것이다.

1. 전선은 전략과 전술의 교집합

지금의 정세는 공황기를 특징으로 한다. 올해 1월 코로나 국면이 시작되기 전에 세계 각국의 경제는 심각한 수축 국면, 공황 국면으로 접어들고 있었다. 즉, 코로나 바이러스 때문에 경제 공황이 발발한 것이 아니라 경제 공황의 발발 이후에 코로나 바이러스 국면이 전개된 것이며, 그로 인하여 공황기 정세라는 성격이 가려지고 있던 것이다. 따라서 지금의 정세 있어서 전선은 공황기 정세라는 특징에서 나오는 것이며, 다만 그것이 먹구름에 의해 해가 가려지듯이 코로나 방역 문제로 인하여 가려지고 있을 뿐이다. 그리하여 현 정세에서 투쟁의 쟁점들을 추출하고 각 쟁점들의 성격과 상호 연관을 분석하면 지금의 정세에서 전선의 문제를 일정하게 해명할 수 있다.

그러나 전선의 문제는 이러한 정세적 성격, 전술적 성격만으로 한정되지 않는다. 전선은 특정 시기에 있어서 대립하고 있는 계급세력들이 어떻게 부딪히고 있는가, 투쟁의 구도는 무엇인가, 세력 배치는 어떻게 되어야 하는가의 문제이다. 그런데 세력 배치의 문제, 계급대립 구도의 문제는 단지 전술적 성격만으로 국한되는 것이 아니라 이미 전략의 성격을 내포하는 것이다.

전략의 문제는 현 단계에서 변혁의 성격은 무엇인가, 계급대립 구도는 무엇인가, 세력 배치를 어떻게 해야 하는가의 문제라는 점에서, 전선의 내용이 되는 세력 배치의 문제는 전술적 성격만이 아니라 전략적 성격 또한 가지고 있는 것이다. 그런 점에서 전선의 문제는 전술적 성격과 전략적 성격을 모두 가지고 있는 것이며, 따라서 전선은 전술과 전략의 교집합이 되는 것이다. 즉, 전선은 특정 시기, 특정 정세에 있어서 계급세력 배치의 문제라고 정식화할 수 있다. 따라서 해당 시기에 있어서 전선의 성격을 밝히고 구체화하기 위해서는 단지 정세 분석만으로는, 전술적 접근만으로는 한계가 있으며, 전선에 대한 전략적 접근이 전제되어야 하는 것이다.

그런데 현 정세에서 흔히 통용되는 전선 개념은 구조조정 저지 전선, 사회적 합의주의 저지 전선, 노동법 개악 저지 전선 등과 같이 쓰인다. 여기서 우리는 이데올로기 투쟁, 경제투쟁, 정치투쟁의 문제와, 특정 정세에서 계급세력 배치의 문제라는 의미의 전선의 문제의 연관을 해명할 필요가 있다. 이데올로기 투쟁 전선, 구조조정 저지 투쟁 전선, 국가보안법 폐지 투쟁 전선이라는 용어와 개념은 모두 가능한 것이다. 왜냐하면 이데올로기 투쟁, 경제투쟁 또한 정치투쟁과 마찬가지로 계급투쟁의 한 영역이며 따라서 투쟁 전선이라는 규정이 가능하기 때문이다. 그러나 특정 시기, 특정 정세에서 계급세력 배치라는 전선의 고유한 의미로 볼 때, 이데올로기 투쟁과 경제 투쟁은 진정한 의미의 전선이 아니며, 진정한 의미의 전선은 정치투쟁 전선으로 파악될 수 있다. 왜냐하면 이데올로기 투쟁과 경제투쟁에서는 계급세력의 배치라는 점에서 정치투쟁 전선과는 차원을 달리하기 때문이다. 즉, 이데올로기 투쟁 전선과 경제투쟁 전선은 계급 전체의 배치의 문제가 상정 되지 않거나 부분적으로만 상정되며, 계급세력 전체의 배치의 문제는 정치투쟁에 이르러서야 비로소 전면적으로 일정에 오르기 때문이다.

따라서 이 글에서 분석의 대상이 되는 전선 개념은 주로 정치투쟁의 문제에 있어서 전선 개념이다. 그런데 계급세력의 배치가 전선 개념의 주요 내용이라 할지라도, 전략적 관점에서는 특정 단계라는 상당히 긴 시간에 걸쳐 고정되고 일관된 계급세력 배치를 문제 삼는다면, 전선에서는 끊임없이 변화하는 정세 속에서 변화, 발전하는 계급세력 배치를 문제 삼는 것이다. 왜냐하면 전선은 아타(我他)의 역량의 대비와 투쟁의 결과에 의해 끊임없이 유동하기 때문이다. 그리고 정세에 따른 계급세력 배치의 변화, 전선의 변화에 따라 투쟁 형태와 조직 형태, 슬로건 등 전술적 내용이 끊임없이 변화하며, 그런 점에서 전선은 전술적 영역이 되는 것이다. 이렇게 전선은 정세에 따른 계급세력 배치의 변화의 문제라는 점에서 전술적 영역과 전략적 영역이 교차하고 있으며, 따라서 전술과 전략의 교집합이라 할 수 있다.

전선이 전술적 영역과 전략적 영역의 교집합이라는 점은 20세기 사회주의의 전술에서 커다란 역할을 한 통일전전 전술에서도 찾아볼 수 있다. 최초의 통일전선이었던 1920년대의 노동자 통일전선은 사회민주당의 계급협조 노선을 비판하며 공산당과 사회민주당이 연합하여 노동자계급의 통일, 단결을 이루어내자는 것이었다. 여기서 노동자계급의 통일, 단결은 전략적 성격을 가지며 그것이 노동자 통일전선이라는 형태로 나타난 것은 당시 유럽이 사회주의 혁명을 앞두고 있었기 때문이다. 그리고 1930년대 파시즘이 등장했을 때, 통일, 단결의 범위를 파시즘에 반대하는 모든 세력으로 넓혀 반파시즘 통일전선 운동이 전개되었다. 파시즘이 출현하지 않았다면 반파시즘 통일전선은 존재하지 않았을 것이라는 점에서 반파시즘 통일전선은 정세에 의해 규정되는 전술적 성격의 것이었다. 그러나 반파쇼 투쟁이 성공을 거두어 2차 대전 후에 동유럽 각국에서 반파쇼 인민전선 주도로 인민민주주의 혁명이 전개되고 새로운 사회주의 국가가 건설될 때 전선체는 새로운 국가 창설의 주역이 되었다. 즉, 전술적 성격의 단위였던 반파쇼 전선이 국가권력의 수임자라는 전략적 성격으로 성장, 전화했던 것이다. 이러한 사례 또한 전선이 전술적 성격과 전략적 성격의 교집합이기 때문에 가능했던 것이다. 이러한 성격은 중국의 경우도 마찬가지였는데, 반제민족통일전선 조직으로서 전술적 성격의 단위였던 중국의 정치협상회의는 혁명 성공 후에 중화인민공화국의 성립을 선포하는 주체가 되었다. 이 사례 또한 전술적 성격의 전선체가 전략적 성격으로, 즉, 권력의 수임자로 되는 것을 보여주며, 이는 전선(체)이 전술적 영역과 전략적 영역의 교집합이기 때문에 가능했던 것이다.

2. 당면 변혁에서 전선의 중층적 성격

한국 사회는 자본주의 사회이며 따라서 자본과 노동의 모순의 운동이 지배적이다. 그리고 모순의 운동은 끊임없이 사회를 유동시키고 변화시키며, 결정적으로 계급투쟁에 의해 사회의 진보가 이루어지고, 끝내 자본과 노동의 모순을 지양하는 새로운 사회주의 사회로 나아가게 된다.

지난 1980년대 한국 사회는 의연히 자본주의 사회였고, 따라서 자본과 노동의 모순이 지배적이었으며 노동자계급은 사회주의 변혁을 추진하고 있었다. 그러나 제국주의에 의해 예속된 한국의 지배계급, 특히 독점자본들은 자신들의 자본 축적을 위하여 노동자계급과 민중들을 폭압적으로 억압하는 파시즘 권력을 성립시키고 있었다. 이로 인하여 1980년대 당시는 당면 변혁으로서 미제국주의를 축출하는 민족적 과제와 군사 파시즘 권력을 타도하는 민주적 과제를 내용으로 하는 민족민주변혁이 노동자계급과 민중세력에 의해 수행되고 있었다. 즉, 당시 자본과 노동의 모순이 의연히 한국 사회에 지배적이었으나 사회주의 변혁을 추진하기에 결정적 조건이 되는 부르주아 민주주의의 부재로 인해, 다시 말하면 정치적 조건의 결여로 인해, 당면 변혁은 사회주의 변혁으로 성장, 전화하는 민족민주변혁의 성격을 갖고 있었다.

그러나 21세기 지금, 한국 사회의 당면 변혁의 성격은 1980년대와 달라졌다. 지금의 당면 변혁은 민족민주적 과제를 포함하는 사회주의 변혁이다. 이와 같이 당면 변혁의 성격이 달라진 것은 1980년대 이후 한국 자본주의 발전의 결과 지금은 당시와 비교할 때 계급대립 구도가 변화하였기 때문이다. 1980년대 당시 계급대립 구도는 미제국주의와 예속독점자본을 대표하는 파시즘 세력과 노동자계급 및 민중 세력이 대립하고 있었고 중간에 중소자본가계급을 대표하는 자유주의 세력이 권력 분점을 요구하며 반파쇼 투쟁을 하고 있었다.

그러나 지금은 한국 자본주의의 비약적 발전의 결과, 즉, 자본가계급의 경제적, 정치적 역량의 증대의 결과 계급대립 구도가 바뀌었다. 여전히 파시즘의 후계세력이 강고하고 국가보안법으로 대표되는 한국 사회의 파쇼적 질서가 온존되고 있지만, 자유주의 세력은 이미 국가권력의 담지자가 되었으며 이를 통해 독점자본의 한 분파로, 독점자본의 좌익으로 변신하였다. 그리고 한국 자본주의 발전의 결과 자본가계급과 노동자계급 이외에 여타의 중간 계급의 수가 급격히 줄어들었고, 이에 따라 자본과 노동의 모순은 1980년대와 비교할 때 훨씬 더 성숙되었고 자본과 노동의 모순은 한국 사회의 주요모순이 되는 위치에까지 이르렀다. 작년 한국 사회를 달구었던 조국 사태는 진보를 말하면서도 특권층의 삶을 살아가는 세력에 대한 대중의 분노를 보여주었으며 계급의 문제가 대중을 움직이는 주요 요소라는 것을 가감 없이 보여주었다.

이러한 한국 자본주의 발전의 결과 자본과 노동의 모순의 성숙은, 한국 사회의 당면 변혁이 자본과 노동의 모순을 지양하는, 생산수단에 대한 사적 소유를 철폐하여 무계급 사회를 건설할 것을 목표로 하는 사회주의 변혁이 되게 하였다. 따라서 지금 대중을 조직하고 동원하기 위해서는 계급적 모순을 폭로하는 투쟁이 필수적으로 되었으며, 계급적 관점, 계급적 대립, 계급의 지양의 문제가 대중화될 수 있는 조건이 형성되고 있다. 즉, 사회주의 운동이 대중화될 수 있는 조건이 형성되고 있으며, 사회주의만이 대중의 마음을 움직일 수 있는 단계로 우리 사회가 진입한 것이다.

그런데 현실에서 문제는 이렇게 간단하지 않다. 왜냐하면 1980년대 당면 변혁이었던 민족민주 변혁이 유산되고 개량의 방식으로 한국 사회가 흘러왔던 이유로 해서, 당면 변혁은 단순한 사회주의 변혁이 아니라 민족민주적 과제를 포함하는 사회주의 변혁이 되었기 때문이다. 그에 따라 한국 사회는 미제국주의 축출, 민족문제, 분단 문제의 해결을 여전히 과제로 하고 있고 또 한국 자본주의 발전이 미제에 대한 예속성을 전제로 이루어짐에 따라 많은 모순이 발생하고 있으며, 또 민주주의 문제에 있어서도 국가보안법이 여전히 존재하여 사상의 자유를 탄압하고 사회주의 세력의 정치적 등장을 가로막고 있다. 그리하여 한국 사회는 자본과 노동의 모순 이외에 중층적 모순을 앓고 있으며, 민족적 모순과 자본과 노동의 모순의 관계, 민주주의적 과제와 사회주의적 과제의 관계 등이 당면 변혁의 성격 규정에서 주요 쟁점으로 등장하고 있는 것이다.

그리하여 민족민주적 과제를 포함하는 사회주의 변혁이라는 한국 사회의 당면 변혁의 성격은 전선의 문제에 있어서 복잡한 상호연관의 문제를 제기하고 있다. 자본과 노동의 모순은 전선의 문제에 있어서 반자본주의 전선의 문제로 현상한다. 노동자계급이 계급적 단결을 이룩한다면 그때의 전선은 반자본주의 전선이 될 수밖에 없다. 반자본주의 전선은 자본주의적 소유를 공격하며 사적 소유를 넘어서는 생산수단의 사회화와 노동자와 인민의 연대를 제기하는 것을 내용으로 한다. 그리하여 반자본주의 전선에는 노동자계급 이외에 자본가계급에 의해 억압받고 수탈당하는 전 민중세력이 참가하게 된다. 그런데 이것은 서유럽에서 논의되었던 것과 같은 반독점 전선이 아니며 자본주의 자체를 넘어서는 것을 분명히 한다는 점에서 반자본주의 전선이 되는 것이다. 반자본주의 전선에 참가하는 민중세력은 자본주의에 의해 몰락의 길을 걷고 있는 다수의 농민들과 영세상인 등 소부르주아 하층, 반프롤레타리아 등이다. 이들이 생활에서 느끼는 자본주의에 대한 분노, 자본가계급에 대한 분노를 의식적으로 표현하는 것, 그리고 이들을 동맹세력으로 끌어들이기 위한 강령이 제시되는 등의 정책이 노동자계급에 의해 수행될 때, 반자본주의 전선은 사회주의 변혁을 추진하는 굳건한 진지가 될 것이다.

그런데 당면 변혁에서 전선은 반자본주의 전선으로 단순하게 성립하는 것이 아니며, 2차적 전선으로 민족민주 전선이 형성되게 된다. 한국 자본주의 발전이 미제에 대한 예속을 전제로 한다는 점에서 발생하는 모순들, 미제의 군사적 점령으로 인한 한국 민중의 고통, 분단체제로 인해 노동자계급과 민중들에게 가해지는 억압들, 국가보안법으로 인해 사상의 자유를 제약당하고 있는 지식인들, 정치적 세력들 등등의 모순은 필연적으로 민족민주 전선으로 현상하게 된다. 그러나 민족민주 전선은 자본주의를 넘어서는 것을 자신의 전망으로 하는 것이 아니며, 자본주의 틀 내에서 해결 가능한 과제를 추진한다는 점에서 반자본주의 전선과는 성격을 달리하는 것이다. 즉, 민족민주 전선은 부르주아 민주주의적 성격을 갖는 것이다.

그리하여 한국 사회가 민족민주적 과제를 포함하는 사회주의 변혁을 당면 변혁으로 함에 따라 한국 사회에서 전선은 중층적으로, 즉, 반자본주의 전선과 민족민주 전선으로 존재하게 된다. 그리고 전선이 이렇게 중층적으로 존재하게 됨에 따라 반자본주의 전선과 민족민주 전선의 상호 관계가 주요 문제로 대두하게 된다. 따라서 반자본주의 전선과 민족민주 전선의 통일적 연관에 대한 전면적 해명이 필요하게 되며, 이를 위해 민주주의적 과제와 사회주의적 과제의 상호연관을 명확히 하는 것이 필요하다.

3. 반자본주의 전선과 민족민주 전선의 통일적 연관에 대하여

박근혜를 탄핵했던 촛불시위는 반파쇼 민주주의 전선의 정치적 표현이었다. 다만 그 전선에서 노동자계급은 계급으로서가 아니라 분해된 한 사람의 시민으로서 참가한 결과, 촛불 시위의 성과는 전적으로 자본가계급에게 귀속되었다. 그럼에도 박근혜의 탄핵은 한국 사회의 반동화를 저지하고 노동자계급에게 일정한 정치적 공간을 열어준 것이었다. 민주노총의 조합원 수가 증가하고 또 운동진영의 각 세력이 사회주의의 대중화를 제기하게 된 것은 박근혜 탄핵의 정치적 성과에 기초한 것이었다.

그러나 촛불시위는 민주주의 전선이었지만 사회주의 투쟁과 단절된, 반자본주의 전선과 단절된 전선이었다. 그렇기 때문에 촛불시위는 노동자계급에게 봉사한 것이 아니라 한국 자본주의 개혁의 동력으로 작용했던 것이다. 이러한 상황이 빚어지게 된 것은 노동자계급이 당면 변혁에서 민족민주 전선과 반자본주의 전선의 상호 연관에 대한 인식이 결여되어 있었기 때문이었다. 즉, 현 단계 한국 사회에서 민족민주적 과제는 사회주의적, 혹은 반자본주의적 과제와 분리되어 있지 않다는 인식을 노동자계급은 갖고 있지 못했던 것이다.

객관적으로 민족민주적 과제는 부르주아 민주주의적 과제이며, 자본주의의 틀 내에서 해결 가능한 과제이다. 그리고 사회주의적 과제, 혹은 반자본주의적 과제는 자본주의 틀 내에서 해결 가능하지 않다는 점에서 민족민주적 과제는 반자본주의적 과제, 사회주의적 과제와 상이한 것이다. 그런데 민족민주적 과제와 사회주의적 과제가 계급적으로, 질적으로 상이하다 할지라도 그것들은 상호 간에 긴밀하게 연관되어 있다. 즉, 민족민주적 과제의 해결, 민족민주 전선의 발전이 사회주의적 과제의 해결, 반자본주의 전선의 발전에 커다란 영향을 끼치며, 반대로 민족민주 전선을 노동자계급이 주도할 때만, 사회주의적 관점에서 민족민주 전선을 파악하고 조직할 때만 민족민주적 과제의 해결이 가능하며, 민족민주 전선의 발전이 가능하다. 왜 이런 현상이 발생하는 것일까?

민족민주 전선과 반자본주의 전선이 상호 간에 긴밀하게 영향을 끼친다는 것은 두 전선의 통일성의 표현이다. 민족민주 전선과 반자본주의 전선의 통일성의 토대는 한국 자본주의의 발전과 계급 대립 구도에 의해 주어진다. 제국주의에 대한 예속성을 전제로 한국 자본주의 발전이 이루어지기 때문에 민족 모순과 계급적 모순, 자본과 노동의 모순은 통일되어 있다. 그리하여 민족 모순, 제국주의의 한국 사회에 대한 신식민지적 지배는 한국 사회 내부의 계급대립을 통해 관철된다. 즉, 한국 사회의 독점자본을 중핵으로 하는 예속자본가계급과 노동자계급 및 민중과의 대립을 통해 미제국주의의 신식민지적 규정성이 관철되는 것이다. 이를 모순론의 견지에서 말하면 미제국주의의 신식민지적 지배라는 외적 모순이 내적 모순, 즉, 한국 사회 내부의 계급 대립을 통해 관철된다는 것을 의미한다. 한국 사회의 예속적 자본가계급은 노동자계급에 대한 착취와 민중에 대한 수탈을 위해 미제국주의와의 예속적 동맹을 필요로 하는 것이다. 그리고 바로 이런 물적 근거가 있기 때문에 반제국주의 전선, 민족민주 전선은 반자본주의 전선과 분리되어 있는 것이 아니라 긴밀하게 연관되어 있는 것이다.

민족민주 전선과 반자본주의 전선의 통일성의 또 다른 근거는 민주주의적 과제와 사회주의적 과제의 긴밀한 연관성이다. 부르주아 민주주의가 없다면 노동자계급은 자본주의를 폐지하는 사회주의 투쟁을 전개할 수 없다. 지금 한국 사회에서 국가보안법으로 인해 노동자계급의 사회주의 정당이 존재하지 않는 현실은 민주주의적 과제와 사회주의적 과제의 긴밀한 연관성을 잘 드러내는 것이다. 그런데 지금 한국 사회는 한국 자본주의 발전의 결과, 자본과 노동의 모순이 심화하여 사회주의 변혁을 당면 변혁으로 하고 있다. 그리하여 자본가계급은 부르주아 민주주의의 발전이 노동자계급과 사회주의 세력을 강화할 것을 두려워하며, 민주주의 발전에 대해 손을 놓거나 아니면 박근혜 세력처럼 민주주의를 후퇴시키려 하고 있다. 그에 따라 한국 사회에서 더 이상의 민주주의의 발전은 노동자계급이 주도할 수밖에 없는 상황이 되었다. 이는 자본가계급의 반동성이 민주주의 투쟁과 사회주의 투쟁의 거리를, 민족민주 전선과 반자본주의 전선의 거리를 매우 좁히고 있다는 것을 의미한다. 그리하여 사회주의 운동의 태동과 발전이 민주주의 전선을 강화하고 반대로 민주주의 투쟁의 발전이 사회주의 투쟁에 봉사하는 구도가 형성되고 있는 것이다.

그런데 민족민주 전선과 반자본주의 전선의 긴밀한 연관성과 통일성을 논한다 하더라도 양 전선은 질적으로 다른, 계급적으로 상이한 전선이다. 따라서 어느 전선이 일차적이고, 어느 전선이 이차적 혹은 부차적인가를 구분하는 것이 중요하다. 이는 한국 사회의 당면 변혁인 민족민주적 과제를 포함하는 사회주의 변혁이라는 성격으로부터 근거가 주어진다.

한국 사회에서 자본과 노동의 모순은 기본적 모순일 뿐만 아니라 주요모순으로 되고 있다. 그리고 이러한 모순의 폭발을 저지하기 위하여 미제의 신식민지적 지배와 국가보안법이 존재하고 있다. 그런 점에서 자본과 노동의 모순이 주요한 모순이고 일차적 모순이며 따라서 반자본주의 전선이 일차적 전선이며, 민족민주적 과제는 이차적 과제이고 민족민주 전선은 이차적 전선이라 할 수 있다. 이는 논리적 성격의 측면에서도 그러하며, 또 정치적 측면에서, 실천적 측면에서 보더라도 그러하다. 즉, 민주주의적 과제의 계급적 성격을 드러낼 때만 민주주의 전선의 형성이 가능하고, 또 미제의 신식민지적 지배가 관철되는 계급대립 구조를 드러낼 때만 반제국주의 전선의 형성이 가능하다는 점에서 그러하다. 이는 민족민주적 과제에 대해 사회주의적 관점의 빛을 쪼여야만 민족민주 전선이 생명력을 얻고 발전할 수 있다는 것을 의미한다. 그런 점에서 민족민주 전선과 반자본주의 전선에서 일차적이고 관건적인 것은 반자본주의 전선이다. 노동자계급의 입장에서 부르주아 민주주의의 과제는 계급대립을 폐지하는 사회주의 변혁을 하기 위한 유리한 조건을 확보한다는 것으로서의 위상을 갖는 것이다. 그리하여 한국 사회의 현실에서 부르주아 민주주의 투쟁은 사회주의 투쟁의 관점에서, 사회주의 투쟁에 그 성과를 귀속시킨다는 관점에서 수행되어야 한다.

4. 현 정세의 성격과 투쟁의 쟁점들

현 정세의 특징을 규정하는 것은 공황기라는 점이다. 흔히 코로나 공황이라고 규정되기도 하지만 정확한 규정은 아니다. 시간적으로 올해 1월 코로나 바이러스가 발생하기 전에 이미 세계 각국은 경제의 심각한 수축 국면, 공황기에 접어들고 있었다. 그리고 코로나 바이러스의 발생은 하나의 우연적 조건이지만, 공황은 자본의 축적 법칙에 따라 필연적으로 발생하는 것으로서, 지난 2007년의 세계 대공황 이후 재차 세계 대공황이 발생하고 전개되고 있는 것이 지금의 상황의 특징이다.

그리고 공황기 정세라는 표현은 또한 부정확한 것이다. 왜냐하면 공황기는 경제적 토대에서의 균열을 가리키는 것인데 경제적 토대 자체가 정세는 아니기 때문이다. 경제적 토대는 정세를 규정하는 주요한 조건의 하나로 작용하는 것이며, 정세 자체는 각 계급 세력들의 상호 관계를 가리키는 것이다. 따라서 정세 분석에 있어서 주요한 것은 공황기라는 경제적 토대의 동요, 균열에 기초하여 각 계급 세력들의 상호 관계가 어떻게 형성되고 있는지, 국가권력을 포함하는 계급들의 상호 관계의 총체를 분석하는 것이다.

경제적 토대 측면에서 주목할 것은 공황기에 있어서 자본주의의 불균등 발전이 극대화되고 있다는 점이다. 이것은 일국 내에서도 그렇지만 세계적 차원에서도 그러하다. 미국과 유럽, 일본 등은 심각한 마이너스 성장 국면에 처해 있는데, 중국의 경우 이른바 V자 반등을 하며 경제가 회복 국면에 접어들었다. 중국의 회복 국면이 얼마나 지속될 것인지, 어떻게 발전될 것인지는 향후 분석의 대상이지만, 분명한 것은 공황기에 있어서 세계적 차원에서 불균등 발전이 심화되고 있다는 점이며, 이는 세계 제국주의 질서에 있어서 제국주의 간의 대립, 헤게모니 경쟁이 심화될 것임을 가리키는 것이다.

또한 불균등 발전은 일국 내에 있어서도 심화되고 있다. 지금의 공황기에서 상당수의 독점 대재벌들은 위기에 처해 있으나 삼성전자, LG화학, SK하이닉스 등은 사상 최대의 판매 실적을 올리고 있다. 이는 독점자본들 내에서 분화가 이루어지고 있으며 불균등 발전이 관철되고 있다는 것을 의미한다. 그리고 중소자본들, 자영업자들의 경우 상당수는 공황 국면에서 파산의 위기에 내몰리고 있고 이러한 자본의 파산은 실업의 격증으로 표현되고 있다. 그리하여 가장 취약한 비정규직, 청년층 등을 중심으로 실업이 폭증하고 있다. 이러한 양상은 사회 전체적으로 불균형과 불균등이 심화되고 있어서 일정 단계에 이르면 그러한 모순이 폭발할 가능성이 증대하고 있다는 것을 가리킨다.

그리고 정세 규정에 있어서 또 하나의 오류는 정세를 계급세력들의 객관적인 상호 관계로 파악하지 못하고 주체의 상태에 따라 공세기, 혹은 방어기 등으로 규정하는 것이다. 정세에 대한 대응으로서 주체의 입장에서 공세기 혹은 방어기라고 표현할 수는 있지만, 주체의 대응 자체가 정세는 아니며, 정세는 객관적인 것으로서 특정 시기에 있어서 계급세력들의 상호 관계의 총체이며, 그러한 상호 관계의 추이를 가리키는 것이다. 따라서 공세기, 방어기라고 정세를 인식하는 것이 아니라, 객관적인 계급 역관계, 계급들의 상호 관계를 가리키는 고양기, 퇴조기 등의 개념이 과학적인 것이다.

지금의 정세의 특징, 계급들의 상호관계의 특징은 자본가계급의 헤게모니가 유지, 강화되는 가운데, 노동법의 개악, 구조조정 등 자본가계급의 공세가 강화되고 있고 노동자계급이 수세에 몰리고 있다는 것이다. 즉, 투쟁의 쟁점 자체가 가리키고 있는 것은 지금 노동자계급이 자본가계급에 비해 역관계에서 밀리고 있는 퇴조기라는 것이다. 노동자계급과 민중 세력은 박근혜를 탄핵시키는 민주주의 투쟁을 벌였지만, 그 투쟁의 성과가 노동자계급에게 귀속되지 않은 결과, 지금의 공황기에 있어서 계급적 역량의 미약으로 인해 자본가계급의 공세에 밀리고 있는 것이다. 그러나 퇴조기라는 규정 자체는 과거와 같지만 과거와 일정하게 달라진 점이 있는데, 그것은 노동자계급이 일방적으로 밀리지 않을 가능성이 커지고 있다는 점이다. 예를 들면 자본가계급의 사회적 합의주의 공세를 저지하고 민주노총을 재편하고 있는 지금의 상황은, 노동자계급의 선진 층에서 계급의식이 일정하게 성장하고 있다는 것을 의미한다. 과거 사회적 합의주의 세력이 다수일 때 노동자계급은 계급협조 노선을 걸음으로 인해서 계급으로서 해체되고 몰락하는 길을 걸어왔지만, 이제는 노동자계급이 주체적으로 최소한의 계급적 전선을 형성할 가능성이 성장하고 있는 것이다.

그럼에도 지금의 정세는 의연히 퇴조기인데, 이 점을 확인할 수 있는 것은 노동자계급과 민중의 국가권력에 대한 투쟁, 반(反)문재인 정권 전선이 좀처럼 형성되고 있지 않다는 점이다. 국가 권력에 대한 정치투쟁 전선이 형성되지 않고 있다는 것은 지배계급의 통치, 지배질서가 안정적이라는 것을 의미하며, 노동자계급의 계급적 단결과 노동자계급의 민중 세력과의 동맹이 취약하다는 것을 의미한다.

그럼에도 공황기는 토대가 격심하게 동요한다는 점에서 계급세력 관계의 변동의 가능성을 키울 수밖에 없다. 이 점은 한국 내부적인 계급 관계만이 아니라 미제국주의의 한국과의 관계, 한(조선)반도 정세에 있어서도 마찬가지이다. 즉, 공황기 불균등 발전을 배경으로 한 미국과 중국의 격심한 헤게모니 다툼, 그리고 이북의 정치적 역량의 성장은 한국의 신식민지 지배질서를 일정하게 동요시키고 있는데, 이 점은 자본가계급 내부에서 중국과 미국에 대한 태도, 그리고 이북에 대한 태도에서 통일적 입장이 결여되어 균열하는 모습에서 확인될 수 있다. 따라서 한국에서 신식민지 지배 질서의 동요와 균열은 한국 내부의 지배계급, 자본가계급 내부의 분열을 키울 가능성이 있으며, 이 점은 한국 노동자계급의 투쟁 전략에서 있어서 유리한 점으로 작용할 것이다.

현재 자본과 노동의 투쟁의 주요 쟁점은 공황기에 있어서 해고와 구조조정의 저지, 노동법 개악 저지, 전태일 3법의 쟁취 등이다. 이스타 항공에서는 대량의 정리해고가 이루어지고 있고 수많은 기업들에서 해고가 이루어지고 있어서 실업이 격증하고 있다. 또한 주목되는 것은 코로나 방역으로 인해 비대면 활동이 증가되어 택배 물량이 격증한 결과, 택배 기사들의 노동 강도가 강화되어 올해 들어서만 벌써 10명이 넘은 택배 기사들이 과로사한 점이다. 이는 공황기에 있어서 자본가들이 착취의 강화, 노동 강도의 강화를 통해 위기를 넘기려 한다는 점을 잘 보여주는 것이다. 자본가들이 공황기의 위기를 노동자에게 전가한다는 것, 한편으로는 착취의 강도의 강화, 다른 한편으로 정리해고의 칼날을 휘두르는 것이 자본가들의 공황기에서의 전략인 것이다. 물론 불균등 발전의 결과 일부 대자본들은 공격적인 투자의 강화, M&A의 강화를 통한 자본의 집적과 집중의 강화를 시도하는 전략적 선택을 한다. 그렇지만 객관적으로 위기가 심화됨에 따라 대부분의 자본은 노동자에 대한 착취의 강화와 해고를 통해 위기를 극복하려 하고 있고, 이는 공황기에 자본과 노동의 모순의 심화, 자본에 맞서는 노동의 전선의 강화의 객관적 토대로 작용하는 것이다.

한편 중간계층들은 공황의 상황에서 속절없이 몰락해 가고 있다. 수많은 자영업자들이 폐업의 위기에 내몰리고 있고, 그 결과 소부르주아들의 프롤레타리아화가 이루어지고 있다. 이 또한 자본과 노동의 전선이 향후 강화되어 갈 수밖에 없다는 점을 가리킨다. 그러나 현재 문재인 정권에 대한 지지율이 40%가 넘는 점, 그리고 이른바 K-방역에 대한 지지가 상당하다는 점 등은 중간계층의 문재인 정권에 대한 지지가 상당하다는 것, 이들이 한국 자본주의에 반대하는 것이 아니라 한국 자본주의의 개량에 기대를 걸고 있다는 것을 보여준다. 소부르주아들의 이중성이 아직은 자본주의에 대한 반대가 아니라 자본주의의 개량에 대한 지지로 나타나고 있는 것이다. 그러나 그럼에도 불구하고 한국 자본주의 발전이 이들 중간계층들, 소부르주아들을 몰락시킬 수밖에 없다는 점, 그리고 공황기에서 그러한 점이 더욱 격심하게 나타날 수밖에 없다는 점은 노동자계급과 몰락하는 소부르주아 하층의 연대를 통한 반자본주의 전선 성립의 객관적 토대로 작용할 것이다.

그러면 이러한 정세를 총괄하면서 현재 형성되어 가고 있는 투쟁의 구도를 분석해 보자. 먼저 자본과 노동의 전선은 자본가계급의 공세와 노동자계급의 방어로 특징지어지고 있다. 구조조정, 해고에 맞서는 투쟁이 현 시기에 가장 절박하며, 이 투쟁들은 노동자 대중을 투쟁의 전선으로 끌어들이는 역할을 할 것이다. 향후 공황이 어느 정도로 발전할지 예측하기는 어렵지만 이스타 항공에서 시작된 정리해고는 이후 수많은 사업장으로 확산될 가능성이 있으며 이에 따라 노동자계급의 경제투쟁 전선이 발전할 것이다. 그리고 자본가계급 전체, 즉, 총자본가로서의 국가권력의 노동자계급에 대한 공세가 노동법 개악으로 나타나고 있다. 노조 활동을 사실상 무력화시키고 노동 조건을 개악하는 노동법의 독소 조항들은 노동자 대중의 광범한 분노를 불러일으키고 있다. 따라서 노동법 개악 저지와 전태일 3법 쟁취 투쟁은 자본과 노동의 모순이 전 계급적 전선으로 성립할 수 있는 주요 쟁점이 된다. 이를 위해 과거와 같이 단지 국회 앞의 퍼포먼스로 그치는 것이 아니라 노동법 개악 저지와 전태일 3법 쟁취를 위한 대중 투쟁을 조직하는 것이 중요하며, 이를 통해 그

동안 무너져간 노동운동의 재생을 도모할 필요가 있다.

그러나 이러한 자본과 노동의 전선은, 그 전선에 의식성을 부여할 노동자계급의 사회주의 세력의 부재로 인해 반자본주의 전선으로 발전할 전망을 찾지 못하고 있다. 따라서 노동자계급의 해방의 전망을 분명히 하는 사회주의 운동의 재정립을 위한 노력은 전략적으로 경주되어야 한다. 그러나 그럼에도 불구하고 자본과 노동의 전선은 현 단계 한국 사회에서 반자본주의 전선으로 발전할 가능성을 내포하고 있다. 따라서 한편으로는 노동자계급 내부의 분열을 회피하고 계급적 단결의 기운을 높이면서, 다른 한편으로는 노동자계급과 반자본주의 전선에서 동맹할 소부르주아 하층, 반프롤레타리아 계층과의 연대를 강화할 필요가 있다. 공황기에 터져 나올 수밖에 없는 이들 몰락하는 계층들의 요구에 대한 지지와 연대, 그리고 이들 요구에 대한 노동자계급의 입장의 이론적이고 과학적인 정식화 등이 이루어질 때 반자본주의 형성은 힘을 받을 수 있다.

한편 노동자계급과 민중의 요구와 투쟁은 단지 경제적인 면에서만 나타나는 것은 아니다. 정치·사상의 자유를 억압하고 분단 질서를 고착화시키는 국가보안법의 폐지를 위한 흐름이 일정하게 형성되어 가고 있는 것은 노동자계급과 민중의 민주주의 전선이 형성되기 시작했다는 것을 의미한다. 이러한 투쟁의 강화를 통해 일차적으로 국가보안법을 무력화하면서 사상의 자유를 쟁취해 가고, 끝내 파쇼적 악법, 분단 고착화의 악법인 국가보안법의 폐지를 이루어 내어, 한국 사회에서 사회주의 정치세력의 시민권을 확보하는 것이 중요하다.

따라서 한편으로 자본과 노동의 전선을 의식적인 반자본주의 전선의 내용으로 끌어 올리고 발전시키면서, 다른 한편으로 국가보안법의 폐지, 미제국주의 반대, 한(조선)반도 평화의 쟁취를 내용으로 하는 민족민주 전선을 발전시켜야 한다. 그리고 이러한 두 개의 전선의 상호 관계에 있어서 일차적인 것은 반자본주의 전선이며 자본과 노동의 전선, 반자본주의 전선이 형성되고 강화될 때 민족민주 전선의 강화도 가능하다.

5. 반(反) 문재인 정권 전선의 전망에 대하여

2020년 10월 현재 반(反)문재인 정권 전선은 거의 존재하지 않는다고 해도 과언이 아니다. 바로 얼마 전까지만 해도 민주노총의 위원장이었던 김명환 씨를 중심으로 한 세력은 사회적 합의주의를 문재인 정권에 애걸하고 있었고 이 세력들은 계급협조를 통해 노동자계급의 계급적 대오 자체를 와해시키고 있었다. 그런 점에서 민주노총 대의원들이 사회적 합의주의를 부결시키고 김명환 위원장을 퇴진하게 한 것은 커다란 진전이며 향후 노동운동 내에서 계급적 대오가 성장할 수 있는 조건이 되는 것이다.

그러나 사회적 합의주의에 대해서는 일정하게 저지 전선이 형성되었지만, 그것이 아직은 반문재인 정권 전선으로 상승하고 있지는 못하다. 사회적 합의주의에 대한 반대가 반문재인 정권 전선으로 상승하기 위해서는 대중적 차원의 계급적 단결의 강화, 정치투쟁의 쟁점에 대한 계급적 대오의 개입과 대중 투쟁의 강화가 필요한데, 아직은 계급적인 대중적 정치투쟁은 전개되고 있지 못한 것이다. 이러한 점은 반문재인 정권 전선의 형성과 발전이 노동자계급의 정치투쟁은 어떻게 발전하는가의 문제와 같은 맥락이라는 것을 말하는 것이다.

반(反)문재인 정권 전선은 한편으로 자본과 노동의 모순이 심화되어 반자본주의 전선이 성립, 발전하고, 다른 한편으로 국가보안법 폐지, 미제국주의 반대, 한(조선)반도 평화 쟁취를 내용으로 하는 민족민주 전선이 발전되어 그러한 전선들이 국가권력에 대한 투쟁으로 집결할 때 형성되는 것이다. 즉, 반문재인 정권 전선은 반자본주의 전선과 민족민주 전선의 통일로서의 성격을 갖는다. 왜냐하면 문재인 정권이 총자본가계급을 대표하는 정권이라는 점에서 반자본주의 전선은 반문재인 정권 전선으로서의 성격을 가질 수밖에 없기 때문이다. 또 문재인 정권은 국가보안법의 폐지 등 민주주의의 더 이상의 진전에 대해 손을 놓거나 아니면 민주주의를 후퇴시키려고까지 한다는 점에서 더 이상의 민주주의의 진전은 오직 노동자계급과 민중의 투쟁을 통해서만 가능하며 따라서 민주주의 전선은 반문재인 정권 전선의 성격을 띨 수밖에 없기 때문이다. 또한 문재인 정권은 한(조선)반도 평화에 대해 한-미 동맹을 토대로 하는 한반도 평화라는 입장을 취하고 있는데, 이는 미제국주의의 헤게모니를 한(조선)반도 북쪽까지 확장하겠다는 것으로서, 문재인 정권이 능동적으로 미국의 한국에 대한 신식민지 지배를 수용하고 있다는 것을 나타내는 것이다. 따라서 한국 사회의 민족적 과제를 위한 투쟁은 문재인 정권과 정면으로 충돌할 수밖에 없으며, 이 또한 반문재인 정권 전선의 형성으로 나아가는 것이다. 그리하여 한편으로는 자본과 노동의 모순이 반자본주의 전선의 형성과 발전으로 나아가고, 다른 한편으로 민족적 과제, 민주적 과제의 수행이 민족민주 전선의 형성과 발전으로 나아갈 때, 그때의 전선은 반문재인 정권 전선에서 하나로 통일되게 되는 것이다.

여기서 반자본주의 전선과 민족민주 전선에서 일차적인 것은 반자본주의 전선이라는 점에서 자본과 노동의 모순이 어떻게 발전하는가가 반문재인 정권 전선의 형성과 발전에 결정적 역할을 하게 된다. 예를 들면 문재인 정권이 노동법 개악을 강행한다고 했을 때, 노동자계급이 계급적 단결을 이루고 노동법 개악 저지 투쟁을 전 계급적, 전국적인 대중투쟁으로서 전개한다면, 그것은 반문재인 정권 전선의 단초가 마련되는 것이다. 그리고 이러한 전선이 반자본주의 전선으로 상승, 발전하기 위해서는 노동자계급의 의식적 부위인 사회주의 세력들이 역할 하는 것이 필요하다. 개별 자본에 대한 분노를 자본가계급에 대한 분노로 상승시키고, 자본에 대한 예속을 끊어내기 위해서는 자본주의를 넘어서는 새로운 사회, 사회주의 사회로 나아갈 필요가 있다는 것을 사회주의자들은 의식적으로 선전, 선동해야 한다.

현재 공황기 상황에서 정리해고와 구조조정 공세가 거세고 비정규직, 청년층 등 수많은 노동자가 실업으로 내몰리고 있는 상황에서, 이들의 투쟁을 엄호하고 지지·지원하면서 경제투쟁에 참가하는 대중들의 대오를 반문재인 정권 전선 형성의 예비대로 조직할 필요가 있다. 그리고 경제투쟁에 참가하는 대중들에게 자본주의 자체를 반대하고 노동자계급의 계급적 단결을 이룩해야 함을 선전, 선동할 필요가 있다. 또한 문재인 정권의 공황기 정책, 이른바 뉴딜 정책은 자본가를 공황 구제하는 것에 불과하며, 그러한 정책을 통해 노동자의 권리는 보장되지 않으며, 한편에서는 거대한 자본을, 다른 한편에서는 노동자와 민중의 실업과 몰락, 파탄을 발생시키는 것이 문재인 정권의 정책임을 선전, 선동해야 한다. 그리고 노동자의 참다운 권리는 노동자의 민주주의를 쟁취할 때만, 노동자들이 권력을 장악할 때만 보장될 수 있다는 점을 선전, 선동해야 한다. 그리하여 이 모든 노력은 자본과 노동의 전선의 발전과 반자본주의 전선의 형성으로 귀결되어야 한다.

그리고 민족적 과제, 민주적 과제에 있어서 노동자계급은 이들 과제의 수행을 소부르주아 민주주의자들에게만 맡겨 두어서는 안 된다. 노동자계급은 한편으로 공황기 자본에 맞선 투쟁을 수행하면서, 다른 한편으로 민족적, 민주적 과제로부터 비롯되는 각종 투쟁의 쟁점에 적극 개입해야 한다. 국가보안법은 분단고착화 법일 뿐만 아니라 노동자의 해방 사상을 질식시키는 파쇼적 악법이라는 점을, 분단 체제는 노동자의 새로운 세상, 해방 세상에 대한 상상과 고민, 학습, 전망을 앗아가는 억압 체제라는 것을 선전 선동해야 한다. 미국은 한국 사회의 모든 숨통을 틀어막고 있고 사회주의를 압살하기 위해 언제라도 전쟁을 불사하는 제국주의 세력이라는 것을 대중적으로 선전, 선동해야 한다.

이와 같이 노동자계급이 경제적 영역의 투쟁에 머무르지 않고 민족적 과제, 민주적 과제의 수행을 위한 투쟁에 적극 개입할 때, 노동자계급의 정치투쟁은 본격적으로 궤도에 오르기 시작할 것이며, 반문재인 정권의 전선이 형성되면서 노동자계급의 민주주의 쟁취, 권력 쟁취를 위한 투쟁이 시작될 것이다.

문재인 정권은 촛불 시위로 탄생하였지만 촛불의 대의를 비열하게 배신하며 대중을 기만하고 기득권에 안주하고 있다. 그리하여 국가보안법의 폐지 등 더 이상의 민주주의의 신장은 오직 노동자계급과 민중의 투쟁을 통해서만 가능한 것이 지금의 현실이며 이는 민족민주 전선의 형성의 가능성, 반문재인 정권 전선 형성의 가능성을 기초지우는 것이다. 또한 문재인 정권은 이미 독점자본의 분견대일 뿐인데, 촛불 시위에서 외쳐졌던 대중들의 반재벌 요구는 문재인 정권에 의해 철저히 배신당하고 있다. 사회의 모든 부를 빨아들이고 노동자와 민중들의 자유와 생존을 질식시키는 주범인 독점 자본들의 축적은, 오직 자본가 권력을 타도할 때만 멈추게 된다는 것, 그리고 노동자계급이 민주주의를 쟁취할 때만 독점자본들은 노동자와 민중에게 봉사하는 사회적 부가 될 수 있다는 것을 선전, 선동해야 한다.

이러한 모든 점은 반문재인 정권 전선에 설 때만 한국 사회의 더 이상의 진보가 가능하며, 노동자와 민중의 생존과 권리가 보장될 수 있다는 것을 의미한다. 문재인 정권은 독점자본들의 정치적 좌익에 지나지 않는다. 문재인 정권 그리고 자유주의 세력에게 민주주의는 자본의 노동에 대한 지배를 장식하는 포장에 지나지 않는다. 따라서 이제는 그러한 껍데기 민주주의를 넘어서서, 노동자의 민주주의 쟁취, 노동자의 권력 쟁취의 길로 나아가야 하며 이를 위해 노동자계급은 반자본주의 전선과 민족민주 전선의 참다운 주체로 나서야 한다.

6. 노동자계급의 과제

 반자본주의 전선의 형성과 발전, 그리고 민족민주 전선의 형성, 발전에 기초하여 그 전선들이 반문재인 정권 전선으로 결집되기 위한 결정적 주체는 노동자계급 이외에는 존재하지 않는다. 노동자계급이 반자본주의 전선, 민족민주 전선의 주요 주체로 나설 때만 한국 사회의 진보를 알리는 정치투쟁이 힘 있게 전개될 수 있고 새로운 사회의 전망이 성큼 다가올 것이다.

 이를 위해 노동자계급은 첫째, 이데올로기 차원에서 온갖 소부르주아 사상과 절연하고 노동자계급의 해방 사상으로 무장하는 것이 필요하다. 왜냐하면 소부르주아 사상들은 반자본주의 전선, 민족민주 전선의 형성을 가로막고 또 반문재인 전선의 형성을 저지하는 주요 요소이기 때문이다. 노동자의 계급투쟁 노선 자체를 해체시키는 신좌파 사상은 우선적으로 분쇄되어야 한다. 노동운동을 여성, 환경, 소수자, 장애인, 인권 등 자본주의 사회가 배태하는 여러 모순의 영역 중의 운동의 하나로 격하시키는 신좌파 노선은 노동자계급이 계급투쟁의 대오로 형성되는 것을 저지하여 반자본주의 전선의 형성을 방해하는 으뜸가는 요소이다. 또한 노동자계급이 20세기 사회주의의 역사적 현실을 과학적으로 인식하는 것을 방해하는 뜨로츠키주의, 좌익공산주의 등의 사상도 분쇄되어야 한다. 계급투쟁은, 운동은 논리로만 이루어지는 것이 아니며 역사적 기반 속에서 형성, 발전하는 것이기 때문에 20세기 사회주의의 역사적 공헌을 폄훼하고 사상을 혼란스럽게 만드는 잡사상들은 근절되어야 한다. 이외에 노동자계급의 세계관인 변증법적 유물론과 사적 유물론을 부정하고 수정하고 왜곡하는 수정주의 또한 근절되어야 한다. 맑스주의를 맑스주의 내부에서 파괴하는 수정주의는, 운동이 발전함에 따라, 혁명의 흐름이 발전함에 따라 그 내부에서 발생하여 운동을 왜곡하고 해체시키는 것이다. 따라서 20세기 사회주의에 대한 평가

속에서 도출되는 수정주의의 해악을 정확히 인식하면서, 그에 대해 노동자계급의 과학적 이데올로기인 맑스주의, 맑스-레닌주의를 대치시키면서 이를 학습하고 발전시켜 가야 한다.

둘째, 반자본주의 전선과 민족민주 전선이 발전하기 위해서는, 그 전제로서 노동자계급의 정치적 전위부대가 형성, 발전되어야 한다. 20세기의 역사를 보더라도 전선체의 형성과 발전은 공산당, 노동당 등 노동자계급의 정치적 전위부대의 존재를 전제로 한 것이었다. 만약 이러한 정치적 전위 부대의 형성과 발전이 이루어지지 않거나 그 형성이 지체된다면 전선(체)는 잡다한 세력의 수다스러운 모임에 지니지 않게 될 것이다. 따라서 《공산주의 당 선언》 이래 명멸해 간 노동자계급의 정치적 전위들의 역사적 성과와 한계, 오류를 평가하면서 21세기 지금의 조건에 맞는 노동자계급의 사회주의적 전위 부대의 형성의 전망을 열어가야 한다. 그리하여 사회적인 투쟁의 모든 쟁점에 대해 사회주의적 의식성의 견지에서 평가하고 조망하며, 전망을 제시하는 노력들이 축적될 때, 한국 사회의 운동은 일취월장할 것이며, 노동자계급의 해방의 전망은 성큼 다가올 것이다.

셋째, 노동자계급의 운동은 기존에, 한편에서 노동조합의 경제투쟁이 존재하고, 다른 한편에서 지식인들과 맑스주의 써클들의 선전이 병립하는 형태로 존재해왔다. 이러한 현상은 노동자계급의 정치적 전위부대가 부재하였기 때문에 발생한 것이었다. 그리고 지금 반자본주의 전선과 민족민주 전선을 전망하는 시기에 있어서, 노동자계급과 맑스주의자들은 경제투쟁과 선전에 머물지 않고 정치적 전술을 구사하는 단계로 진입하여야 한다. 왜냐하면 전선의 형성과 발전은 그 자체로 정치적인 전술적 실천을 전제로 하기 때문이다. 그런데 노동자계급의 전술적 실천은 노동자계급의 사회주의적 정치를 의미한다. 이에 대해 레닌은 노동자계급의 사회주의 정치는 과학이라고 표명한 바가 있었다. 즉, 레닌의 이러한 견해는, 이론적 차원에서만 과학적인 것이 아니라 실천의 영역에 있어서도 과학을 추구할 때만 노동자계급의 사회주의 운동과 전선 운동이 발전할 수 있는 것을 의미한다. 개념과 분리된 실천이 아니라 개념과 통일된 실천! 실천의 과학, 과학으로서의 실천! 이것이 맑스주의 전략과 전술론의 발전의 역사였다. 이것은 한편으로 정세분석론, 전술론과 전략론, 전선론, 조직론 등의 여러 분야에서 과학의 발전을 요구하는 것이다. 그리고 이러한 실천의 제반의 영역에서 끈질기게 과학을 추구할 때, 노동자계급의 사회주의 정치는 전 민중을 이끌고 새로운 사회주의 세상을 위한 권력 쟁취 투쟁의 장으로 나아갈 수 있을 것이다.

넷째, 반자본주의 전선과 민족민주 전선의 성립과 발전을 위해서는 개량주의, 기회주의 세력에 대한 투쟁이 정확하게 전개되어야 한다. 의회주의적 길을 걷고 있는 진보정당들의 사회민주주의적 성격, 계급협조적 성격을 폭로하며, 노동자계급 스스로의 투쟁에 의한 전선의 형성과 발전을 대비시키야 한다. 또한 노동운동 내의 기회주의, 계급협조 세력, 사회적 합의주의 세력에 대한 투쟁은 멈춤 없이 전개되어야 한다. 노동운동 내의 기회주의에 대한 투쟁이 전제될 때만 노동자계급의 계급적 단결의 강화가 가능하며, 반자본주의 전선의 성립과 발전이 가능할 것이기 때문이다. 레닌은 일찍이 ≪제국주의론≫에서 제국주의 시대에는 금융자본들, 독점자본들에 의해 배양되는 노동운동의 상층, 노동 귀족을 대변하는 기회주의 세력과 투쟁하지 않는 한, 그것은 협잡에 지나지 않는다고 갈파한 적이 있다. 따라서 노동자계급의 단결의 강화와 전선의 성립과 발전을 위해서는 노동운동 내의 기회주의 세력에 대한 투쟁이 주요 투쟁과제의 하나로 자리매김 되어야 한다.

다섯째, 마지막으로 반자본주의 전선과 민족민주 전선의 문제에 있어서 중요한 것은 전선에 포괄될 동맹의 문제이다. 이 두 개의 전선에서 노동자계급은 주도적 역할을 할 수밖에 없지만 전선들이 노동자계급 단독으로 성립, 발전하는 것은 아니며 반드시 함께 할 동맹을 필요로 한다. 반자본주의 전선에는 노동자계급 이외에 몰락하는 소부르주아 하층, 반프롤레타리아들이 포괄되며, 민족민주 전선은 반자본주의 전선에 비해 보다 광범한 층이 참가하게 될 것이다. 민족민주 전선에는 민주주의적 소부르주아 세력의 참가가 가능하며, 또 민족문제에 있어서 진보적 관점을 갖는 다수 세력의 참가가 가능할 것이다. 이외에 진보적 지식인들, 다양한 양심적 세력들이 민족민주 전선에 참가할 수 있다. 그리고 이러한 포괄적이고 다양한 세력들에 대해, 노동자계급은 문재인 정권의 헤게모니에 맞서 싸우면서 투쟁의 전망과 사회주의 전망을 무기로 스스로의 헤게모니를 행사하는 정치적 노력을 기울여야 한다. 노사과연

(국가)독점자본주의와 노동조합
— 사회적 합의주의 공세에 맞선 노동자계급의 투쟁

김태균 | 연구위원

 2020년 7월 24일 서울 정동 민주노총 대회의실에서 민주노총 김명환 위원장은 김경자 수석 부위원장과 백석근 사무총장과 함께 동반 사퇴 의사를 밝혔다. 이로써 민주노총 제2기 직선으로 당선된 김명환 집행부가 2018년 1월 1일 임기를 시작해서 임기를 6개월여 남겨두고 중도 사퇴하게 되었다. 김명환 집행부는 직선 2기 임원선거에 출마하면서 사회적 대화 참여를 공약으로 제시했고, 중도 사퇴하기 직전까지 이를 위해 모든 활동을 집중했다고 해도 과언이 아니었다.
 2018년 1월 1일 임기 시작 열흘 후인 2018년 1월 11일 김명환 집행부는 당시 노사정위원장을 맡고 있던 문성현 위원장에게 '새로운 사회적 대화를 위한 노사정 대표자회의'를 제안했다. 그리고 1주일 후인 2018년 1월 19일 청와대를 긴급 방문해서 문재인 대통령에게 '노사정 대표자회의'에 조건부 참여 입장을 표명했다.
 당시 문성현 노사정위원회 위원장과의 만남과 청와대 면담에 대해 민주노총 내부에서 많은 문제제기와 우려가 있었다. 민주노총 내부에서 최소한의 절차와 민주주의를 부정했다는 지적이 있었다. 아니나 다를까 김명환 집행부는 노사정위원장과 대통령 면담 직후인 2018년 1월18일 민주노총 2차 중앙집행위원회에서 '새로운 사회적 대화를 위한 긴급 노사정 대표자회의'에 참석할 것을 일방적으로 통보하고 1월 31일 개최된 제1차 노사정대표자회의에 민주노총 위원장 이름으로 참석했다. 이로써 민주노총은 부르주아 정권의 사회적 합의주의 공세에 대해, 지난 2009년 대의원대회 결정에 따라 사회적 합의주의가 거부된 이후, 8년 여 만에 위원장의 일방적인 행동으로 참석을 하게 되었다. 이후 민주노총은 2월 6일 대의원대회를 통해 문재인 정권의 노사정위원회에 대한 참여를 공식적으로 결정하였다. 노사정위원장과의 만남, 청와대 면담 그리고 민주노총 중앙집행위원회에서의 일방적 참여 통보 등 김명환 집행부의 사회적 대화 참여에 대한 일방적 행보는 결국 2월 6일 민주노총 대의원 대회에서 많은 논란과 혼동 속에서 참여 결정으로 이어졌다.

김명환 집행부의 '새로운 대화를 위한 사회적 참여'는 많은 문제점을 낳았다. 우선 첫 번째, 민주노총이라는 노동자 대중의 전국적 조직에서 위원장의 일방적 행보로 조직 내부의 민주주의가 훼손되었다는 점이다.

위에서도 지적했지만 김명환 민주노총 집행부는 당선과 동시에 기존의 결정(민주노총은 2009년 대의원 대회를 통해 부르주아 정권의 사회적 합의기구에 불참할 것을 결정한 바가 있음)을 무시하고 일방적인 행보를 보였다. 노사정위원장에 이어 문재인 대통령과의 면담 그리고 이 속에서 소위 '새로운 사회적 대화를 위한 노사정 대표자회의' 제안, 민주노총 중앙집행위원회에서 일방적 참여 결정과 대의원대회에서 폭력적인 강권 분위기 등은 노동조합의 최대의 생명이라 할 수 있는 내부의 민주주의를 철저하게 훼손한 것이었다.

두 번째, 김명환 집행부의 일방적 사회적 대화 참여는 지난 2009년 민주노총이 사회적 합의기구 불참을 결정할 수밖에 없었던 정세 판단, 즉 한국 사회에서 사회적 합의기구의 역할과 기능에 대한 판단을 부정하는 행위였다.

　한국 사회에서 사회적 합의기구는 1993년 노태우 정권 당시 한국노총과 행했던 노·경총 임금합의로 거슬러 올라간다. 1993년 노태우 정권과 한국노총과의 사회적 합의기구(노·경총 임금합의)는 전체 노동자들의 임금억제를 위해 기능했다. 그리고 1996년 김영삼 정권과 권영길 민주노총 집행부가 참여한 노사관계개혁위원회는, 비록 96-97 총파업 투쟁으로 무력화되었으나 정리해고제 도입과 파견법 확대를 꾀했던 사회적 합의기구였다. 96-97 총파업 직후인 1998년 김대중 정권과 배석범 민주노총 직무대행의 노사정위원회는 결국 정리해고제 도입과 파견법의 확대를 수용했다. 서민의 대통령이라 찬양받았던 노무현 정권과 조준호 민주노총 집행부의 2006년 노사정대표자회의는 기간 사용 연한을 1년에서 2년으로, 그리고 근로자 파견제를 전면 확대하는 결과를 낳았다.
　이렇듯 한국 사회에서 사회적 합의기구의 역할과 기능은 전체 노동자 민중의 생존권을 억압하고 부르주아 계급의 지상 과제인 이윤을 극대화하기 위한 법과 제도의 정비로 이어졌기에, 2009년 민주노총은 부르주아 정권의 사회적 합의기구에 대한 불참을 결정했던 것이다. 민주노총을 중심으로 한 한국 노동자계급의 사회적 합의기구에 대한 이러한 명확한 인식을, 김명환 집행부는 2018년 임기 시작과 동시에 그것도 일방적인 집행으로 부정한 것이었다.

　세 번째, 자본과 정권의 사회적 합의주의 공세의 또 다른 의도, 즉 민주노총 내부에서 사회적 합의기구 참여를 둘러싼 논쟁으로 인한 혼란으로 당면 투쟁을 방기하게 하는 기능을 이번 2018년 김명환 집행부의 사회적 합의기구 참여 논쟁은 충실하게(?) 수행했다.

　문재인 정권은 민주노총을 대상으로 하는 사회적 합의주의 공세가 전개되는 과정에서도 노동시간 단축을 빙자한 근로기준법 개악과, 산입범위 확대를 통한 최저임금법 개악을 착착 진행했었다. 근로기준법 개악과 최저임금법 등 전체 노동자들의 생존과 직결되는 노동관계법 개악에 맞서 투쟁을 조직하고 전개해야 했을 민주노총은 투쟁의 고삐를 죄는 대신에, 김명환 집행부의 사회적 합의기구 참여에 대한 논란과 논쟁으로 인해 결과론적으로 투쟁을 방기한 꼴이 되었다.

도대체 사회적 합의주의 공세—사회적 합의기구가 무엇이기에 잊을 만하면 나타나는 것일까? 노·경총 임금합의로부터 시작된 한국사회에서의 사회적 합의주의 공세는 노동자 민중에게 어떠한 결과를 낳을 지 뻔히 확인이 됨에도 불구하고, 왜 민주노총에서는 자본과 정권의 사회적 합의기구에 목을 매는 것일까? 100개 중에 100개는 쓸모가 없는 사회적 합의기구가 왜 때가 되면 나타나고 민주노총 내부에서는 이 문제로 논란과 쟁점이 형성되어 당면 투쟁을 방기하게 되는 것일까?

본 글은 이러한 문제의식에 적극 공감하면서 이 문제를 풀고자 한다. 왜 사회적 합의기구라는 망령이 노동조합 운동 내부에서 끊임없이 형성되고, 쟁점이 되며 그리고 이로 인해 투쟁을 방기하게 하는 것일까? 자본과 정권의 입장에서 사회적 합의주의 공세는 어떠한 이득이 있는 것일까? 그리고 사회적 합의주의 공세—사회적 합의기구가 왜 특정한 시기, 자본주의 사회에서 그리고 지금 한국 사회에서 끊임없이 제기되는 것일까?

본 글은 이러한 질문에 답을 하고자 한다.

이를 위해 본 글은 우선 첫 번째로 한국 사회에서 자본과 정권의 사회적 합의주의 공세가 어떠한 형태로 나타났는지 간단하게 살펴볼 것이다. 그리고 그 과정에서 노동자는 무엇을 잃었고 무엇을 얻었는지 살펴보겠다.

한국 사회에서 지금까지의 사회적 합의기구 참여를 둘러싼 논쟁은 자본과 정권의 요구를 실현되는 결과로 나타났다. 사회적 합의기구를 요구하는 자본과 정권, 그리고 이를 수용하는 노동조합 운동 내부의 사회적 합의기구 참여 세력, 마지막으로 이를 실현할 수 있는 물적 토대라는 3박자는, 1993년에는 임금총액으로, 1996년과 1998년은 정리해고제 도입과 근로자 파견법 확대로, 2006년에는 비정규직 기간 사용 연한 확대와 근로자 파견법 확대로 이어졌다. 그리고 마지막으로 문재인 정권 시절인 2018년에는 노동시간 단축을 빙자한 근로기준법과, 산입범위가 확대되는 최저임금법 개악으로 나타났다. 그리고 이를 저지하고 새로운 세상으로 진군해야 할 노동자의 투쟁이, 사회적 합의기구 참여와 불참 논쟁으로 인해 방기되었다.

그리고 두 번째로 사회적 합의주의 공세—사회적 합의기구가 생겨날 수밖에 없는 물적 토대에 대해 알아보겠다.

광폭한 폭압이 존재했던 일제 점령기 시대에도, 그리고 이승만, 박정희, 전두환으로 이어지는 군사파쇼 정권 시절에도 사회적 합의주의 공세—사회적 합의기구는 존재하지 않았다. 1993년 노·경총 합의로부터 시작된 한국 사회의 사회적 합의기구의 역사는 노태우 정권에 이어 김영삼 정권 그리고 김대중, 노무현 정권으로 이어지고 이명박, 박근혜 정권 시절에는 존재하지 않다가 문재인 정권 시절에 다시 등장했다. 왜 이승만 정권부터 전두환 정권 시절까지는 없다가 노태우 정권 시절에 등장해서 노무현 정권 시절까지 이어지고, 이명박, 박근혜 정권 시절에는 없어졌다가 다시 문재인 정권에서 부활한 것일까? 이는 사회적 합의주의 공세—사회적 합의기구의 물적 토대와 관련된 것이며 본 글의 하나의 고찰 대상이다.

세 번째로는 자본과 정권의 사회적 합의주의 공세—사회적 합의 기구가 노동자계급의 해방을 위한 투쟁에서 어떠한 의미를 가지고 있는가를 알아보겠다.

노동자계급의 요구는 노동자 대중이 처해 있는 현실로부터의 해방이다. 이를 위해 노동자계급은 자본가계급에 맞서 치열하게 임금인상과 노동시간 단축 그리고 노동 강도의 저하를 요구한다. 이에 반해 자본가계급은 자본가계급으로서의 사회적 위치를 유지하기 위해 대폭적인 임금인하와 장시간의 노동시간 그리고 살인적인 노동강도를 요구하면서 비타협적인 노사관계를 형성하게 된다. 이러한 노사관계에 대해 노동자들은 임금인상과 노동시간 단축 그리고 노동 강도의 저하라는 경제적 투쟁을 넘어 노동력을 둘러싼 판매 관계 자체, 즉 생산의 사회적 성격과 소유의 사적 성격을 근본 모순으로 하는 자본주의 체제 자체를 뛰어넘는 해방 투쟁을 전개해야만 한다. 이러한 노동자 민중의 해방 투쟁에서 자본과 정권의 사회적 합의주의 공세—사회적 합의기구가 어떠한 의미로 위치 지워지는지 그리고 어떠한 영향을 미치는지를 세 번째 단락에서 확인해 보도록 하겠다.

1. 한국에서 사회적 합의주의 공세—사회적 합의기구의 역사와 그 결과

(1) 한국에서 사회적 합의기구의 역사

한국 사회에서 사회적 합의기구의 효시는 전국노동조합협의회(전노협) 시절인 1993년 노태우 정권과 한국노총이 참여한 노·경총 임금합의 기구였다. 당시 사회적 합의는, 1990년 전노협으로 모아지고 있는 민주노조의 움직임을 폭력적으로 탄압하면서, 동시에 전체 노동자 대중의 임금을 억제하기 위하여, 한국노총과 함께 임금인상에 대한 가이드라인을 합의한 노·경총 합의였다.

'인간답게 살고 싶다', '임금인상 쟁취하자', '민주노조 건설하자'로 집중되었던 1987년 7·8·9 노동자 대투쟁은 전국노동조합협의회(전노협) 건설로 이어졌다. 전노협은, 민주노조의 전국적 조직으로서의 민주노총 건설과 노동자계급의 독자적 정치세력화를 전면에 걸고 1990년 출범을 했다. 전노협 출범은 당시 전국적 조직으로서는 유일한 한국노총의 어용성에 대한 반대였고 민주노총 건설에 대한 의지였다. 전노협이 불참하고 한국노총과 김영삼 정권이 진행한 노·경총 임금합의는 광범위한 한국노총 탈퇴로 이어졌고, 이는 1995년 출범한 민주노총의 토대가 되기도 하였다. 1993년 노·경총 임금합의 기구는 폭력적 성격이라는 점에서 이후 민주당 정권과 민주노총이 참여했던 사회적 합의기구와는 성격이 다른 것으로 평가하는 것이 옳을 것이다.

1995년 민주노총 출범 이후 김영삼 정권은 곧바로 민주노총 초대 위원장인 권영길 집행부를 상대로 노사관계개혁위원회 참여를 요구하는 사회적 합의주의 공세를 펼쳤다. 당시 김영삼 정권은, 1990년 민주정의당, 통일민주당, 신민주공화당이 합당한 민주자유당 소속으로 한국 사회에서 민주당 세력이라 보기 어려운 성격의 정권이었다. 하여튼 김영삼 정권과 민주노총의 권영길 집행부는 노사관계개혁위원회를 통한 사회적 합의 기구를 운영했는데, 민주노총이 정리해고제 도입과 파견법 확대 등에 항의하며 노사관계개혁위원회를 탈퇴했고, 이는 96·97 총파업 투쟁으로 이어졌다. 이후 1998년 김대중 정권과, 권영길 위원장 사임 이후 직무대행을 맡고 있던 배석범 민주노총 직무대행과 제1기 노사정위원회를 운영하였고, 이 결과 96·97 총파업 투쟁으로 무력화되었던 정리해고제와 파견법이 다시 살아나 법안으로 통과되고 그 범위가 확대되었다.

노무현 정권 시절인 2006년에는 민주노총 조준호 집행부가 노사정대표자회의에 참여하여 1년 단위 기간 제도를 2년으로 확대하고 근로자 파견제를 확대하는 등 비정규 관련 법 개악으로 이어졌다.
  이후 2018년 문재인 정권과 김명환 민주노총 집행부는, 산입범위 확대하는 최저임금법 개악과 파견법 확대 등 노동 관련법 개악을 위한 경제사회노동위원회를 운영하다가 민주노총 대의원대회에서 부결되었고, 2020년 코로나19 원 포인트 노사정대표자회의에 참여했다가 민주노총에서 부결 이후 김명환 집행부 동반 사퇴로 마무리가 되었다.
  한국에서 지난 사회적 합의기구 논쟁에 있어 우리는 네 가지 주요한 지점을 확인할 수 있다. 우선 첫 번째로 한국 사회에서 사회적 합의기구는 임금이나 노동조건 또는 고용 관련되어 노동조건을 저하시키는 결과를 낳았다는 점이다. 두 번째는 사회적 합의기구의 일 주체인 정부가 바로 민주당 세력이었다는 점이다. (물론 1993년 노·경총 임금합의 시절에서의 노태우 정권과 1996년 노사관계개혁위원회를 주도했던 김영삼 정권은 전통적(?)인 민주당 세력으로 보기는 어렵다.) 세 번째는 사회적 합의기구의 또 다른 주체인 민주노총의 사회적 합의기구 참여 세력이 점차 확대되고 있다는 점이다. 그리고 마지막으로 사회적 합의주의 공세 또는 사회적 합의기구의 물적 토대의 측면을 보면, 사회적 합의기구가 제기된 시점이 경제위기 전후로 자본이 이윤율을 압박받는 시점이라는 점이다.
  사회적 합의주의 공세는 노동자의 철저한 희생을 결과했는데, 임금이나 노동시간 그리고 노동의 유연화 등 노동조건을 저하하는 결과로 나타났다.

1) 1993년 노·경총 임금 합의(노태우 정권과 한국노총)
  1993년 한국노총과 노태우 정권 간에 진행된 노·경총 임금 합의는 임금인상 총액 수준을 정부가 중재하고 부르주아 전국 조직인 경총과 노동자 전국 조직인 한국노총이 임금인상안을 합의했다는 점에서 전국적 임금수준을 통제하는 기능을 했다. 1993년 4월 1일 '중앙노사임금조정 합의서'로 표현된 노·경총 임금합의 수준은 임금인상률 4.7%~8.9%로 당시의 두 자리 수 임금인상을 억제하기 위한 합의 내용이었다. 4월 1일 노·경총의 임금합의는 전노협의 즉각적인 반발과 함께 대규모의 한국노총 탈퇴로 이어졌다. 1993년 노·경총 임금 합의는 그 이듬해인 1994년 사회적 합의(임금 인상률 : 5.0%~8.7%)와 1995년 산업평화 정착을 위한 공동 선언문(합의 내용: 산업평화를 위한 무쟁의 선언)으로 이어졌다.

2) 1996년 노사관계개혁위원회(김영삼 정권과 민주노총 권영길 집행부)

1996년 민주노총이 최초로 참여했던 김영삼 정권의 노사관계개혁위원회는 1996년 4월 24일 김영삼 대통령의 '신노사관계로 21세기 세계 일류 국가 건설을'이라는 제목의 신노사관계 구상이 발표되면서 구체화되었다. 1996년 5월 9일 민주노총 권영길 집행부가 참여한 상태에서 노사관계개혁위원회가 출범하였다. 노사관계개혁위원회는 이후 8차까지의 회의를 통해 정리해고제 도입과 파견제 확대를 위한 노동법 개악 안을 마련했다. 이에 민주노총 권영길 집행부는 1996년 12월 2일 '반개혁적인 정부는 노동법 개악 안을 즉각 철회하라'라는 성명을 발표하면서 노사관계개혁위원회를 탈퇴하였다.

민주노총의 탈퇴 선언 이후 김영삼 정권은 정리해고제 도입과 파견제 확대·안기부법 개악을 주된 내용으로 하는 개악 안을 1996년 12월 26일 새벽에 날치기 제·개정하였고 이에 반발하는 민주노총을 중심으로 한 한국의 노동자는 96-97 총파업 투쟁을 시작하였다. 96-97년 노동법 개정 총파업 투쟁은, 87년 노동자 대투쟁의 결과 90년 전국노동조합협의회가 출범하고, 5년 뒤인 1995년 민주노총이 출범한 이래, 최초로 전개된 전국적 정치적 총파업 투쟁이었다. 1996년 12월 26일부터 시작된 96-97 총파업 투쟁은 무기한 총파업을 중심으로 한 1단계 총파업 투쟁(1996.12.26.-1997.1.2.)과 철도와 공공 그리고 금속으로 확산된 2단계 총파업 투쟁(1.3-1.14), 전면 파업투쟁과 가두투쟁으로 집중된 3단계 총파업 투쟁(1.15-1.19) 그리고 매주 수요일 파업으로 전환된 4단계 총파업 투쟁(1.20-2.28)로 전개되었다.

96-97 노동법 개정 총파업 투쟁으로, 당시의 여야는 1997년 3월 10일 날치기 통과한 노동법을 수정해서 합의 처리를 하였다. 그러나 3월10일 여야가 합의 처리한 노동법 또한 지난 12월 26일 날치기 통과 당시 핵심적 내용이었던 정리해고제를 유지하는 등 악법 조항이 그대로 유지된 노동악법이었다.

3) 1998년 노사정위원회(김대중 정권과 민주노총 배석범 집행부)

김대중 정권의 노사정위원회는 1998년 1월 15일 출범하였다. 민주노총 배석범 집행부가 참여한 노사정위원회는 곧이어 1월 20일 공동 선언문을 발표하고, 2월 6일 '노사정 공동 선언문'을 연이어 발표하였다. '노사정 공동 선언문'의 핵심 내용은 'IMF 경제위기 극복을 위해 노동계는 정리해고제와 근로자 파견제를 수용하고 교원노조를 허용'한다는 등의 내용이었다. 곧바로 배석범 민주노총 집행부는 2월 9일 민주노총 대의원대회를 소집해서 2월 6일 잠정 합의한 '노사정 공동 선언문' 승인을 요청했다. 2월 9일 대의원대회는 배석범 집행부가 잠정 합의한 '노사정 공동 선언문'을 부결시켰다(찬성 54표, 반대 184명). 이는 어찌 보면 당연한 결과였다. 그 누가 노동자들을 해고할 수 있는 정리해고제를 합의할 수 있다는 것인가?

2월 9일 민주노총 대의원대회는 배석범 집행부의 잠정 합의안의 부결과 동시에 민주노총의 노사정위원회 탈퇴, 배석범 집행부의 총사퇴, 민주노총의 총파업 선언, 총파업을 위한 단병호 비상대책위원회 위원장 선출 등을 결정했다. 그러나 민주노총은 노사정 공동 선언문 잠정 합의안을 부결시켰지만 총파업을 위해 구성된 단병호 집행부는 총파업을 포기하고 임원 선출을 위한 선거 체제로 돌아섰다.

4) 2005년 민주노총 이수호 집행부의 사회적 대화 복귀 움직임(노무현 정권)

2004년 민주노총은 '중층적·총체적 교섭 틀 마련'을 공약으로 내건 이수호 후보를 집행부로 선택했다. 당선과 함께 이수호 집행부는 2005년 1월 20일 충북 속리산 유스 타운에서 개최된 민주노총 정기 대의원대회에서 노사정 대화 복귀를 위한 '사회적 교섭' 안을 사업계획으로 제출하였다. 그러나 이날 개최된 정기 대의원대회에서 이수호 집행부가 제출한 '노사정 복귀를 위한 사회적 교섭' 안은 격렬한 반대에 직면했으며 새벽 6시 가까이까지 논쟁되다가 성원 부족으로 대의원대회가 유회되었다.

이수호 집행부는 1월 정기 대의원대회에서의 논쟁에도 불구하고 2월 1일 대의원 대회를 재소집하여 '노사정 대화를 통한 사회적 교섭' 안을 또다시 제출하였고 형식적 논의를 거친 뒤 찬반 투표를 진행하려 했다. 찬반투표로 의결할 것을 선언한 순간 민주노총 연단은 한순간에 아수라장으로 변했다. '사회적 합의주의, 노사정 담합 분쇄 전국 노동자투쟁위원회(전노투)'와 현장 노동자들에 의해 단상이 점거되어 더 이상 대의원 대회가 진행되지 못하고 유회되었다. 1월 20일 정기 대의원대회에서의 밤샘 논쟁과 2월 1일 현장 조합원들에 의한 연단 점거사태까지 야기시켰던 이수호 집행부의 '노사정 대화를 위한 사회적 교섭'은 결국 또다시 3월 15일 소집된 대의원대회에서 물리적 충돌로까지 나타났다. 2월 1일 대의원대회 이후 이수호 집행부는 재차 3월 15일 대의원대회를 소집하면서 '민주노총 질서 유지대'를 운영했다. 만약의 폭력을 대비하기 위함이라는 이유였다. 결국 3월 15일 민주노총 대의원대회는 '민주노총 질서 유지대'와 '사회적 합의주의, 노사정 담합 분쇄 전국 노동자투쟁위원회(전노투)'를 중심으로 한 현장 조합원 간의 몸싸움으로 유회되었다. 사회적 합의의 수차례의 부결 이후, 이수호 집행부는 그해 10월 강승규 수석 부위원장의 비리 건으로 총사퇴를 하게 된다.

5) 2006년 노사정 대표자회의(노무현 정권과 민주노총 조준호 집행부)

2003년 2월 참여정부라는 이름으로 출범한 노무현 정권의 노동 정책은 '사회 통합적 노사관계 구축'으로 표현되었다. '사회 통합적 노사관계 구축'은 노사정위원회가 중추 역할을 할 수 있는 시스템으로 민주노총이 참여하는 중앙 노사정위원회와 각 지역 및 산별 노사정회의를 기본으로 하고 있었다. 노무현 정권의 노사정대표자회의는 2006년 2월 한국노총의 조건 없는 복귀 선언 이후 한국노총이 참여하고 민주노총이 불참한 상태에서 3월 회의를 재개했다.

노무현 정권의 사회적 합의주의 공세는 2004년 출범한 민주노총 이수호 집행부에 의해 '민주노총의 노사정대표자회의' 참여 안건이 수차례 제기되는 모습으로 나타났으나 위에서 살펴보았듯이 부결이 되었다. 민주노총 이수호 집행부의 비리로 인한 사퇴 이후 당선된 조준호 집행부 또한 이수호 집행부와 마찬가지로 사회적 합의기구에 대한 민주노총 참여 안건을 제안하면서 민주노총은 또다시 사회적 합의기구 참여 관련한 논쟁에 휩싸였다.

민주노총 조준호 집행부의 경우 2006년 3월 14일 개최된 민주노총 중앙집행위원회에서 '노무현 정권의 노사정대표자회의 복귀'를 제안했다. 이후 민주노총은 2006년 5월 16일 중앙집행위원회에서 치열한 논쟁이 전개되면서 이 안건은 유예가 되었으나 6월 19일 재차 민주노총 중앙집행위원회에서 노무현 정권의 노사정대표자회의에 대한 참여를 결정하였다. 민주노총의 사회적 합의기구 참여 문제는 대의원 대회에서 이미 결정 난 사항이었다. 즉, 1998년 배석범 집행부의 야합을 반대하면서 집행부를 사퇴시키고 대의원 만장일치로 사회적 합의기구 불참을 결정했었다. 이러한 사항이기에 이수호 집행부의 경우 치열한 몸싸움이 있더라도 대의원대회에서의 결정을 존중했던 것이다. 그러나 조준호 집행부는 중앙집행위원회 결정 사항으로 대의원 대회 결정을 뒤집어서 조직 내 민주주의 절차를 부정한 것이었다. 특히 6월 19일 중앙집행위원회에서의 안건 상정은 직전인 6월 13일에 개최되었던 중앙위원회에서의 위임 사항이었는데, 6월 13일 중앙위원회는 성원 부족으로 의결 권한이 없는 회의였는데 이 회의에서 '민주노총의 사회적 합의기구 참여'건을 중앙집행위원회로 위임한다는 내용으로 정리하고 6월 19일 중앙집행위원회에서 논의 결정을 한 것이다. 여하튼 조준호 집행부는 '민주노총의 사회적 합의기구 참여'를 대의원 대회가 아니고 성원 부족으로 문제가 되는 중앙위원회의 위임을 통해 중앙집행위원회의 의결로 결정을 한 것이다.

　6월 13일 중앙집행위원회의 참여 결정 이후 조준호 집행부는 곧바로 노무현 정권의 노사정대표자회의에 참여를 했고 노사정대표자회의는 복수노조의 전임자 임금 지급 건을 가지고 9월까지 수차례 회의를 진행하다가 9월 5일 입법 예고 강행과 복수노조 금지 5년 유예 조항에 항의를 하면서 노사정대표자회의에서 탈퇴를 하게 되었다. 이후 민주노총의 조준호 집행부가 빠진 상태에서 2006년 9월 정부와 경총 그리고 한국노총이 참여한 노사정대표자회의에서 '선진 노사관계 로드맵'을 합의하였다. '노사관계로드맵'의 핵심 내용은 '복수노조 금지', '노조 전임자 임금지급 금지 3년간 유예', '기간제 사용연한 1년에서 2년으로 연장', '근로자 파견제의 전면 확대' 등이었다.

　이후 민주노총은 9월 19일 대의원대회를 통해 노무현 정권의 노사정대표자회의 결정 합의 내용을 규탄하고 11월 15일부터 무기한 전면적 총파업 투쟁에 돌입하기로 결의했다. 그러나 결국 투쟁은 무산되었다.

6) 2018년 노사정대표자회의(문재인 정권과 김명환 집행부)

2018년 1월 1일로 임기가 시작된 민주노총 직선 2기 김명환 집행부는 공약으로 '새로운 사회적 대화를 위한 노사정대표자 회의'를 제안한 바가 있었다. 김명환 집행부는 임기 시작 한 달도 채 안 된 1월 19일 청와대를 방문해서 '노사정대표자 회의'를 제안했다. 이후 김명환 집행부는 1월 25일 민주노총 중앙집행위원회에서 '새로운 대화를 위한 노사정대표자회의'에 민주노총의 참여를 제안했고, 곧바로 1월 31일 문재인 정권의 제1차 노사정대표자회의에 참석함으로써, 지난 2009년 탈퇴 이후 8년 만에 민주노총이 사회적 합의기구에 참여를 하게 되었다. 김명환 집행부의 사회적 합의기구 참여는 최소한 민주노총의 의결이라는 절차상 민주주의조차 부정한 것이었다. 1월 31일 노사정대표자회의에 참여한 김명환 집행부는 일주일 후인 2월 6일 민주노총 대의원대회를 통해 '민주노총의 사회적 합의기구 참가'를 사후 추인 받고 곧바로 4월 3일 개최된 제2차 노사정대표자 회의에 참여를 하게 된다. 민주노총이 노사정대표자 회의에 참여를 하는 동안 문재인 정권은 노동시간 단축을 빙자해서 수당을 없애는 근로기준법 개악을 했고, 최저임금 인상 효과를 무력화하기 위한 최저임금법 개악을 기도했다. 5월 22일 김명환 집행부는 산입 범위를 확대하는 최저임금법 개악에 항의하며 노사정대표자회의를 불참했는데, 문재인 정권은 5월 28일 상여금과 식대 등 산입 범위를 확대하는 최저임금법 개악 안을 통과시켰다.

김명환 집행부의 노사정대표자회의 참석 과정에서 근로기준법과 최저임금법이 개악 된 것이다. 이후 김명환 집행부는 아무런 이유 없이 또다시 7월 3일 청와대를 방문한 뒤 8월 18일 민주노총 중앙집행위원회에서 문재인 정권의 노사정대표자회의 참여를 일방적으로 통보하였다. 이후 김명환 집행부는 10월 12일 개최된 제4차 노사정대표자회의에서 이후 건설되어질 것으로 예정된 '경제사회노동위원회'에 민주노총의 참여를 합의하게 된다. 김명환 집행부는 10월

12일 제4차 노사정대표자회의에서 합의한 '민주노총의 경사노위 참여' 안건을 10월 17일 개최된 민주노총 정책 대의원대회에서 사후 추인 받고자 안건으로 제출했으나 치열한 논의와 논쟁이 진행되다가 정족수 부족으로 안건 논의 자체가 유예되었다.

2018년 11월 22일 민주노총이 불참한 상황에서 문재인 정권의 '경제사회노동위원회'가 출범하였고, '경제사회노동위원회'는 2019년 1월 25일 3차 청와대 면담을 통해 '민주노총의 경사노위 참여'를 확인하고, 2019년 1월 28일 개최된 민주노총 정기 대의원대회에 경사노위 참여 안건을 상정하기에 이른다. 그러나 2019년 정기 대의원대회에서 '민주노총의 경사노위 참여 안건'은 새벽까지 이어지는 격론을 통해 참여 여부를 결정하지 못하면서 기존의 결정 사항인 '불참'을 확인하게 되었다.

당시 대의원대회에서는 대의원 181명의 발의로 제출한 '경사노위 불참과 대정부 투쟁' 안이 331명(34.5%)의 지지를 받고, 금속노조가 발의한 '조건부 경사노위 참여' 안이 362명(38.6%)의 지지를 받은 반면, 김명환 집행부의 '경사노위 참여'안이 부결될 것을 우려하여 산별 대표자 8인이 제출한 '선 참여, 개악 시 탈퇴'안은 402명(44%)의 지지를 받음으로써 모든 안이 부결되어 기존의 '불참' 안을 재확인하였다.

이후 김명환 집행부는 2020년 사업계획을 논의 확정하는 2월 정기대의원대회에서 조직 내부의 소모적 논쟁을 야기시키는 사회적 합의기구 참여 안건을 상정하지 않겠다고 선언을 하면서 정기대의원대회는 무탈(?)하게 지나가는 듯 했다. 2월 대의원대회 이후 김명환 집행부는 3월10일 '코로나19 특별 요구안 및 대정부 교섭을 요구하는 기자회견'을 가지면서 문재인 정권과의 노정교섭을 요구했다. 이후 김명환 집행부는 3월 18일 청와대에서 개최한 '경제주체 초청 원탁회의'에 참가하고, 곧이어 4월 18일 '코로나19 위기 극복을 위한 노사정 비상협의'를 제안하였다. 하루 뒤인 4월 19일 정세균 총리는 민주노총의 제안을 수락한다는 기자회견을 하고 5월 20일 민주노총이 참여한 '코로나19 위기 극복을 위한 노사정대표자 1차 회의'가 개최되기에 이르렀다. '코로나19 위기 극복을 위한 노사정대표자 회의'는 이후 5월 22일 1차 실무협의와 6월 18일 2차 회의를 개최하고 이후 집중 교섭 형식으로 진행되었다.

민주노총은 6월 26일 9차 중앙집행위원회에서 민주노총 최종안을 확정하고 6월 29일 10차 중앙집행위원회에서 잠정 합의안에 대해 논의한 결과, 부결이 되었다. 이후 김명환 집행부는 7월 1일 예정되었던 '코로나19 위기 극복을 위한 노사정 비상협의' 협약식에 불참을 하고, 7월 23일 민주노총 대의원대회에서 10차 중앙집행위원회에서 부결된 노사정 최종합의안을 상정시켰으나 최종적으로 부결이 되었고, 이에 따라 7월 24일 김명환 집행부는 동반 사퇴를 하게 되었다. 한편 문재인 정권의 '코로나19 위기극복을 위한 노사정 협약식'은 김명환 집행부 동반 사퇴 이후인 7월 28일 개최되었다.

(2) 한국 사회적 합의기구가 노동자 민중에게 남긴 것

한국 사회에서 사회적 합의기구가 노동자 민중에게 남긴 것들은 다음과 같다. 우선 첫 번째, 사회적 합의기구의 결과 부르주아지는 자본의 요구를 얻었고 노동자는 생존권과 근로조건의 악화를 경험하였다. 그리고 두 번째, 사회적 합의기구가 남긴 것은 민주노총이 사회적 합의 기구 참여 논쟁으로 인해 당면 투쟁을 방기하는 결과를 낳았다는 점이다. 세 번째는 한국 사회에서 사회적 합의기구의 논쟁을 통해 민주노조운동 내부에서 사회적 합의기구에 찬동하는 세력이 점차 시민권을 획득하기 시작했다는 점이다.

첫 번째 한국사회에서 사회적 합의기구가 남긴 것으로서, 부르주아들은 그들의 요구를 관철시켰고, 노동자계급은 노동자의 생존권을 잃었다.

표1)에서 확인할 수 있듯이 한국 사회에서 사회적 합의기구는 1993년 노태우 정권과 한국노총이 참여했던 노·경총 임금합의와, 1996년 민주노총이 참여하기 시작했던 사회적 합의기구의 역사적 과정에서 모두 당시 정세에 근거한 부르주아 계급의 요구를 관철하는 기구로서 기능했다.

표1) 한국 사회 사회적 합의기구의 역사

연도, 및 사회적 합의기구	정권	노동조합	결과
1993년 노·경총임금합의	노태우 정권	한국노총	임금인상률 한자리 수 통제
1996년 노사관계개혁위원회	김영삼 정권	민주노총 권영길 집행부	정리해고·안기부법 날치기 통과
1998년 노사정위원회	김대중 정권	민주노총 배석범 집행부	정리해고제, 근로자 파견법 확대
2005년 노사정대표자회의	노무현 정권	민주노총 이수호 집행부	민주노총 내부 논쟁으로 투쟁 방기
2006년 노사정대표자회의	노무현 정권	민주노총 조준호 집행부	기간제 사용 연한 연장, 파견제 확대
2018년 노사정대표자회의	문재인 정권	민주노총 김명환 집행부	근로기준법 및 최저임금법 개악
2020년 경제사회노동위원회	문재인 정권	민주노총 김명환 집행부	코로나19 투쟁 방기

두 번째 한국사회에서 사회적 합의기구는 민주노총에서의 참여를 둘러싼 논쟁으로 인해 내부 혼란과 혼동 그리고 당면한 투쟁을 방기했다는 결과를 낳았다.

민주노총(전노협)이 참여하지 않았던 1993년 노태우 정권의 노·경총 임금 합의는 비록 한국노총을 참여시켜 당시의 두 자리 수 이상의 임금인상 투쟁을 무력화하기 위한 의도로 전개되었으나, 오히려 밑으로부터의 한국노총 탈퇴 운동과 민주노총으로의 결집 투쟁으로 이어지면서 민주노조 운동에게 긍정적인 결과를 낳았다.

그러나 민주노총이 참여하기 시작했던(1995년 민주노총이 출범을 하고 1996년 김영삼 정권의 노사관계개혁위원회부터 참석을 했기 때문에 민주노총의 역사는 철저하게 부르주아 정권의 사회적 합의기구에 유린당한 역사였다) 1996년 김영삼 정권의 노사관계개혁위원회부터 지금의 문재인 정권 시절의 경제사회노동위원회까지 한 순간도 참여 여부를 둘러싸고 논쟁이 전개되지 않은 적이 없었다. 특히 1998년 배석범 집행부 시절에 김대중 정권의 노사정위원회와 2005년 이수호 집행부 시절 노무현 정권의 노사정대표자 회의는 참여여부를 둘러싸고 몸싸움까지 전개되었던 내홍을 겪었다. 그리고 또한 1998년 배석범 집행부 시절의 김대중 노사정위원회, 2006년 조준호 집행부 시절 노무현 정권의 노사정대표자회의, 2018년 김명환 집행부 시절 문재인 정권의 노사정대표자회의와 2020년 경제사회노동위원회 참여는 집행부의 독단적 판단으로 참여와 불참을 반복함으로써 조직 내부의 민주주의 질서를 훼손하기도 하였다.

부르주아 정권의 사회적 합의기구에 대한 일방적 참여를 주장했던 민주노총 집행부의 말로는 그리 좋지 않았다. 1998년 김대중 정권의 노사정위원회에 참여를 주장했던 배석범 집행부는 불신임 퇴진, 2005년 노무현 정권의 노사정대표자회의에 참여를 주장했던 이수호 집행부는 수석 부위원장의 비리 사건으로 동반 사퇴, 2018년 문재인 정권의 노사정대표자회의와 2020년 문재인 정권의 경제사회노동위원회 참여를 주장했던 김명환 집행부 또한 동반 사퇴로 마무리 되었다.

이러한 민주노조운동 내부의 혼란과 혼동 이외에도 자본과 정권이 요구하는 노동의 유연화가 사회적 합의기구를 통해 실현되었다. 1993년 노태우 정권의 노·경총 임금합의는 임금인상 한자리 수로의 통제 기능을 했고, 1996년 김영삼 정권의 노사관계개혁위원회는 정리해고제 안기부법 등의 날치기 통과, 1998년 김대중 정권의 노사정위원회는 정리해고제와 파견법 확대, 2006년 노무현 정권의 노사정대표자회의는 기간제 사용 연한 확대와 파견제 전면 확대로, 마지막 2018년 문재인 정권의 노사정대표자회의는 근로기준법과 최저임금법 개악으로 이어졌다.

마지막 세 번째로 한국 사회에서 사회적 합의기구는 민주노조 운동 내부에서 사회적 합의기구 참여세력의 확대와 재생산 그리고 이를 통한 시민권 획득으로 이어졌다.

한국 사회의 노사관계는 1987년 노동자 대투쟁을 통해 확대 재생산 되었다. 87년 노동자 대투쟁은 당시의 전국적 조직인 한국노총의 무력화와 전노협에 이어 민주노총으로 이어지는 민주노조의 전국적 조직 건설로 모아졌다.

87년 노동자 투쟁의 과정에서 현장 활동가들은 '민주노조 사수', '한국노총 해체', '노동자 생존권 쟁취', '임금인상 쟁취' 등으로 모아졌고 헌신적 투쟁으로 노동자들의 신뢰와 믿음을 한 몸에 받았다. 그러나 87년 노동자 대투쟁을 거치면서 현장 활동가들은 우파, 중앙파, 현장파 등으로 구분되면서 한국 사회 변혁을 둘러싼 쟁점과 노동조합 운동 그리고 노동자계급의 독자적 정치세력화 등에 대한 이견 등 노선에 따른 쟁점으로 인해 조직적 분화의 과정을 걷게 되었다. 물론 노선 차이로 인한 조직적 분화는 불가피했고 필연적 현상이었다. 그럼에도 불구하고 임금과 노동시간 그리고 노동 강도 등을 둘러싼 노사관계에 있어서는, 노동자와 자본가라는 계급적 대립 지점을 분명히 했으며, 나아가 분단이라는 한국 현실에서 계급 해방과 민족 통일이라는 공통의 과제에 대해서는 공통분모를 가졌다.
　그러나 1996년 김영삼 정권의 노사관계개혁위원회에 대한 권영길 집행부의 참여를 시작으로, 민주노조 운동 내부에서 부르주아 정권의 사회적 합의기구에 참여를 주장하는 세력들이 형성되었고, 급기야 민주노총이라는 민주노조 운동의 전국적 대중조직의 집행부로 전면에 등장하기 시작했다. 이러한 흐름은 민주노조 운동 내부에서 부르주아 정권의 사회적 합의기구에 참여를 주장하는 세력들이 민주노총 집행부를 장악할 만큼 성장했다는 것을 의미하며, 역으로 이러한 세력들에 의해 민주노조 운동이 좌지우지되고 있다는 것을 반증하는 것이다.
　이러한 흐름은 지금도 진행되고 있고 강화되고 있는 상황이다. 지난 7월 김명환 집행부 사퇴 이후 노골적으로 문재인 정권을 찬양하는 세력과 김명환 집행부 세력이 다시금 민주노총 선거에 조직적으로 참여할 움직임을 보이고 있는 것은, 바로 민주노조 운동 내부에서 부르주아 정권의 사회적 합의기구 찬성 세력이 시민권을 획득하고 있음을 보여주는 것이다.

2. 사회적 합의주의 공세—사회적 합의기구의 물적 조건

(1) 사회적 합의기구가 가능한 조건
　한국에서 사회적 합의주의 공세—사회적 합의기구 참여를 둘러싼 역사는 철저하게 자본과 정권의 요구대로 관철된 것이었다. 정리해고제와 비정규 관련 법 확대, 임금과 노동시간 그리고 노동 강도에 대한 부르주아지의 요구가 철저하게 관철되었기 때문이다. 특히 민주노총을 중심으로 한 민주노조 운동이 당면 정세에 적합한 투쟁을 방기하는 결과를 낳았으며, 지금도 시민권을 획득하고 있는 민주노조 운동 내부의 사회적 합의기구 참여 세력들의 성장은, 여전히 자본과 정권의 사회적 합의주의 공세가 진행 중임을 밝혀주고 있다.

그렇다면 자본과 정권의 사회적 합의주의가 성립될 수 있는 물적 조건은 무엇인가? 한국 사회에서 보여주고 있는 사회적 합의기구를 둘러싼 역사에서도 확인되듯이 자본과 정권의 사회적 합의주의가 성립되기 위해서는 우선적으로 민주당류의 부르주아 정치 집단이 존재해야 한다. 그리고 두 번째로는 이에 손바닥을 마주칠 민주노조 운동 내부의 사회적 합의기구 찬동 세력이 존재해야 한다. 그리고 마지막으로 사회적 합의기구를 통해 노동을 공격할 수밖에 없는 부르주아계급의 요구—위기가 존재해야 한다.

그림1]은 사회적 합의기구 관련한 간단한 도식이다.

사회적 합의기구는 민주당류의 정치세력과 민주노조 운동(민주노총) 내부에서 사회적 합의기구에의 참여를 갈망(?)하는 세력이 존재해야만 성립이 되는 사회적 현상이다. 또한 사회적 합의기구는 부르주아계급의 이윤을 착취하는 착취구조에 이상(?)이 생길 때, 즉 이윤율의 감소나 또 다른 형태의 경제위기 등을 물적 조건으로 한다. 이러한 조건에서 사회적 합의기구의 결과는 민주노조 운동 내부의 사회적 합의기구에 찬동하는 세력(개량주의)의 동의(?)를 통해 노동자의 임금을 삭감하고 노동시간의 연장과 노동 강도를 강화 하는 등 노동조건의 저하를 위한 법과 제도를 정비(개악)한다.

결국 사회적 합의기구는 경제위기를 물적(경제적) 조건으로 하여 민주당류의 정치세력과 민주노조 운동 내부의 사회적 합의기구 찬동 세력(개량주의) 세력이 존재해야 가능한 것이다.

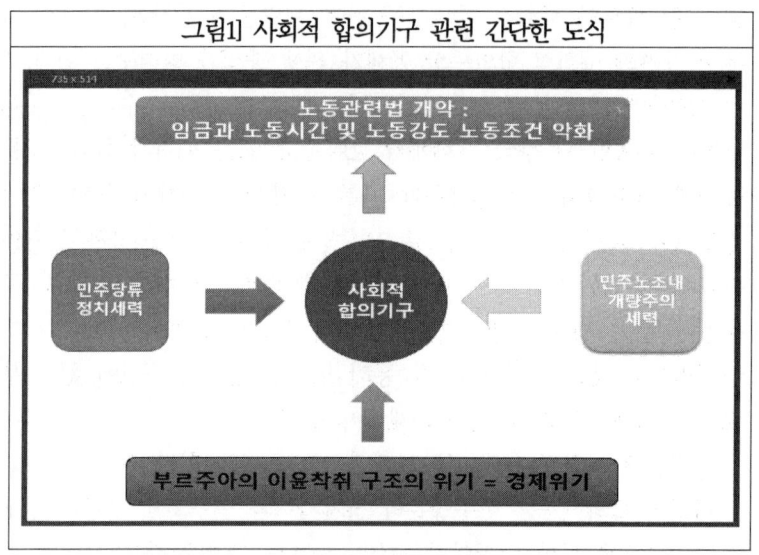

그림1] 사회적 합의기구 관련 간단한 도식

(2) 기계제대공업·국가·독점자본주의 경제위기
1) 자본주의의 최후의 단계로서 제국주의

레닌이 1916년에 쓴 ≪제국주의론≫을 보면 20세기 초엽의 자본주의를 '자본주의 최고 단계로서의 제국주의'로 규정했다. 그리고 제국주의의 경제적 기초를 독점자본에 의한 독점이윤이라고 규정했다. 동시에 레닌은 매뉴팩처와 같은 수공업 생산이 아닌 기계제 공업 생산 시스템을, 비독점적 경쟁 시스템이 아닌 독점적 경쟁 시스템을, 자유주의적 자본주의 시스템이 아닌 국가 자본주의 시스템을 자본주의의 최후 단계로 규정을 했다.

결국 레닌의 정의에 따르면 '20세기 자본주의는 자본주의 최후의 단계인 제국주의이며, 기계제 대공업·독점적·국가 자본주의'인 셈이다. 이러한 레닌의 정의에 따르면 자본주의 단계의 일반적 발전사는 "수공업적·자유주의적·경쟁적 자본주의 → 기계제 대공업·자유주의적·독점자본주의 → 기계제 대공업·국가·독점자본주의"로의 발전이며, 따라서 흔히 이야기하는 제국주의는 '기계제 대공업·국가·독점자본주의'를 의미하게 된다. 자본의 생리는 노동자가 생산하는 잉여가치를 자본으로 전화하여, 자본이 점차 거대해지는 '자본의 집적'과 다른 자본을 인수·합병함으로써 자본이 거대해지는 '자본의 집중' 과정을 거친다. 이렇게 거대해지는 (거대)자본은, 수많은 다른 자본과의 경쟁에서 평균적으로 취득하는 (평균)이윤율 이상의 (독점)이윤을 취득하는 독점자본으로 성장하게 된다. 이렇게 성장한 독점자본이 시장1)과 사회를 지배하는 사회가 바로 독점자본주의 사회이다.

결국 레닌이 정의했던 제국주의는 독점이윤에 의해 시장과 전 사회가 지배받는 독점자본주의 사회이며, 수공업이 아닌 기계제 대공업이, 자유주의적 경쟁 자본주의가 아닌 국가 자본주의적 성격을 가지며, 자본주의 발전 단계에서 최후의 단계로서의 '기계제 대공업·국가·독점자본주의'인 것이다.

2) 제국주의의 (만성적) 경제위기

생산의 무정부성으로 인해 나타나는, 그리고 대략 10년을 주기로 나타나는 공황은 자본의 집적과 집중이 광범위하게 진행되는 시기이다. 특히 기업을 인수·합병하는 자본의 집중은 경제위기=공황기에 가장 활발하게 나타난다. 즉, 경제위기=공황은 자본 입장에서 독점자본으로 성장할 수 있는 좋은(?) 기회인 셈이다. 독점자본이 시장과 사회 전반을 지배하는 제국주의 사회, 즉 '기계제대공업·국가·독점자본주의'의 독점자본이 형성되고 성장하기 위한 가장 좋은 조건은 경제위기 상황인 것이다.

---

1) 독점자본에 의한 시장 지배는 이윤을 취득하는 산업자본과 이자를 취득하는 금융자본 그리고 지대를 취득하는 토지자본의 결합에 대한 강화를 의미한다.

결국 '제국주의=기계제 대공업 자본주의·국가 자본주의·독점 자본주의'는 자본주의의 최후의 단계로서 주기적 공황과 이윤율이 경향적으로 저하되는 경제위기와 함께 만성적 공황 상태에 빠지게 된다.

대략 10년을 주기로 나타나는 생산의 무정부성에 의한 주기적 공황과 더불어, 자본주의 사회는 '이윤'을 위한 생산 시스템에 있어서, 과학기술 발전 등으로 인해, 불변자본이 증대함에 따라 잉여가치를 생산하는 가변자본(노동력)이 점차적으로 축소됨으로 인해 불가피하게 이윤율이 점차 축소되는 경향을 보이게 된다. 이러한 이윤율의 경향적 저하는 대략 10년마다 나타나는 주기적 공황을 불러오는 동시에, 자본주의라는 계급사회가 계급 없는 새로운 사회로 전환될 수 있는 물적·경제적 조건이 된다.

3) 사회적 합의기구의 전제조건은 제국주의 시대에만 가능한 조건이다.

사회적 합의기구의 물적 조건은 1) 노동조건을 악화시킬 수밖에 없는 물적 조건—경제위기·공황과 2) 국가권력과 자본의 결탁, 그리고 탄압보다는 형식적 민주주의(사회적 합의기구)를 요구하는 민주당류의 정치세력, 그리고 3) 민주노조 운동 내부에서 사회적 합의기구에 목숨 걸고(?) 찬동하는 세력이 존재해야 한다. 이러한 사회적 합의기구의 물적 조건은 자본주의의 최후 단계인 제국주의 시대=기계제대공업·국가·독점자본주의 시대에만 가능하다.

우선 첫 번째 사회적 합의기구가 가능한 경제적 조건, 즉 경제위기, 공황은 물론 제국주의 시기 이전에도 존재했다. 더불어 자본주의 최후 단계인 제국주의 시기에도 (만성적 형태)로 경제위기, 공황이 존재한다. 또한 사회적 합의기구가 가능한 두 번째 물적 조건인, 국가권력이 (독점)자본과의 결탁이 존재하는 사회에서만 사회적 합의기구가 가능하다. 결국 사회적 합의기구의 두 번째 조건은 국가자본주의와 독점자본주의가 결탁된 (기계제 대공업)·국가독점자본주의 시대에서만 가능하다. 마지막이자 가장 중요한 노동조합 운동 내부에서 국가독점자본의 요구에 의한 사회적 합의기구 참여에 목을 매는 세력, 즉 사회적 합의기구 찬동 세력이 존재해야만 사회적 합의기구는 성립할 수 있다. 제국주의 시대에서 평균 이윤율 이상으로 취득되는 독점이윤의 사용처 중 일부는 노동운동 내부에서 부르주아계급의 이해와 요구에 찬동하는 개량주의 세력을 육성하고 성장시키는 비용이다. 바로 이 지점! 민주노조 운동(민주노총 내부)에서 독점이윤에 의해 배양된 사회적 합의기구 찬동 세력이 존재해야만 사회적 합의기구는 가능하게 된다.

결국 종합해 보면 사회적 합의기구의 물적 조건은 1) 경제위기=공황, 2) 민주당류의 정치세력, 3) 민주노조 운동 내부의 사회적 합의기구 찬동세력으로서, 이것이 가능한 시기는 자본주의 최후의 단계인 제국주의 단계이자 동시에 기계제 대공업·국가·독점 자본주의 단계인 것이다.

3. 제국주의=기계제대공업·국가·독점자본주의와 사회적 합의주의 공세에 대한 노동자계급의 대응 원칙

1993년 노태우 군사파쇼 정권 시절 어용 한국노총을 앞세운 노·경총 임금합의가 한국 사회에서 최초의 사회적 합의기구였듯이 1930년대 말 이탈리아 무솔리니 파쇼 정권이 기업주와 노동자 그리고 전문가 등 22개 조합과 조직을 (사회적 합의 기구)협의체에 참여시켜 파쇼적 국가기구로 운영을 했던 것이 세계 수준에서의 사회적 합의기구의 최초의 사례2)이다. 세계사적으로 보면 1930년대 무

---

2) 물론 노태우 파쇼 정권과 무솔리니 파쇼 정권의 사회적 합의주의 공세가 진짜(?) 사회적 합의주의 공세인가? 라는 부분에 있어서는 많은 논란이

솔리니 정권의 사회적 합의주의 공세 이후, 1950년대 후반부터 서유럽에서 사회적 합의주의 공세가 전성기를 맞이했으며, 한국의 경우 민주당류의 정권에서 사회적 합의주의 공세가 득세했다.

세계적 차원이나 한국 사회에서도 마찬가지로 국가독점자본의 사회적 합의주의 공세는 노동 관련법의 개악과 이로 인한 임금 및 노동시간과 노동 강도 등 노동조건의 악화로 이어졌다. 그리고 노동조합 운동 내부에서 독점이윤에 의해 배양된 사회적 합의기구 찬동 세력에 의해 민주노조 운동의 기풍이 타협적·개량적으로 흘렀으며 노동조합 운동의 투쟁성이 거세되면서 자본과 정권에 협력적인 노동조합 운동이 대세가 되기에 이르게 되었다.

결국, 자본과 정권의 사회적 합의주의 공세는 자본주의의 최후 단계인 제국주의 시대에, 계급이 없는 노동해방 세상으로 가기 위한 노동자계급의 변혁운동을 거세하고, 노동조합 운동을 독점이윤에 의해 배양된 개량주의 세력이 장악함으로써 노동자 투쟁을 봉쇄하는

존재하고 있다. 한 축에서는 독점이윤에 의해 배양된 노동조합 내부의 사회적 합의기구 찬동세력이 아니라 파쇼적 폭력에 의해 억눌려진 세력이라는 점, 그리고 노태우 정권과 무솔리니 정권이 지금의 한국 사회에서 민주당류의 정치세력과는 달리 파쇼 정치세력이라는 점에서 지금의 사회적 합의주의 공세와는 다르다는 주장이다. 물론 본 글에서는 이 부분에 대해 구체적인 논쟁을 할 필요는 없다는 판단이다. 다만 간단하게 필자의 의견을 제시해 보자면, 노태우 정권 시절 노·경총 임금합의나 무솔리니 정권 시절의 협의체 또한 사회적 합의기구의 형태라고 보아야 한다는 판단이다. 한국에서 노태우 정권이나 이탈리아의 무솔리니 정권과 한국의 민주당 류의 정권과의 차이점 그리고 노태우 정권 때의 한국노총과 무솔리니 정권시절 협의체에 참여했던 노동조합과 한국에서의 민주노총 내부의 사회적 합의기구 찬동 세력과의 차이와 사회적 합의기구를 통해 나타난 결과 등을 비교하면, 물론 차이가 있으나 큰 차이는 아니라는 판단이다. 특히 한국에서의 민주당류의 정치세력에 대한 계급적 판단과 파쇼 정권의 성격 등에 대해서 크게 차이를 둘 필요가 없다는 판단이 전제가 된다면, 이 문제는 이론적으로나 실천적으로 그리 큰 문제는 아닐 듯 싶다.

기능과 역할을 하고 있다.

이러한 의미에서 사회적 합의주의 공세에 대한 노동자계급의 투쟁 방향은 우선 첫 번째로, 의식적으로 노동해방 투쟁을 제기함으로써 자본주의의 최후 단계=제국주의=기계제 대공업·국가·독점자본주의 시대의 투쟁에 복무해야 한다는 점이다. 그리고 두 번째로, 사회적 합의주의 공세에 대한 노동자계급의 투쟁은 제국주의의 경제적 특징, 즉 만성적 경제위기=공황기에 있어서 노동자 투쟁의 전형을 제출해야 한다는 점이다. 세 번째로 사회적 합의주의 공세에 대한 노동자계급의 투쟁은 노동조합 운동 내부의 개량적·사회적 합의기구 찬동세력과의 비타협적 투쟁을 통해 민주노조의 노동해방 정신·전투적·비타협적 투쟁 정신을 복원해야 한다는 점이다.

(1) 사회적 합의주의 공세에 대한 노동자 계급의 투쟁방향은 우선 첫 번째로 노동해방을 위한 변혁적 투쟁을 목적의식적으로 배치해야 한다는 점이다.

사회적 합의주의 공세가 전개되는 시기는 독점이윤에 의해 배양된 노동조합 운동 내부의 개량주의 세력들이 판을 치는 시기이다. 노동조합 운동 내부에서 사회적 합의기구에 찬동하는 독점이윤 장학생들은, 경제적 지원은 독점자본에게, 정치적 지원은 국가에게 받는 것으로서, 국가독점자본주의의 시대적 현상이다.

산업자본이 금융자본과 밀착된 세상, 자본의 경쟁에서 획득되는 평균 이윤율을 상회하는 독점이윤을 획득하는 독점 자본이 형성된 세상, 독점이윤 중 일부를 장학금이라는 이름으로 받고 노동조합 운동 내부에서 개량의 이름으로 세력을 확장하는 사회적 합의기구 찬동세력이 성장하는 사회, 독점자본에 의해 국가와 사회 그리고 시장이 지배되는 사회는 자본주의의 최후 단계인 제국주의 사회이다.

제국주의는 자본주의의 모순이 가장 극렬하게 드러나는 자본주의의 최후의 사회임과 동시에, 자본주의 사회를 뛰어넘는 계급 없는 노동해방 사회를 위해 노동자계급이 정치·경제·사회·문화적 권력을 쟁취하기 위해 투쟁하는 사회이다.

자본과 정권의 사회적 합의주의 공세에 대한 노동자계급의 투쟁은, 격렬하게 대립되는 노·자간의 계급적 모순에 대한 노동자계급의 경제위기·공황기 투쟁이며, 또 자본주의의 마지막 단계인 제국주의에 대항하는 투쟁이며, 새로운 사회·노동해방으로 가기 위해 노동자계급이 국가권력을 쟁취하기 위한 투쟁으로 나아가는 것이다.

노동해방을 위한 변혁적 투쟁의 상을 분명히 하고, 매 순간 구체적 투쟁 전술에서부터, 노동해방의 길에 노동자들이 복무할 수 있도록 하는 목적의식적 노력이 절대적으로 요구된다.

(2) 사회적 합의주의 공세에 대한 노동자계급의 투쟁은 제국주의의 경제적 특징, 즉 만성적 경제위기=공황기 노동자 투쟁의 전형을 제출해야 한다는 점이다.

생산의 무정부성과 이윤율의 경향적 저하로 인해 자본주의 최후의 단계인 제국주의 단계는 경제위기·공황이 만성적으로 나타난다. 항상적으로 자본끼리의 대립이 강화되며, 독점자본들이 국가와 사회 그리고 시장을 지배하는 가운데 경제위기·공황은 자본가계급이 자본의 위기를 노동의 위기로 전화시키면서 자본의 집적과 집중을 획기적으로 강화하는 시기이기도 하다.

이러한 경제위기·공황기 투쟁은 자본의 위기 극복 방안, 즉 자본의 집적과 집중을 상대로 전면적이고도 공세적인 투쟁을 목적의식적으로 배치할 필요가 있다. 양보와 타협이 아닌 비타협적 투쟁, 바로 구조조정과 노동 강도 강화로 표현되는 자본의 집적과 집중에 맞서 노동시간 단축과 실질임금 삭감 없는 일자리 나누기를 통한 노동자의 생존권 쟁취와, 이를 위한 국가 기간산업의 국유화와 국가

권력을 상대로 한 투쟁이 요구된다.

'노동시간 단축과 실질임금 삭감 없는 일자리 나누기를 통한 노동자의 생존권 쟁취와 이를 위한 국가 기간산업의 국유화와 국가권력을 상대로 한 투쟁'은 노동해방을 위한 직접적 투쟁 요구는 물론 아니다. 어찌 보면 자본주의 체제 안에서 제기되는 투쟁의 요구라 할 수 있다. 문제는 이러한 체제 안에서의 투쟁 요구를 중심으로 노동자를 조직하고 나아가 노동해방 · 변혁투쟁으로 조직적 배치를 해 들어가는 투쟁 전술이 제기되어야 한다는 점이다.

경제위기 · 공황기 노동자계급의 투쟁 전술은 현장의 상황에 따라 다양하게 고민해 들어갈 필요가 있다. 매각을 전제로 하는 사업장에서의 투쟁 전술, 매각은 아니지만 생존권을 공격해 들어오는 사업장에서의 투쟁전술, 법과 제도를 개악하고자 하는 노동법 개악 정국에서의 투쟁 전술 등 다양한 사례와 상황에 맞춰 경제위기 · 공황기 투쟁의 전술을 배치해 들어갈 필요가 있다.

(3) 사회적 합의주의 공세에 대한 노동자계급의 투쟁은 노동조합 운동 내부의 개량적 · 사회적 합의기구 찬동세력과의 비타협적 투쟁을 통해 민주노조의 노동해방 정신, 전투적 · 비타협적 투쟁 정신을 복원해야 한다는 점이다.

사회적 합의기구의 운영은 제국주의와 경제위기 · 공황기가 맞물려 있는 물적 조건으로 인한 계급관계에서 나타나는 필연적 현상이다. 그리고 이러한 노동조합 운동 내부의 사회적 합의기구 찬동 세력의 형성은 한순간에 발생한 현상이 아니며, 이들은 꾸준히 장기간에 걸쳐 국가와 독점자본의 치밀한 계획과 시나리오 속에서 형성된 개량주의 세력이다. 그러하기에 노동조합 운동 내부에서 암약하는 사회적 합의기구 찬동세력의 존재는 쉽게 사라지지 않는다. 오히려 노동조합 운동 내부에서 다양한 모습으로 자리 잡고 앉아 더욱 더 강화되고 확대될 것이다.

　노동조합 내부에서 사회적 합의기구에 찬동하는 개량주의 세력은 소위 노선 차이로 구분되는 현장 활동가 제 조직과는 다르다. 그러나 독점이윤에 의해 배양된 사회적 합의기구 세력들은 여타의 활동가 조직과 같은 '또 다른 활동가 조직'인 양 행세를 하면서 민주노총 내부에서 암약한다.

　예를 들면 지난 2005년 민주노총 이수호 집행부를 들 수가 있다. 이들은 지난 2005년 노무현 정권의 사회적 합의기구에 참여하고자 세 차례3) 민주노총 대의원 대회를 소집하고, 민주노총 질서 사수대라는 이름의 '구노조(勞組)대'를 구성하여 조합원과 몸싸움을 벌일 정도로 노골적이다. 결국 이수호 집행부는 그해 10월 이수호-강승규 후보조가 민주노총 선거에 나올 때 회사로부터 강승규 수석 부위원장이 선거자금 받은 것이 폭로되어 동반 사퇴하는 결과를 낳았다.

　이 글을 쓰고 있는 2020년 10월 현재, 오는 12월 진행되는 민주노총 직선 3기 선거에 사회적 합의기구를 찬동하는 김명환 전 집행부 세력과 노동조합 운동 내부에서 노골적으로 문재인 정권을 찬양하는 세력들이 임원 선거에 출마하겠다는 이야기들이 떠돌고 있다.

　사회적 합의기구에 찬동하는 개량주의 세력들과의 비타협적 투쟁은 운동진영 내부의 노선 대립이 아니라 '민주와 어용' 그리고 '노동자계급과 자본가계급' 간의 대립이고 투쟁임을 분명히 해야 한다. 노동조합 운동 내부에서 개량주의 세력과의 투쟁은 곧 계급투쟁이며, 제국주의·국가독점자본주의에 맞서는 경제위기―공황기 노동자계급의 투쟁임을 분명히 해야 할 것이다.

---

3) 2005년 1월 20일 정기 대의원대회, 2월 1일 임시 대의원대회, 3월15일 임시 대의원대회

＊　＊　＊

　본 글은 "국가독점자본주의와 노동조합"이라는 이름으로 '사회적 합의주의 공세에 맞선 노동자계급의 투쟁'을 주제로 쓴 글이다.

　김명환 집행부의 사퇴와 곧이어 진행되고 있는 민주노총 직선 3기 선거 투쟁에서 김명환 집행부 및 노골적인 문재인 정권 찬양 세력에 대한 전체 노동운동의 공동대응은, 단지 민주노총 임원 선거에 대한 대응 투쟁일 뿐만 아니라 노동조합 운동 내부에서 사회적 합의기구에 찬동하는 개량주의 세력과의 투쟁이다. 그리고 제국주의·독점자본주의·공황기 노동자계급의 투쟁이기도 하다.

　선거가 끝나고 여전히 암약할 것으로 예상되는 사회적 합의기구 찬동 세력과의 투쟁, 여전히 예상되는—2022년 대선 결과에 따라 영향을 받겠지만—자본과 정권의 사회적 합의주의 공세, 코로나 상황을 전후하여 급격하게 전개된 한국 자본주의의 경제위기·공황, 이 모든 객관적 정세와 주체적 과제가 우리의 어깨 위에 놓여 있다.

　자본가계급과의 계급적 투쟁을 전개할 노동자계급의 정치적 투쟁 지도체, 노동조합 운동을 지지, 지원하고 민주주의 투쟁 등의 정치투쟁을 지도하는 노동자계급의 정치적 결사체 건설은 당면한 현실 투쟁으로부터 시작되어야 함은 분명하다. 노사과연

대우조선해양 인수·합병 저지 투쟁과 국유화의 문제

조남수 | 노동전선 정책국장

1. 산업재해 사고와 일가족 사망사고가 계속적으로 신문 한 구석을 차지하고 있다. 현장에서는 자본의 이윤추구 때문에 산업재해로 무수한 노동자들의 귀한 목숨이 사라져 가고 있다. 가정에서는 생존 문제에 절망한 가족들의 동반 자살이 끊임없이 이어지고 있다. 또한 거리에서는 생존권 문제에 부닥친 이스타 항공과 아시아나케이오 해고 노동자들의 정리해고 철회 투쟁이 전개되고 있다. 이밖에도 소성리 사드 철거 투쟁, 보험사에 대응하는 암환우 모임 동지들의 투쟁, 공무원 해직자의 원직 복직 투쟁, 국가보안법 철폐 투쟁, 세월호 진상규명 투쟁 등이 진행되고 있다. 이 사회의 이러한 단면은 지금 불가(佛家)에서 일컫는 무간지옥을 연상하게 한다.

2. 올해 초부터 전 세계적으로 휩쓸고 있는 코로나 바이러스라는 전대미문의 역병이 아직까지 기승을 부리고 있다. 비관적인 것은 이 사태가 언제 종식될 것인지에 대한 희망이 보이지 않는다는 것이다. 사태를 분석하여 새로운 이름을 명명하여 입에 풀칠을 하는 일부 식자들은 코로나 전후를 구분한다. 그러나 이 사회는 코로나 이전에도 청년실업, 노인 빈곤, 고강도 저임금의 비정규직의 만연, 사회 양극화 등으로 막다른 골목에 처하여 마지막 비상구를 찾지 못하고 있었다. 다만 코로나 사태를 계기로 이러한 자본주의 사회의 모순에

서 출발한 모든 사회적 문제들이 더욱더 증폭되어 나타나고 있는 점이 코로나 이전과 이후의 차이일 뿐이다. 즉 다른 말로 표현하면, 코로나 이후에는 이 사회의 온갖 병폐들이 더욱더 만개하고 있다.

3. 코로나 국면에서 우리가 생각해볼 문제는, 과연 우리가 발 딛고 있는 이 사회 체제가 모든 사람을 인간답게 살 수 있게 하는 구조인가 아닌가의 문제이다. 과학기술문명이 고도로 발달하여 소위 AI 단계까지 다다른 세상에서 사회 구성원 대다수의 빈곤의 문제가 아직까지 해결되지 않고 있다는 것은 사회 시스템에 근본적인 문제가 있다는 반증이 아니겠는가? 이 사회는 역사상 최고의 생산력을 자랑하는 국가독점자본주의 사회이다. 즉 무진장하게 자본을 축적한 소수의 독점자본이 국가권력과 융합된 사회이다. 그런데 한쪽에서는 소수에 의한 부의 축적과 독점이 상상을 초월할 지경이고, 다른 한쪽에서는 빈곤의 축적으로 많은 사람이 고통의 늪에서 헤매고 있다는 사실이다. 영국의 토머스 모아는 16세기 초에 영국 농민들의 비참한 처지를 '양이 사람을 잡아먹는다'라고 표현하였다. 지금 이 사회는 '기계가 사람을 잡아먹는' 사회로 표현해야 할 것 같다. 지금 현실에서는 고도로 발전한 과학기술문명이 대다수의 노동자를 현장에서 황량한 거리로 내몰고 있는 형국이다.

4. 이는 구체적으로 말하면 자본주의가 고도로 발전하면서, 한쪽에서는 각종 다종다양한 상품들이 흘러넘치고 있지만, 다른 한쪽에서는 이 상품을 소비할 실질적인 구매력을 갖춘 많은 사람이 존재하지 않는다는 역설적인 상황이 지금의 현실이다, 즉 생산현장에서는 사회구성원들의 수요를 채워줄 수 있다는 점에서 문제가 없으며 그것이 오히려 과잉생산으로 표현되는 데 반해, 그 반대편 즉, 판매시장에서 문제가 발생하는 것이다. 거리의 시장, 온라인 쇼핑, 백화점, 식당 등 모든 곳에서 상품과 서비스가 부족해서 문제가 생기는

것이 아니라 이것을 실질적으로 소비할 수 있는 사람이 부족해서 문제가 생기는 것이다. 그러나 주류 경제학은 이것을 절대로 인정하지 않는다. 상품이 생산된 만큼 항상 팔린다는 것이다. 즉 수요와 공급은 일치한다는 것이다. 그런데 일찍이 주류경제학 일각에서도 생산과 소비간의 불일치를 인정한 바 있다. 물론 왜 유효 수요가 부족한가라는 근원적인 질문이 빠진 한계는 있지만, 공급은 충분한데 유효 수요가 부족한 상황을 표현하는 '자동조절 신화의 붕괴'라는 개념은 일말의 진실을 담고 있다.

5. 그런데 이 생산과 소비의 불일치라는 역설적인 현상은 단순히 일반인의 눈에 쉽게 보이는 소비 현장에만 국한되는 것은 아니다. 이것은 근본적으로 자본주의 체제의 생산 현장에서 발생하는 '상대적' 과잉생산에서 기인하는 문제이다. 자본주의 체제에서 살아남기 위해서는 자본 간의 사활을 건 경쟁이 필수이고, 이러한 치열한 경쟁은 자본 간의 전쟁을 통하여 필연적으로 소수의 자본이 승리하여 소수에 의한 자본의 집적·집중으로 나아간다. 자본의 집적·집중은 이 사회에서 재벌이라고 일컫는 독점자본으로 나타나게 된다. 주류 경제학에서는 독점 자본의 형성으로 생기는 긍정적인 효과를 '규모의 경제'라고 표현하고 있다. 즉 자본의 규모가 커짐으로 해서 생기는 생산 비용 절약 등 여러 측면에서 규모의 경제가 효율적이라는 것이다. 물론 이것은 소수의 자본가의 손에서 민중들의 삶과 고혈을 뽑아내는 착취의 도구로서만 사용된다는 점에서 부정적인 측면 또한 존재한다.

6. 이 사회의 조선산업도 소위 '규모의 경제'를 자랑하고 있다. 이는 조선산업 자체가 어느 정도 규모의 자본을 필요로 하고 어느 정도의 규모가 있어야 세계시장에서 경쟁력이 있기 때문이다. 그리고 조선산업 업종도, 경쟁으로부터 자유로울 수 없을 뿐만 아니라

자본주의의 구조적 위기인 공황을 피해갈 수 없다. 조선산업 업종 또한 지속적으로 반복되는 활황, 공황, 침체 등의 산업순환을 피해갈 수는 없는 것이다. 조선 업종 내에서 생존을 위한 치열한 경쟁은 지속적인 과잉설비의 투자를 초래한다. 이것은 호황 국면에서는 별 문제가 되지 않으나, 공황과 장기적 불황국면에서는 노동자의 일방적 희생을 강요하는 산업구조 조정이라는 형태를 띠고 나타난다. 물론 자본은 이러한 국면에 대비하여 정규직에 대한 노동자 통제의 방법 그리고 생산 비용절감을 위한 하도급을 통한 하청제도를 이용하고 있다.

7. 코로나 국면은 노동운동에게 동전의 양면으로 다가오고 있는 것 같이 보인다. 코로나 사태는 이 사회에서 근본적인 자본과 임금노동의 모순을 증폭시켜 드러냄으로써 자본주의 이후의 사회로의 이행의 필연성을 제시하고 있다. 생산은 대규모적으로 전개되면서 사회 구성원들의 대다수인 노동자의 피와 땀으로 생산해내지만, 그것의 생산물은 생산수단을 소유한 소수 자본가에 의해 전유된다. 노동자는 자신이 생산해 낸 것에 대하여 소유권이 없을 뿐만 아니라 겨우 생존할 만큼의 임금만 받아 생존하고, 노동자가 만들어낸 생산수단(기계학, 자동화, AI 등)이 도리어 노동자를 해고의 위협에 항시적으로 노출시킨다.

8. 현대중공업으로의 인수·합병 문제는 자본주의 생산의 근본적인 문제인 생산의 무정부성을 드러내고 있다. 즉 개별 기업은 사회 전체가 원하는 수요를 예측하여 생산하지 않고 개별 자본 간의 경쟁으로 말미암아 항상 초과하여 생산하고 있다. 그리고 어떤 시기에는 상품의 부족이 나타나고 이로 인해 인민들은 고통받는다. 이것은 주기적으로 나타나는 농산물 파동을 보면 쉽게 이해할 수 있을 것이다. 어떤 시기는 농산물이 초과 생산되어 수확하지 않고 바로 논

이나 밭에서 썩혀 버려지고, 어떤 시기는 평상시의 몇 배 가격으로 팔리고 있다. 그러나 조선산업의 경우, 주문에 따라서 조선 제작에 들어간다는 점에서 상품의 과잉생산이 아니라 과잉 설비 투자가 주요 문제가 된다. 물론 경기순환에 따라서 적정한 규모의 과잉 설비가 문제가 될 수 없다 할 수 있으나, 어쨌든 전 세계적으로 조선업종에서도 독과점이 엄연히 현실에서 존재하는 이상 과잉설비가 문제가 된다는 것은 부인할 수 없다. 이로 인하여 공황국면에서는 노동자의 대량 실직의 문제가 구조적 문제로 나타나고 있다.

9. 지금 공황국면에 대해 엎친 데 덮친 격인 코로나 국면에서 제기되는 과잉 생산의 문제는 단순히 한 기업의 차원에서 해결할 수 없는 전 사회적 문제를 제기한다. 그 문제는 독점 산업과 국가 기간산업에 대한 국유화라는 유일무이한 해결책으로 우리를 인도한다. 다른 말로 하자면, 대우조선해양은 이 사회뿐만 아니라 전 세계적인 선박에 대한 수요에 의지한다. 또한 대우조선이 보유하고 축적한 조선에 대한 경험과 기술은 당연하게도 인류가 역사적으로 축적해온 지식과 과학기술 문명의 산물이다. 그러므로 '규모의 경제'를 자랑하는 대우조선해양은 이 사회 전체의 것이고, 특히 그곳에서 피땀을 흘리며 일구어 온 대우조선해양의 노동자의 것이다. 그러므로 일각에서 주인이 없기 때문에 주인을 찾아주자고 하는 주장은 허무맹랑한 언어도단이 아닐 수 없다.

10 자본주의에서 독점자본주의와 국가독점자본주의는 자본주의 발전의 최고의 단계이자 최후의 단계이다. 독점자본주의와 국가독점자본주의는 자본주의의 최후의 단계로서 자본주의 이후의 다음 사회, 새로운 사회의 물질적 토대를 준비한다. 자본주의 다음 사회로서 사회주의 사회의 주요한 특징은, 자본주의 생산에서 발생하는 생산의 무정부성을 극복하고 계획경제를 실시한다는 것이다. 그런 측

면에서 이 사회의 주요한 국가기간산업과 거대한 독점자본은 사회주의로의 이행의 물적 기초이다. 즉 다음 사회, 사회주의 사회의 견지에서 독점자본은 계획경제를 실시할 수 있는 기본적 토대가 된다. 계획경제를 도입하기 위해서는 생산의 사회화에 기초한 생산 수단의 대규모적인 집적과 집중이 필수적인 조건이기 때문이다. '규모의 경제'라고 일컬어지는 대우조선의 존재는 이런 의미에서 사회주의로의 이행을 위한 물적인 기초이다. 이상과 같은 의미에서 자본주의하에서 독점자본과 대우조선의 국유화라는 과제가 제기될 수 있다.

11. 물론 자본주의 사회에서 독점자본과 기간산업의 국유화는 한계를 가질 수밖에 없다. 자본주의 사회에서 기간산업의 국유화는 사적 자본이 독점으로까지 성장하지 못한 상태에서 자본이 원활하게 증식할 수 있도록 사적 자본에게 도움을 주는 형태의 사회적 기간산업의 국유화가 대부분이다. 그렇지만 지금에 있어서는 이미 자본주의가 고도로 발달하였고, 이러한 상태에서 사적 자본은 독점자본으로까지 성장하여, 공공부문의 공기업, 국유기업에 대해서까지도 자신들의 이윤추구를 위한 사유화를 요구하고 있는 형국이다. 그리고 공황 국면에서 파산한 거대 기업에 대한 구제 금융을 통한 국유화, 즉, 대기업, 독점자본들에 대한 공황구제책으로서의 국유화 또한 자본주의 사회에서 국유화의 주요한 하나의 형태이다. 서유럽의 사회민주주의 정당들은 2차 대전 이후 주요하게 국유화를 추진했었다. 그러나 예를 들면 프랑스의 미테랑 대통령 때 시도했던 산업의 국유화는 성공적이지 못했고 사회민주주의 정당이 집권했을 때 도리어 국유기업의 사유화가 진행되기도 했다. 이는 서유럽의 사회민주주의 또한 독점자본의 이해를 대변하는 데 지나지 않았다는 것을 의미하며, 이것은 그곳에서 노동자 민중의 정치적 힘이 매우 미약하였다는 것을 의미한다.

12. 일각에서는 조선 산업 생태계의 문제를 제기하면서 지역에서 대우조선을 포함한 지역의 조선 업종의 지역 공기업화를 주장한다. 그러나 첫째 대우조선해양이 생산하는 것은 지역의 수요가 아니라 전 세계적 수요이다. 이것은 지역의 전반적인 경기 상황과 노동자들의 고용이 전 세계적 경기 상황과 수요 상황에 따라 변동된다는 것을 의미한다. 물론 노동자의 고용 측면에서는 지역 경기와 직결되기도 한다. 그러나 대우조선해양의 운영에 관련되는 종사자는 약 2만 1천 명이다. 종사자의 가구와, 관련 하청업체 종사자와 그의 가족 수까지 포함하면 이것은 단순히 지역의 차원을 뛰어넘는 것으로서 국가적인 문제이다. 그러므로 이것은 하나의 지역적 판단의 문제가 아니라 국가적 경제와 전국적, 전 계급적 차원에서 노동자 고용의 측면에서 판단되어져야 한다. 그러므로 대우조선해양의 국가소유로의 전환 이외에는 뚜렷한 해결의 전망이 보이지 않는다고 할 수 있다.

13. 다른 한편으로 일각에서 대우조선해양의 공기업화를 주장하고 있다. 자본의 이해를 전 세계적으로 보장하는 신자유주의가 발흥하고 유행하면서 신자유주의의 주요한 정책의 하나가 사유화(민영화)였다. 이는 사적 거대자본이 거대한 국가 기간산업까지 접수할 정도로 성장했다는 측면을 반영한다. 사실 사적 자본이 국유기업을 인수하는 징검다리로서 국영기업의 공기업화가 많이 진행되고 있다. 물론 대우조선의 공기업화는 실질적으로 사적 기업이나 다름없는 대우조선이 국가 기간산업이라는 명분하에서 공공부문이라는 명분을 획득할 수 있는 효과가 생기게 한다. 그렇지만 독립채산제의 공기업은 정부의 예산 정책에 따라 언제든지 구조조정의 위협에 놓일 수 있다. 그리고 국유화된 기업은 종사자들이 공무원 신분이 된다. 그런데 공기업화는 그 과정에서 어차피 국유화와 동일하게 험난한 이데올로기 싸움과 법적인 전쟁의 과정을 거쳐야 한다. 그러므로 불완전한 공기업화보다는 고용이 확실히 보장되는 국유화를 위한 투

쟁이 바람직해 보인다. 어차피 공기업화든 국유화든 자본과 국가를 상대로 한 역관계에 의해 결정된다. 즉 노동자들의 일치단결된 투쟁이 국유화의 여부와 그 향방을 결정하는 것이다. 따라서 불완전한 공기업보다는 확실한 국유화로 나아가야 한다.

14. 현대중공업에 의한 대우조선의 인수·합병은 주요하게 EU를 포함한 몇 개국의 기업결합심사라는 마지막 관문을 남겨두고 있다. EU는 현대중공업과 대우조선해양이 합병할 경우 현대중공업이 액화천연가스(LNG) 운반선 시장에서 세계 시장점유율이 21%로 되어 독점을 우려하는 것으로 알려졌다. 그러나 현대중공업에 의한 대우조선해양의 인수·합병에 대한 해외 기업결합심사가 어떤 식으로도 결론이 나도 대우조선 노동자에게 쉬운 문제는 아닐 것이다. 만약 해외 기업결합심사가 승인되면 대우조선의 현대중공업으로의 인수 합병의 장애물이 제거되기 때문에 합병 절차가 진행됨에 따라 사측의 구조조정의 칼날을 피하기 어려울 것이다. 다른 한편으로 해외에서 기업결합 심사가 승인되지 않는다 하더라도 이 또한 회사 경영진이 대우조선의 독자생존을 추구함에 따라 무자비한 해고의 칼날로 구조조정을 밀어붙일 것이 불을 보듯 뻔하다.

15. 대우조선해양이 '규모의 경제'이고, 중요한 국가기간산업의 하나이므로 국가가 실질적으로 책임을 지는 국유화로 나아가야 한다. 물론 그간의 국가소유의 산업은행이 실질적으로 관리·경영하고 있기 때문에 대우조선해양이 이미 국유기업이 아닌가라는 반문이 나올 수 있다. 그러나 국영기업은 국가가 그 기업을 하나부터 열까지 책임진다는 것을 의미한다. 그런데 그간의 산업은행 경영체제하에서 국유기업이라면, 거기서 해고가 발생하고, 임금이 도리어 삭감되는 일이 발생할 수 있는가? 그러므로 산업은행이 경영하는 대우조선은 실질적으로 국유화된 것이 결코 아니다. 자본주의 하에서 공

기업과 민간 기업은 상시적으로 구조조정의 위협에 노출되어 있는 반면에, 국유화된 기업은 그 기업에 종사하는 노동자들이 공무원으로서 실질적으로 신분이 안정적으로 보장되어 해고가 자유롭지 않다는 측면에서 국유화와 공기업화는 차이가 있다.

16. 코로나 국면은 지금까지 사회에서 입에 담지 못했던, 기간산업과 파산한 기업의 국유화 문제를 제기한다. 특히 현실 사회주의가 패배하면서 그에 대한 평가를 보면, 사회주의 하에서 국유기업은 국가가 소유·관리하지만 실질적 사회화가 아니라 형식적 사회화였다. 이것은 한동안 운동진영에서 금기시되어온 영역으로 여겨진다. 그렇지만 현실 사회주의 하에서 국유화에 대한 평가는 논외로 치더라도, 지금 이 사회에서 벌어지고 있는 공황에 더하여 코로나 역병으로 인한 가히 파국적 상황에서 어떠한 전술적 슬로건을 제출할 것인가의 문제가 제기된다. 물론 지금은 운동진영이 일치단결되고 변혁의 주체역량이 성숙하여 정치권력을 장악할 수준이 안된 상황이다. 그러므로 이상과 같은 측면에서 지금의 정세에서 파산기업과 대우조선해양의 국유화 슬로건은 전술로서 고려해볼 만한 것으로 여겨진다.

17. 다른 한편으로 전 세계적 경제위기와 더불어 코로나 사태로 인한 경제적 충격은 가히 상상을 초월하고 있다. 거대 기업뿐만 아니라 중소 자영업자의 휴업, 폐업과 이에 따르는 노동자의 해고로 사회의 대다수가 고통을 받고 있는 상황이고 이러한 상황은 더욱 악화될 것으로 예측된다. 그러므로 사회 전체가 사회구성원 전체에게 서로 공동의 책임을 진다는 철학에 기초하면 지금의 형국에서 위기에 처해진 거대한 사적 기업과 국가기간 산업의 국유화 담론의 공론화는 자연스러운 현상이다. 지금 사회적으로 생존의 문제가 회자되고 있는 쌍용자동차, GM 자동차, 이스타항공, 아시아나항공, 대우버스, 한국케이츠 등의 기업은 국유화라는 해결책 이외에는 답이

없어 보인다. 이러한 측면에서도 대우조선해양 또한 국유화 담론의 한 중심에 서 있는 것으로 보인다.

18 다시 한번 강조하면, 1980년대 초 신자유주의의 발흥 이후 세계적으로 공공부문 축소, 사회복지 축소, 국·공유기업의 사유화, 규제완화 등의 신자유주의 정책이 계속적으로 노동자·민중의 삶을 더욱더 황폐화시켰다. 부르주아 식자들도 신자유주의는 수십 년이 지난 지금 실패하였다고 고백하고 있다. 자본과 국가는 노동자·민중들에게 서로 간의 계속적인 경쟁을 통한 각자도생의 길을 강요하고 있다. 이에 인간은 사회적 동물이라는 전제하에서 사회라는 집단 내에서 그 구성원 서로가 모든 영역에서 서로를 책임을 지는 방향으로, 지금뿐만 아니라 자본주의 이후의 사회의 모든 사태의 해결방안을 고민할 필요가 있다.

19. 이러한 방향에서 코로나 국면을 이용하여 각자도생의 길을 거부하고 사회 전체가 유기적으로 생산을 계획하고, 생산물을 통제·분배해야 한다는 것을 전 사회적으로 어떻게 공론화를 시킬 것인가? 즉 국가 기간산업 국유화와 독점 재벌의 몰수·국유화를 대중적으로 어떻게 설득시켜나가야 하는 과제가 있다. 파산 상태에 빠진 국가 기간산업, 즉 자동차산업, 항공산업, 조선산업에 대한 해결 전망을 어떻게 세우고 이들 산업에 대한 국유화로 가져갈 것인가에 대한 전 사회적 설득이 선행되어야 한다. 누차 강조하였듯이 노동자계급이 정치권력을 장악하지 못한 상황에서 국유화라는 것은 당연히 한계를 가질 수밖에 없다. 그렇지만 현 정세 속에서 노동자계급이 독자적 진지를 강화하고 대중들의 정치적 의식을 고양시키는 전술로서 파산 위기에 처한 대기업의 국유화는 적절한 전술로 여겨진다.

20. 다른 한편으로 자본은 그들의 축적의 위기를 항상 노동자·

민중들에게 전가하고 국가의 지원을 호소하고 재정적 지원을 당당하게 받는다. 자본은 그들의 위기 국면에서 항상 노동자들에게 희생을 강요한다. 그렇지만 이 사회의 재화와 서비스를 생산, 분배하여 실질적으로 이 사회를 운영하는 노동자들은 당당하게 구조조정 저지, 고용 안정을 요구하고 투쟁해야 한다. 자본은 노동자의 피와 땀으로 이루어진 거대한 부를 대대손손으로 승계하는 진정한 철밥통인데, 노동자도 고용 유지를 위한 생존권 투쟁을 당당하게 제기할 필요가 있다.

21 지금 시국은 전체 운동에서 엄혹한 정세이다. 코로나 국면으로 노동운동의 정치적 위기, 산업구조 조정, 기후 위기 등이 눈에 띄게 부각되고 있는 형국이다. 자본과 정권이 그들의 통치상의 위기 국면에서 노동을 무력화시키기 위하여 지속적으로 사회적 합의주의 공세를 취하고 있다. 독점자본의 이해를 대변하는 민주당과 연결된 노동계 내의 사회적 합의주의를 지지하는 세력이 민주노총 내에 하나의 세력을 형성하고 있다는 것이 지난 노사정 원포인트 합의 기도에서 드러났다. 이는 민주노총 내적으로 민주당 연대 세력을 고립화시켜 타격하는 것이 필요하고 노동운동의 변혁적 역량이 많이 왜소화된 상태를 극복하고 노동운동의 계급적 세력이 다시 한번 일어서는 노동운동진영의 진지의 강화가 시급하다는 것을 가리킨다. 노동운동의 변혁적이고도 정치적인 전망을 시급히 세워나가야 하는 임무가 앞에 놓여 있다.

22. 코로나 국면에서 좌파의 전국적인 정치적 결집을 통한 변혁적 노동운동의 주체를 강고하게 형성할 필요가 있다. 이를 위해서는 11월 말과 12월 초에 예상되는 자본과 국가에 의한 노동법 개악을 저지하기 위한 투쟁을 매개로 좌파들의 전국적 결집을 시도할 필요가 있다. 노동법 개악 저지 투쟁을 매개 고리로 한 좌파활동가 대회

를 통하여 국가 기간산업, 자동차산업, 항공산업, 조선산업의 국유화 투쟁을 중심적으로 배치하여야 할 것이다. 좌파 정치세력은 좌파 활동가 대회를 전후로 하여, 반노동·반민중 문재인 정권에 맞서서 대우조선 국유화 투쟁과 노동법 개악 저지투쟁으로 힘을 결집시켜야 한다.

23 대우조선해양 투쟁에서 해외 기업결합심사에 매달리면 의도하지 않게 청원운동으로 빠지면서 대중투쟁 동력을 상실할 우려가 있다. 그러므로 조합원에 근거하고 전 사회적 설득력을 가진 전국적 투쟁으로 상승·발전시키기 위하여 대우조선의 국유화로 대정부투쟁을 전개하는 것이 최우선 과제로 보인다. 즉 어차피 대우조선 문제는 대우조선이 국가기간산업이면서 동시에 지역에서 차지하는 경제적 위상으로 인하여 정치적 문제의 성격을 가질 수밖에 없는 조건을 가지고 있다. 대우조선이 매각 저지 투쟁을 단위 노동조합의 차원을 넘어 전국화시키고 전 계급적 투쟁으로 상승·발전시켜야 하는 과제를 안고 있다.

24 조선산업에서 정규직에 비해 비정규직의 비중이 압도적으로 높다. 대우조선 또한 사내 하청을 통한 비정규직의 수가 정규직을 초월한다. 그러므로 대우조선 인수합병저지 투쟁은 정규직과 비정규직의 연대와 단결 없이는 사실상 불가능하다. 비정규직 사내 하청 노동자들이 합병회사의 구조조정의 1순위가 되리라는 것은 명약관화하다. 그러므로 지금의 대우조선 인수합병저지 투쟁과, 향후 필연적으로 초래될 구조조정 저지 투쟁에 정규직 노동자와 하청노동자와의 계급적 단결이 무엇보다도 중요하다. 또한 원·하청의 노동조합의 노동자적 단결로 중층 하도급 제도를 기반으로 하는 하청 제도 자체의 철폐 투쟁을 벌여 나가야 한다. 그리고 이러한 단결을 지역의 원·하청 공동 투쟁으로 상승·발전시키고 전국적 단결 투쟁

으로 모아나가야 한다.

25. 예전의 쌍용자동차의 구조조정에 맞선 치열한 투쟁 사례에서 보듯이, 대우조선해양의 구조조정 반대 투쟁은 조합원들의 거대한 대중투쟁을 준비하고 이를 기반으로 싸워나가는 것이 급선무일 것이다. 구조조정 반대 투쟁의 핵심인 조합원의 고용보장과 해고 금지를 위한 싸움을 미리 준비해야 한다. '인디언이 기우제를 지내면 100% 비가 온다. 왜냐하면 비가 올 때까지 기우제를 지내기 때문이다'라는 유명한 속담이 떠오른다. 이러한 싸움을 준비하기 위해서는 대우조선의 활동가들의 통일 단결된 결집과 교육과 훈련은 아무리 강조해도 지나치지 않을 것이다.

26 지금 민주노총 선거 운동이 점차 가열차게 진행되고 있다. 두 말할 필요 없이 노동조합에서 선거는 주요하게는 대중들의 조직화와 정치의식의 고양의 장이다. 이번 선거투쟁은 노동법 개악이 쓰나미처럼 몰려올 상황에서 치러진다는 점에서 주요하게 노동법개악 저지 투쟁과 대우조선 국유화 투쟁을 주요한 쟁점으로 세워나가야 할 것이다. 그러므로 이해관계 당사자와의 간담회를 시작으로 전국적 결의대회 등으로 인수합병을 저지시켜나가는 투쟁을 상승시켜야 한다. 그리고 이것을 이루어 나가는 과정도 전국 투쟁으로 만들기 위하여 거제에서 출발하여, 부산, 대구 등의 영남권에서 출발하여 충청권, 전라권을 거쳐 수도권으로 집결시키는 투쟁이 필요해 보인다. 노사과연

민족문제에 대한 계급적 접근을 위하여

박문석 | 연구위원

노동운동 내에 만연한 소부르주아 이데올로기의 영향력은 그 정도가 심각하다. 이러한 상황은 정세분석에서부터 시작하여 사업 전반에 걸쳐서 몰계급적 결과들로 이어진다. 특히나 자본주의 체제의 전반적 위기인 현재의 시점에서 노동자계급 해방의 전망은 이로 인해 불투명하기만 하다. 정세의 엄중함에 비해 노동자계급의 독자적인 조직적·사상적 대응 상태도 너무나 허술하다. 이 글의 내용은 소부르주아 민족주의에 경도된 의식과 실천을 보이고 있는 노동운동 내 자주진영(NL)의 동지들에 대한 문제의식을 중심으로 서술하였다. 투박한 내용이어서 논쟁의 지점 또한 많을 것이나, 함께 고민하지 않으면 그만큼 운동의 발전이 지체될 수밖에 없다는 생각으로 이 글을 쓴다.

1. 소부르주아 사상은 노동자계급의 것이 아니다

먼저 몇 가지 개념부터 살펴보자. 일반적으로 민족이란 동일한 언어, 일정한 영토, 일정한 경제생활 및 문화의 공통성과 전통적 심리 등 다섯 가지 모두를 포함시켜 구성된 집단으로서 자본주의 발전의 산물로 형성된 것이다. 그리고 여기에서 주의할 점은 첫째, 이 다섯 가지는 하나하나 따로 떼어내서는 안 되는 것이고, 또 어느 하나를 특히 강조할 수 없다. 둘째, 민족은 일정한 역사적 조건에서, 즉 자본주의의 성립, 발전과 함께 역사상 비로소 형성된 것이다. 셋째, 역사적 의의를 가지는 민족의 개념과 인류학적 의미와 성질을 갖는 인종 또는 종족의 개념을 서로 혼동해서는 안 된다. 넷째, 민족의 개념과 국민의 개념은 다르다.1)

한(조선)반도의 민족문제, 곧 민족모순은 부르주아 독재 국가로서의 남쪽과 프롤레타리아 독재 국가로서의 북쪽의 (계급)분단모순이 한 축으로 존재하고, 다른 한 축으로는 미 제국주의와 국내 독점자본을 중심으로 한 지배계급의 동맹관계와, 이와 대립하고 있는 노동자 인민 간의 모순이 있다. 이 두 개의 모순은 계급모순을 기본으로 한다.

민족주의란 일반적으로 민족의 생활·전통·문화를 보존하여 자결이 가능한 국민국가를 형성하고, 성립 후에는 그 독립성·통일성을 유지 발전시킬 것을 추구하는 사상이나 움직임으로서, 역사적으로 배외주의와 국수주의, 종족갈등, 대량학살과 전쟁, 파시즘 등의 현상이 나타나는 부르주아 계급의 이데올로기이다. 국내 민족주의 운동은 제국주의에 대한 저항을 특징으로 하면서 한(조선)반도 통일국가의 형성을 목표로 삼는다. 이들은 민족모순을 과학적인 관점에서 바라보는 것이 아니라 '민족주의'적 관점에서 취급한다.

다음으로 '소부르주아'라는 개념에 대해 살펴보자. 중간계급, 쁘띠부르주아, 소시민계급 등 다양한 이름으로 불리기는 하지만, 규모가 작더라도 어떤 식으로든 생산수단과 결합되어 있기 때문에 노동자계급은 아니다. 그들은 자본가로 성공하기 위한 주관적인 바람과는 달리 독점자본과의 경쟁에서 밀려나 몰락의 과정에 놓이게 되고 대부분 프롤레타리아화 된다. 이들 집단은 자본가계급과 노동자계급 사이에서 끊임없이 동요하고 방황한다. 엥엘스는 이들에 대해 그의

---

1) ≪사회과학 사전≫, 사계절 출판.

저서 ≪혁명과 반혁명≫에서 아래와 같이 말한다.

"이 계급에 속하는 개인은 부르주아의 지위를 동경하면서도, 아주 사소한 불운으로 인해 프롤레타리아로 몰락해 간다. … 그러므로 이 계급은 부유한 계급에 속하고자 하는 희망과 프롤레타리아 심지어는 영세민의 상태로 몰락할지도 모른다는 두려움 사이에서 또 공무(公務)에 뛰어들어 자기의 이익을 증진시키고 싶은 욕망과 정부의 노여움을 살지도 모른다는 두려움 사이에서 끊임없이 방황할 수밖에 없는 것이다. 그가 소유한 재산은 근소한 것이고, 그 소유의 불확실함은, 소유에 따라 그들은 심하게 동요하게 된다. 강력한 봉건 정부나 군주 정부 하에서는 허리를 굽혀 순종하지만, 일단 중등계급의 세력을 얻으면 곧 자유주의의 편에 선다. 그리고 중등계급이 지배권을 확립하면 격렬하게 민주주의를 주창하지만, 프롤레타리아가 독자의 운동을 시작하면 두려움 때문에 의기소침하여 등을 돌리고 마는 것이다."

기회주의는 자본가와 노동자 사이에서 끊임없이 동요하는 이들 소부르주아의 이데올로기이다. 사전에서 기회주의에 대한 설명은 다음과 같다.

기회주의는 노동계급 운동의 정책과 이데올로기를 비(非)프롤레타리아(부르주아지와 쁘띠 부르주아지) 계층의 이익과 필요에 적응시키는 것을 말한다. 기회주의는 대개 수정주의나 교조주의와 연결되어 있으며, 우익적일 수도 있고 좌익적일 수도 있다.
우익기회주의는 노동자계급의 조직적 운동과 함께 등장했다(조합주의, 라쌀레주의, 경제주의 등). 우익기회주의는 혁명적 방식의 투쟁을 거부하고 부르주아지와 화해하며, 궁극적으로는 사회주의를 위한 투쟁을 포기하는 것으로 나타난다. … 개량주의를 지지하는 쁘띠 부르주아 계층의 이익을 반영하고 있다.
좌익기회주의는 표면상으로는 우익기회주의의 대극에 위치하고 있다. 좌익기회주의는 가장 단호하면서도 초혁명적인 투쟁방식을 주장하고, 모든 타협을 거부하며, 개량주의적인 조직과는 어떠한 협조도 거부하고, 또한 근로민중의 부분적 요구를 옹호하는 투쟁을 경멸한다. … 좌익기회주의도 우익기회주의와 마찬가지로 쁘띠 부르주아 계층의 심리상태를 반영하고 있다.
　우익기회주의는 계급화해의 방향으로, 좌익기회주의는 모험주의적인 방향으로 운동을 빗나가게 하는 것이다.[2]

　"혁명적 투쟁방식을 거부"하고, 노자 간 "계급화해의 방향"으로, "사회주의를 위한 투쟁을 포기하는 것", 이것이 '우익 기회주의'이자 '소부르주아 이데올로기'이다. 쁘띠 부르주아와 사민주의자는 계급의 존재를 인정하지만 계급 간 적대성은 부정하고 상호 협력 속에 조화될 수 있음을 주장한다. 그러나 이것은 기만이다. 노자간 계급모순은 양자의 공공연한 투쟁에 의해 새로운 사회가 성립되어야만 해결될 수 있는 것이다. 자본가계급의 이익에 복무하는 이러한 소부르주아적 운동 조류가 많다 보니 '노동해방'이라는 단어는 노동운동 내에서도 사라진 지 오래다.
　노동자계급의 운동이 어느 순간 소부르주아적인 이데올로기의 정치적 노예가 되어 과학적인 전망을 갖지 못하고 계급협조 노선에 경도되어 갈팡질팡하는 등 혼란을 겪게 된 것은, 오랜 세월 국가보안법을 비롯한 정치·사상에 대한 파쇼적인 탄압과 더불어 자유주의 세력의 집권에 따른 영향이 크다. 그리고 주체적으로는 1980년대 불붙었던 운동진영 내에서의 사회구성체 논쟁이 1990년대 쏘련의 몰락으로 중단되어 'NL(우파)'과 'PD(좌파)'로 분열된 채 결과를 보지 못하고 계속 지속되어 오고 있는 이유 때문이기도 하다. 쏘련의 몰락은 '포스트 맑스주의'니 '포스트 모더니즘'이니 하는 온갖 기회주의적 잡사상과, 역사 왜곡과 '청산주의'를 초래하였고, 만연한

---

[2] 《현대 맑스-레닌주의 사전》, 백산서당

이들 기회주의적 소부르주아 이데올로기의 헤게모니 하에 노동운동이 포섭되어 버렸다. 그리하여 자유주의자들의 집권 시 그들의 품 안으로 들어가는 노동운동 내 기회주의자들과 출세주의자들을 양산해 내곤 하였다. 아직까지도 과학적 세계관으로서의 사적 유물론과 맑스-레닌주의 혁명노선은 시대변화에 어울리지 않은 케케묵은 구닥다리 취급을 받고 있는 것이 현실이다.

이들 소부르주아 사상은 반동적 세계관에 기초해 있다. 이 사상은 몰계급적이고 노사협조주의적이며 기회주의적인 것이다. 따라서 노동자계급이 가져야 할 사상은 과학적 세계관에 기초한 맑스주의 사상이어야 한다. 철저하게 계급적이어야 한다. 그러기 위해서는 노동자계급의 정치·사상·조직적 발전을 억압하기 위해 72년간, 길게는 95년간 존재하고 있는 국가보안법[3]을 폐기하는 투쟁에 전면적으로 나서야 한다. 그리고 생산력 발전에 따른 생산관계의 변혁을, 사적 유물론에 입각한 계급투쟁과 사회주의 혁명을 꿈꾸고 실천해 가야 한다.

2. 노동자계급 내의 소부르주아 민족주의

노동자계급의 사상과 이론의 부재는 노동운동이 (소)부르주아 이데올로기에 종속되어 노예의 길에서 벗어나기 어려운 조건임을 드러낸다. 과학적인 정세 인식이 부족하고 따라서 당연히 대안이라는 것도 미흡할 수밖에 없다. 특히나 지금은 부르주아국가와 언론에서 쏟아 내는 '코로나19'와 관련한 비이성적인 이데올로기 공세와 파시즘적 통제를 조금의 의심도 없이 받아들이고 있는 상황이다. "모든

---

[3] 1948.12.1.일 국가보안법 제정으로부터 72년, 또는 1925년 일제하 치안유지법으로부터 95년.

것을 의심하라"는 칼 맑스의 가르침이 절실한 시기이다. 아래의 글은 민주노총의 통일(반제 평화)운동 사업에서 드러나는 소부르주아적 접근들에 대한 몇 가지 비판이다.

1) 과학적(변혁적) 전망 부재와 소부르주아 민족주의의 경도

제2차 세계대전을 거치면서 사회주의 진영의 민족자결주의 원칙에 힘입어 많은 식민지·반식민지 국가에서 반제민족해방 운동이 본격화되었었다. 당시의 농업을 중심으로 한 중국과 베트남 등의 반(半)봉건적 생산관계는 혁명의 주력을 농민(소작농/빈농)으로 하였고, 노동자계급의 당(공산당/노동당)에 의한 지도로 인민민주주의 혁명이 수행되었다. 그렇게 세운 권력은 곧 두 번째 단계인 사회주의 혁명의 단계로 이행하였다.4) 각 국가마다의 특수한 조건들이 사

---

4) 인민민주주의(신민주주의):
-신민주주의란 제2차 세계대전에서 전후에 걸쳐 발전한 혁명운동의 새로운 방식과 그 성과로서 구축된 새로운 국가형태를 말한다. 이 명칭은 1940년 모택동의 의해 신민주주의론이 발표되면서 주창되었다.
... 사회주의와 구별되는 점을 보면, 식민지·반식민지 혁명의 목적은 외국 제국주의에 의한 민족 억압과 국내의 봉건적인 중압을 배제하는 데 있다. 이것은 바로 자본주의의 부정은 아니기 때문에 사회주의가 아니다. 이 혁명의 성질상 소부르주아의 다수는 물론, 민족부르주아의 일부도 참가한다. 따라서 이 혁명으로 수립될 국가도 프롤레타리아 독재가 아님은 물론이고 또한 노동자·농민의 독재도 아니다. 그 국가는 모든 혁명적 계급이 연합한 통일전선적인 국가이다. 모택동은 이 국가를 신민주주의 국가라고 부르고 그 계급적인 본질은 혁명적 계급의 연합독재라고 하였다.
... 제국주의 열강은 식민지 독립에 강경하게 반대하기 때문에 식민지의 혁명은 반제의 성격을 띠지 않을 수 없다. 그런데 이 혁명을 지도할 힘은 민족부르주아에게서는 도저히 기대할 수 없다. 그들 가운데 대자본가측은 이미 외국 자본에 종속되고 반동적으로 되었기 때문이다. 따라서 혁명의 지도력은 노동자와 농민 손에 넘어왔다. 동시에 이 혁명은 자본주의 국가에 의해서 반대되고

회주의 혁명의 경로를 다르게 한다. 그러나 그 핵심 원리는 기존의 지배체제를 전복하고 노동자 인민의 독재 권력을 세우고 생산수단의 사회화와 더불어 착취가 폐지되는 사회주의적 단계로 이행해 간다는 점이다. 문제는 그 시대의 생산을 담당하는 주력이 어느 계급인가 하는 것이다. 이에 따라 혁명의 주력과 보조역량으로의 배치가 결정된다. 더불어 그러한 혁명의 전 과정에서 비 프롤레타리아 근로인민에 대한 노동자계급의 지도적 역할이 중요한 것이다.

엔엘진영의 동지들은 혁명의 단계 구분을 2단계로 나누고, 첫 번째 단계로는 인민민주주의 혁명을, 그다음 단계로 사회주의로의 이행을 설정한다. 한국사회를 (신)식민지 반봉건(반자본)사회로 규정하면서 이러한 결과가 도출되는 것이다. 일제로부터의 해방 전후의 시기라면 농민(소생산)이 다수를 점하였기에 이러한 설정이 옳았다. 그러나 지금은 고도로 발전한 독점자본주의 사회이고, 그리하여 노동자계급의 구성이 다수를 점하기에 혁명의 주력 또한 노동자계급을 중심에 두고 계급동맹으로 보조역량을 형성하여 사회주의 혁명 투쟁으로 곧장 나서야 하는 것이다.

노동사회과학연구소 채만수 소장은 1980년대 한국의 사회구성체 논쟁과 관련하여 '반봉건'적 관점의 오류에 대해 아래와 같이 지적한다.

사회주의 국가에 의해서 지지된다. 세계적인 견지에서 보면, 이 혁명은 사회주의 진영의 일부로 편입된다. 바로 이 두 가지 점. 즉 혁명이 세계사회주의 진영의 일환으로 된다는 점과 혁명에서 프롤레타리아가 지도적인 역할을 한다는 점이 신민주주의가 구민주주의와 구별되는 점이다. 여기서 신민주주의혁명은 결코 그것으로 완결된 혁명이 아니라는 것이 도출된다. 당연히 이 혁명을 지도한 프롤레타리아트는 신민주주의혁명을 달성한 뒤에는 새로운 사회 건설로 나아간다. 즉 혁명은 두 단계로 나뉘지는데 그 제1단계는 신민주주의 혁명이며, 제 2단계는 사회주의 혁명이다. ≪사회과학사전≫, 사계절, p. 266.

"지주-소작관계 자체는 생산관계의 성격상 봉건제이고 나아가 자본제적 시장에 포위되어 본래적인 봉건제와는 여러 면에서 다른 특징을 보이는 봉건제 즉 반봉건제이다. 하지만, '지주-소작관계'자체가 봉건적 성격의 것이라고 해서 1980년대 중반의 한국사회가 '(식민지)반봉건사회'인 것은 아니었다. 지주-소작관계의 성격은 (반)봉건적인 것이지만, 그것이 '지배적인 경제제도'일 수는 결코 없었기 때문이다." 5)

한 시대에 있어서 다양한 형태의 생산관계가 공존하며 나타날 수 있겠으나, 중요한 것은 '지배적인' 생산관계가 무엇인가가 중요한 것이다. 1980년대도 그렇고 지금도 여전히 독점자본주의 사회이며, 노동자계급이 생산의 다수를 점하고 있어 사회혁명에 있어서도 노동자계급이 주력일 수밖에 없고, 혁명의 성격 또한 봉건사회를 타도하는 부르주아 민주주의 혁명이 아니라, 고도로 발전한 독점자본주의 사회를 타도하는 사회주의 혁명인 것이다. 이러한 시대적 과제를 노동자계급이 아닌 농민(소생산자)이 담보할 수는 없는 것이다.

엔엘진영의 동지들은 미제의 (신)식민지 지배에 대응하는 방법으로 국내 자본가계급까지를 포함하는 민족적 단결에 기초하여 미제와 맞서는데 방점을 찍자니 계급적 구분을 배제하고 몰계급적 민족주의에 경도되어 1단계로서의 인민민주주의 혁명을 말하는 오류를 범한다. 그러나 한국사회는 미제에 의한 신식민지 지배하에 있지만, 그것 역시도 독점자본을 중심으로 하는 국내 지배계급에 의해 대리통치 되고 있다. 이러한 대리통치는 제국주의 국가에 의해 강제되는 것이 아닌, 스스로, 자발적으로, 제국주의와 이해를 함께하는 민족 내부의 동맹세력에 의해 실행된다. 그들 반동적인 국내 지배세력을 노동자·인민으로부터 구분해 내지 않고, 또 지배적인 생산의 담당자로서 노동계급에 대한 고민이 없으니 시대에 뒤떨어진 몰계급적 '인민민주주의 혁명'을 주장하는 것이다.

---

5) 채만수, ≪피억압의 정치학(상)≫, 노사과연. p. 323. 2008년 3월 발행.

민족 내부의 노자간 계급모순이 기본모순으로 존재하는 것이며, 제국주의 자본과의 동맹관계인 국내 독점자본과 노동자·인민 간의 계급모순이 기본모순인 것이다. 남과 북의 모순 또한 자본주의 국가와 사회주의 국가 간 계급모순이 바탕을 이룬다. 다음의 글은 노동사회과학연구소 채만수 소장의 글이다.

"식민지 혹은 신식민지에서의 국가권력의, 말하자면, 현지의 계급적 기반 여부는 애초부터 논할 근거가 없는 것이다. 이는 그 기반이 없기 때문이 아니라, 대리 지배형태인 '신식민지' 체제에서는 말할 것도 없고, 직접적 지배 형태인 이른바 구식민지 체제에서도 식민지 국가권력은 당연히 현지에 그 계급적 기반을 가지고 있기 때문이다. 그리고 그 권력이 제국주의 종주국의 권력에 종속되어 있으면서, 또한 동시에 그 제국주의 종주국의 무력에 의해서 보증되고 있다고 하는 점도 물론 이의가 있을 수 없는 문제이다. … 수많은 역사적 사실들이 보여 주는 것처럼, 식민지의 점령조차도 사실 일반적으로는 피점령지의 일정한 세력의 협조에 힘입어서 이루어지는 것이다. 설령 점령이 제국주의적 침략군의 무력에 의해서만 이루어진다고 하더라도, 그 점령지의 '지배'는 피점령지의 일정 세력, 그 지배계급의 협력과 동맹적 관계가 없이는 불가능한 것이다.
… 문제의 핵심은 (신)식민지 인민의 종속과 그에 대한 착취와 억압(의 강화)의 문제이고, 그들 인민의 해방과 생활조건의 개선 혹은 그를 위한 투쟁이 제국주의와 그들의 현지 권력(직접적 통치 형태의 것이든, 대리통치 형태의 것이든)에 의해서 억압되고 저지되고 있다고 하는 점이다. 이때 현지의 지배계급은 언제나, 즉 말 그대로의 구식민지에서도 신식민지에서도, 제국주의적 지배의 (하위)동맹자이고, 그 지배의 주요한 지렛대이다."[6]

위 글에서 말하는 바대로 (신)식민지에서의 지배와 통치는 현지

---

6) 같은 책. p. 321.

의 지배계급을 통한 대리형식을 취한다. 노동쟁의 현장에서든, 미군기지 반대 투쟁이나 사드철거 투쟁의 현장에서든, 어디서든 투쟁이 벌어지는 곳에서 우리가 맞닥뜨리는 상대는 한국의 경찰과 군대이다. 미제의 무력과 직접 맞닥뜨리는 것이 아니라 현지의 대리 권력이 노동자·인민의 투쟁을 진압하려 나선다는 것을 확인할 수 있다. 제국주의적 지배의 하위 동맹자이자 현지 지배계급인 이들 민족 내부의 적대세력을 척결하는 것이 선차적일 수밖에 없다. 제국주의 세력에 의존하며, 행여나 떠날 새라 제국주의 군대의 바짓가랑이를 잡고 늘어지고 있는 자들도 이들이다.

엔엘진영의 동지들은 과학적 세계관으로서의 사적 유물론을 중요시하지 않는다.

> "그리하여 '식민지반봉건사회론'이나 '식민지반자본주의사회론'과 마찬가지로 '신식민지국가독점자본주의론'도, 아니 나아가 1980년대 논쟁을 통해서 제시된 사실상 거의 모든 변혁론이, 현격하게 다른 형식의 입론과 격렬한 상호비판에도 불구하고, 자본주의적 생산의 발전과 성숙의 결과로서의 생산력과 생산관계의 비조응 혹은 모순에서가 아니라 제국주의에 의해 규정되는 '식민지' 혹은 '신식민지'의 '특수성'에서 변혁의 필연성 혹은 가능성을 찾는다고 하는, 사적 유물론으로부터의 일탈을 공유하고 있었다고 할 수 있다."[7]

이리하여 사적 유물론의 핵심인 생산력과 생산관계의 모순, 즉 자본주의적 생산관계의 계급모순에서 변혁의 필연성을 찾는 것이 아니라, 제국주의 지배에 의한 '(신)식민지'의 특수성에서 변혁의 가능성을 찾다 보니 몰계급적 민족주의로, 몰계급적 반외세(반제)투쟁으로 나타나고 있는 것이다.

운동(발전)의 동력은 모순 관계이고, 사회변혁의 동력 또한 모순

---

[7] 같은 책. p. 330.

관계에서 비롯된다. 마오쩌뚱은 ≪모순론≫에서 "생산의 사회적 성격과 점유의 사적 성격과의 모순"이 기본모순이라 하였고, 이 모순의 계급적 표현은 "자산계급과 무산계급 간의 모순"이라 하였다. 또, "복잡한 사물의 발전과정에는 많은 모순이 있는데 반드시 그 중 한 가지가 주요한 모순"이라 하면서, "그것의 존재와 발전이 기타 모순의 존재와 발전을 규정하거나 또는 그것에 영향을 준다"고 하면서 "전력을 다하여 그 주요모순을 찾아내야 한다"고 하였다. 그리고 상황에 따라 주요모순은 변한다고 하였다. 그러나 엔엘 동지들은 모순에 대한 이해를 달리한다.

> "이른바 'NL'혹은 '우파'쪽은 '계급모순'에 대해서 얘기하면서도 사실상 '민족모순'과 관련한 문제·투쟁에만 매달리는 경향을 보여주고 있다. 한국사회는 분명 성숙한 자본주의 사회이고 따라서 누구나 '계급모순'이 한국사회의 '기본모순'임을 인정하지 않으면 안 된다. 그런데 '엔엘'측 인사들의 경우 이를 인정하는 사람들조차 이구동성으로 투쟁을 집중해야 하는 현 시기의 '주요모순'은 '민족모순'이라고 주장한다. 그리고 이때의 '현 시기'는 전술적인 당면 시기라기보다는 사실상 '민족이 통일되고 제국주의의 신식민지적 처지로부터 해방되기까지', 말하자면 전략적인 시기이다."[8]

엔엘 동지들은 민족모순을 주요모순으로 규정하면서 그것이 미제로부터 해방될 때까지 연속되는 것으로 이해한다. 당면시기 주요타격 방향을 결정하는 전술로서의 주요모순의 위치가 아니라 '전략적인 시기'로 잘못 이해하면서, 상황에 따라 변화하는 주요모순을 "전력을 다하여" 찾아내야만 한다는 사고 자체를 못하는 것이다. 그리하여 주구장창 같은 주장만 되풀이하면서 정작 집중해야 할 투쟁 과제(주요모순)를 비켜 가는 것이다.

---

[8] 채만수, 노동운동과 민족문제, 기관지 노힘 제34호.

제국주의 시대의 4대 모순에 대하여 정리된 글을 보자.

"'전반적 위기 시대의 4대 모순'이란, 다름 아니라 1) 자본과 노동 간의 대립·모순, 2) 자본주의와 사회주의 간의 대립·모순. 3) 제국주의와 식민지·종속국(인민)간의 대립·모순, 그리고 4) 제국주의 열강 상호 간의 모순이다.
문제는 이러한 4대 모순 간의 관계는 무엇인가인데, 그 답은 다름 아니라 2), 3), 4)의 세 모순은 모두 '자본과 노동 간의 모순'이라는 기본모순의 현상형태 혹은 외화형태라는 것이다. 이는 지극히 당연하다. 왜냐하면, 자본주의와 사회주의 간의 모순도, 제국주의와 식민지·종속국 간의 모순도, 그리고 제국주의 상호간의 모순도 사실 모두 잉여노동·잉여가치의 착취와 전유를 둘러싼 대립·모순이며, 그 가장 기본적인 본원적인 형태가 바로 자본과 노동 간의 모순이기 때문이다."[9]

제국주의 시대의 모순은 그 바탕에 계급모순이 기본모순으로 존재하고 있다는 것이다. 독점자본이 자본수출을 통해 제국주의로 나타나는 것이며, 자본은 기본적으로 노동자계급에 대한 착취를 본성으로 하기 때문이다. 따라서 계급모순을 부정하면 제국주의 시대를 올바로 이해할 수 없다. 제국주의 시대의 4대 모순 중에서 '제국주의와 (신)식민지 인민 간의 모순'에 대한 이해에 있어서 오류가 야기하는 혼란이 핵심적인 문제의 지점임을 같은 글에서 지적한다.

"제국주의 시대의 4대 모순과 민족문제: 위 4대 모순은 사실 '노동자계급과 자본가계급 간의 모순' 그 자체, 즉 계급모순 그 자체와 그 현상형태, 그 외화형태이다. 예컨대 '제국주의와 식민지·신식민지 인민 간의 모순'은 일반적으로 수정주의자들, 기회주의자들이 얘기하는

---

9) 채만수, ≪피억압의 정치학(상)≫, 노사과연. p. 342.

것과 같은, 제국주의와 식민지·신식민지 간의 모순, 즉 제국주의와 식민지·신식민지 국가 간의 모순이 아니라, 바로 자본, 특히 독점자본과 노동자계급 간의 모순이 제국주의와 (신)식민지 인민, 즉 그 노동자·민중 간에 드러난 형태의 모순이다. 따라서 '제국주의와 식민지·신식민지 인민 간의 모순'은 당연히, 제국주의의 하부 동맹자인 (신)식민지 현지의 (독점)부르주아 지배계급, 지주계급과 노동자계급 간의 모순을 포함하고 있다. 이것이 바로 문제의 민족모순이며, 따라서 민족모순이란 계급모순의 하나의 표현형태, 하나의 현상형태, 하나의 외화형태인 것이다. 민족모순을 둘러싼 분열은 바로 이에 대한 이해의 부족을 드러낸 것. 그리고 소위 엔엘, 혹은 '우파'는 이 문제를 '제국주의와 식민지·신식민지 인민 간의 모순'으로서, 즉 계급모순으로 이해하는 대신에 수정주의적으로, 기회주의적으로, 그리고 민족주의적으로 이해한 나머지 국가주의, 애국주의로 전락하고, 사민주의·개량주의로 나아가고 있는 것이다."10)

채만수 소장은 수정주의자들과 기회주의자들이 '제국주의와 식민지·신식민지 인민 간의 모순'을 '제국주의와 식민지·신식민지 국가 간의 모순'으로 잘못 이해하면서 몰계급적인 운동으로 빠지고 있음을 지적하고 있다. (신)식민지 내 계급분열을 보지 못하고 단지 제국주의로부터 억압받는 하나의 민족이라는 개념으로 이해하면서 '몰계급적 국가주의, 애국주의로 전락하고, 사민주의·개량주의'로 빠져들고 있다는 것이다. 그렇게 잘못 이해하고 있는 '민족모순'이 사실은 제국주의 자본과 국내 (독점)자본을 한편으로 하고 다른 한편으로 (신)식민지 노동자·인민들을 적대적인 나머지 한편으로 한다는 사실이다. 이것이 제대로 구분되지 못하고 이해되지 못하면서 몰계급적 민족주의로 나아가고 있기 때문에 운동의 발전이 지체되고 있는 것이다.

---

10) 채만수, 민족모순과 계급모순, 노동자교양정치학 강좌 4강.

노사과연은 2019년 8월 15일 조국통일촉진대회 시 "문제가 무엇이든, 허위·환상에 기초해서 그 문제를 해결할 수는 결코 없습니다. 따라서 책임 있는 활동가라면, 사실이 아닌 것, 아니 사실과는 정반대의 것을 주문 외우듯 하면서 자신을 기만하고, 자기만족에 빠지고, 자기최면에 빠지고, 대중을 오도하는 대신에, 극한적인, 화해불가능한, 적대적인 분열·대립을 직시하고, 그 원인·실체가 무엇인가를 탐구하고, 그에 기초해서 문제 해결의 방책·방도를 찾아야 하는 것 아닙니까? … 진정 조국통일을 촉진·달성하려면, 우리는, '우리민족'은 결코 하나가 아니라는 것, '우리민족'은 계급적 이해로 적대적으로 분열되어 있다는 것을 직시하고 인정하는 것에서부터 출발하지 않으면 안됩니다"라는 내용을 선전물에 담아서 배포한 바 있다. "민족은 하나" "우리민족끼리"와 같은 "허위의 구호로 계급적 분열과 대립·적대를 은폐할 때, 그로 인해 이득을 보는 것은 누구이겠습니까? 그렇게 적대적 분열·대립을 은폐하는 것이 과연 미제축출에, 조국통일에 도움이 되겠습니까? 아니면, 그러한 분열·대립이 존재하지 않는 것인가요? 우리가 헛것을 보고 있는 것인가요?"라고 표현하며, **노동자·인민을 향한 허위의 주장이 운동에 끼치는 부작용 혹은 분열을** 강하게 문제제기한 바 있다. 민족분단은 곧 계급분단의 표현일 뿐이다. 존재하는 모순의 성격을 올바로 이해하고 그에 따른 극복방식을 찾고자 하지 않고 대중을 오도하는 민족주의적 운동으로 나아가는 것은 오류이다.

부르주아 민족주의와 대립하는 개념은 프롤레타리아 국제주의이다. "미국 반대!" "일본 반대!" "양키 고홈!" "쪽발이 …!" 운운하는 것은 프롤레타리아 국제주의 정신을 훼손한다. 미국에서도 착취 받는 노동자계급이 있고, 일본의 독점자본으로부터 고통 받는 일본의 노동자계급이 있다. 이들 노동자계급과 한국의 노동자계급이 국제적인 연대 하에서 자국의 독점자본과 제국주의 자본에 맞서 함께 투쟁을 할 때, 제국주의를 물리치고 노동해방을 쟁취할 수 있으며 통일 또한 한걸음 진전될 수 있는 것이다. 반미·반일구호가 아니라 진정한 노동자계급의 국제연대의 실현에 보다 많은 관심을 가져야 할 것이다. "전 세계 노동자여 단결하라. 우리가 잃을 것은 쇠사슬이요 얻을 것은 전 세계이다."라는 맑스의 가르침을 잃지 말자.

2) 주체적 관점의 결여

주체성을 강조하는 엔엘 동지들은 한국사회의 변혁운동에서 '주체적'인 입장을 스스로 결여하고 있다. 한(조선)반도의 남쪽과 북쪽은 완전히 분리된 2개의 국가이다. 그 계급적 성격도 상호 적대적이다. 그러하기에 남과 북은 전혀 다른 조건과 상황에서 다를 수밖에 없는 투쟁노선을 갈 수밖에 없다. 철저하게 발 딛고 선 토대 위에서 그에 걸맞은 주체적인 관점과 입장으로 운동노선을 수립하고 실천으로 이어가야만 할 것이다. 그러나 그러한 주체적 관점이 비어 있다는 말이다.

신식민지 국가독점자본주의 사회인 남쪽에서의 변혁노선은 기본적으로 계급투쟁을 통한 사회혁명일 것이다. 물론 남쪽 내부의 계급모순을 타파하는 문제가 선차적이다. 계급적 성격이 전혀 다른 또 하나의 국가인 북은 남쪽에 있어서는 '외부'일 수밖에 없다. 내부모순이 1차적이고 외부모순은 2차적인 것이라면, 남쪽 내부의 계급모순이야말로 1차적인 것이며, 외부모순인 남북간 모순은 노동자계급의 국제적인 연대의 관점에서 대할 수밖에 없다. 남쪽의 계급모순보다는 몰계급적 관점에서의 민족분단 모순에 집착하는 엔엘 동지들의 비주체적인 태도가 문제이다.

엔엘 동지들이 맑스-레닌주의에 대해 관심 갖기보다는 "주체사상에 모든 것이 다 들어있다.", "통일이 되면 노동해방은 자동으로 된다.", "민족문제 안에 계급문제도 포함되어 있다."는 식의 주장은 주관적 관념론이자 비과학적인 주장일 수밖에 없다. '주체사상' 또한 맑스-레닌주의에 기초하고 있기 때문이다. "역사적 그리고 국제정치적 악조건과 특수한 필요 때문에 굴절되어 버린 이북의 주체사상"을 몰주체적으로 재단하고 있기에 이러한 인식의 오류가 나타나고 있다.

한국 사회를 살아가는 우리는 우리의 문제를 주체적으로 해결해야 한다. 노동운동 속에서의 문제 또한 노동자계급의 관점에서 주체적으로 바라보고 해결해야 한다. 자본으로부터의 이데올로기적·조직적·정치적 독자성을 노동자계급이 확보해야만 답이 보인다.

또한 민주노총은 계급조직이다. 계급적 관점에서 분석하고 접근해야 한다. 소부르주아 민족주의적 관점에서 간혹 생산되고 제출되는 정세 인식이 민주노총 내부에서도 무 비판적으로 수용되는 것은 문제다. 이것은 내부(이데올로기)역량의 부족과 소부르주아 이데올로기에 지배당하고 있는 현실을 반영하는 것이다. 노동운동이 바로 서서 민중운동과의 관계에서도 계급적 관점이 관철되면서 지도적 헤게모니를 가져야 한다. 계급적 지도역량이 부족하다면 민주노총 내부에서만큼이라도 계급적 관점과 내용으로 과학성을 복원하여 논의 실천하며, 그러한 과학성이 전선체로 확장되도록 전선체 내에서의 지도력을 확보하는 데 노력해야 한다. 지도력의 확보는 조합원 대중의 압도적 동원과 실천력이다. 그리고 계급적이고 과학적인 입장과 내용이 아니라면 조합원 대중을 모아낼 수 없다. 정파적으로 분열된 계급 내부의 모순 극복이 먼저다. 노동자계급의 주체적이고 독자적인 계급적 관점을 세우는 데 집중해야 할 일이다.

국제연대의 관점에서도 노동자계급의 주체적 관점은 매우 중요하다. 지난 4.15총선 시기 미래통합당을 견제하고 더불어민주당의 지지를 끌어올리기 위하여 반일구호가 등장한 바 있다. 아베의 '코로나19' 관련한 한국에 대한 무역 봉쇄 조치가 문재인 정권을 타격하고 미래통합당을 유리하게 한다는 이유에서였다. 노동운동진영 일부에서도 이러한 흐름에 공조하는 태도가 잠시 나타난 바 있으나, 곧 '반일'이 아닌 '반(反) 아베'로 기조가 바뀌어 일본의 노동자계급과 함께 군국주의를 지양하는 '반(反) 아베 투쟁전선'에 함께 했던 바 있다.

3) 몰계급적 국가관과 남북선언의 계급적 한계 간과

"코로나 이후 사회대개혁 시대로의 전환", "코로나 이후 국가의 개입으로 시장 만능 기조가 위기다", "민족자립적 경제체제 구축 등 새로운 사회 대안 물색", "내정간섭 반대하는 반미투쟁" 등. 민주노총의 정세 관련 자료에 들어가 있는 문구들이다. 부르주아 독재로서의 국가권력에 대한 혼란스러운 사고가 묻어나고 있다. 박근혜 정권 퇴진투쟁 시 유행했던 노래가 있다. "대한민국은 민주공화국이다. 대한민국의 모든 권력은 국민으로부터 나온다." 가사는 헌법 제1조에 해당하는 내용이다. 아쉽게도 가사와는 달리 대한민국은 (독점)자본의 국가이고, 권력 또한 자본으로부터 나온다. 대한민국의 헌법 또한 피지배계급인 노동자계급을 억압하는 수단에 불과할 뿐이다.

국가란 무엇인가에 대한 올바른 이해가 필요하다. 국가의 계급적 속성을 바로 보는 것이 아니라 민족국가로서의 사고를 우선시하면서 발생하는 오류가 있다.

"국가란 한 계급이 다른 계급을 억압하기 위한 계급지배의 기관이며, '질서'를 만들어내기 위해 설립"된 것이다. 이 '질서'라는 것은 그 시대의 지배체제를 유지하고 필요한 억압을 법률로까지 고도화시킴으로써 견고하게 행사할 수 있도록 하는, 즉 공적 권력(군대, 경찰, 법원, 감옥 등과 같은, 특수한 강제적 권한과 무기를 가진, 사회의 위에 선 인간의 특수집단 및 그 시설)을 이용하여 계급 간의 충돌을 완화시키는 것이다.

국가는 이러한 사회의 위에 선 특수한 공적권력 및 사회질서를 유지하기 위해서는 공납, 징세, 국채 및 지폐발행 등의 강제적 재정권이 필요하다. 즉 지배계급은 자기의 지배를 유지하기 위한 물질적 부담을 피지배계급에 대해 강제로 부담시키는 권력을 장악하고 있다. 그러므로 국가는 단지 피지배계급에 대한 압력기관일 뿐만 아니라 착취기관이기도 하다. 또한 절대주의 국가 및 자본주의 국가에서는 국민 대다수에 대한 압제적 지배를 유지하기 위해서는 사회의 위에 선 통치기관인 관료제가 중요성을 가진다.[11]

국가란 "한 계급이 다른 계급을 억압하기 위한 계급지배의 기관"이라는 사실. 국가의 계급성을 중요하게 바라보지 못한다면 이것은 국가에 대한 몰계급적 환상으로 빠져들게 하는 지름길이다. 그리하여 그 몰계급성은 자본주의 착취계급의 국가에 대해 환상으로 빠져든다.

"지배계급의 폭력기구"로서의 국가. 지배계급은 언제나 '생산수단을 가진 계급'이다. 잉여의 발생과 더불어 생산수단에 대한 사적 소유가 나타나면서 계급 관계가 발생하고 지배계급에 의한 지배계급을 위한 '국가'의 발생이 나타났다. 국가는 철저히 지배계급만을 위한 폭력 도구이다. 이것이 맑스주의 국가관이자 노동자계급의 국가관이다.

대한민국은 자본가계급의 국가이며, 노동자계급에 대한 지배 도구이다. 대한민국은 민주공화국이 아니라 자본가 독재 국가일 뿐이다. 대한민국을 '우리의 국가'로 잘못 사고한다면 모든 것들이 꼬이기 시작한다. '헌법' 또한 지배계급인 자본가계급을 위한 도구이다. '군대' '경찰' '언론' 등도 상부구조로서 노동자계급의 위에서 군림한다. 아직 '우리'의 것은 없다. 우리의 국가, 우리의 법, 우리의 군대를 가지려면 지금 존재하는 모든 것들을 부정하고 극복해야만 한다. 그러기 위하여 우리는 노동자계급의 단결과 투쟁을 조직해 가는 것

---

11) 《사회과학사전》, 사계절. p. 160.

이다. 주입된 몰계급적인 (소)부르주아 국가관에서 기인한 대한민국이라는 국가에 대한 환상부터 걷어내자. 그래야 새로운 세상이 보인다.

남과 북은 서로 다른 2개의 독립적인 국가이다. 국가의 계급적 속성은 부르주아 독재(남)와 프롤레타리아 독재(북)로 구분된다. 상호 적대적인 국가와 정권이 몇 차례(8.4, 6.15, 4.27 공동선언 등) 공동선언을 한 바 있다. 이러한 공동선언에 대한 엔엘 동지들의 집착이 대단하다.

노사과연의 채만수 소장은 '남북공동선언'과 관련하여 그 한계를 다음과 같이 지적한다.

> "… 그 '선언'의 한계를 보지 못한다면 심각한 정치적 오류를 범할 수밖에 없다. 오늘날 '엔엘' 측의 상당수 사람들이, 독점자본의 신자유주의적인 권력에 불과한 김대중 정권에 기생·협력하고, 김대중 정권의 이른바 '남북화해정책'에서 변신의 구실을 찾고 있는 것처럼 말이다.
> 사실 남북 간 '공동선언'의 한계는 그 '선언'의 성격상 당연한 것이다. 그 '선언'이란 다름 아니라 전적으로 계급적 성격과 지향을 달리하는 두 정치집단의 '공동의' 선언이기 때문이다. 그리하여 그 '선언'에는, 독점자본가계급의 정치적 요구도 담을 수 없다면, 노동자·민중계급의 정치적 요구도 담을 수 없는 것이기 때문이다. 그런데 이렇게 당연할 수밖에 없는 한계에도 불구하고, '선언' 그것과 그 안의 이른바 "민족대단결"의 원칙이 지상의 것인 양하는 인식과 그에 기초한 실천이 일부에 강하게 존재하는 것은 정말 심각한 문제가 아닐 수 없다. 계급적 관점을 견지한 주체적인 태도와 실천이 절실히 요구되고 있다.12)

남과 북이 두 개의 국가로서 계급적 속성을 달리하고 있는데, 이

---

12) 채만수, ≪피억압의 정치학(상)≫, 노사과연. p. 102.

러한 적대적인 관계를 기초로 두 정치집단이 무언가를 합의하여 '공동선언'을 하였다면, 그 합의 또한 한계가 분명할 것이다. "독점자본가 계급의 정치적 요구"도 "노동자·민중계급의 정치적 요구도" 담을 수 없는 한계가 있음에도 불구하고 그것(선언)이 "지상의 것인 양하는 인식과 그에 기초한 실천"은 문제임에 분명하다. 요구되는 것은 국가와 정권의 계급적 속성을 간파한 노동자계급의 "주체적 태도와 실천"인 것이다. 그렇다고 해서 '선언'의 의미를 폄하하거나 부정하는 것은 아님을 덧붙인다.

그렇다고 물론 '6.15선언'이나' 7,4공동선언', 그리고 그 속에 담긴 남북합의로서의 "민족 대단결"의 원칙 등을 무시하거나 폄하해야 한다는 의미는 아니다. 그것들은 남북간의 긴장과 적대를 완화시키고, 따라서 남과 북이 외부로부터의 과도한 압력으로부터 다소라도 자유로워져서 각자의 사회운동법칙에 따라서 발전해 갈 수 있는 조건을 형성하는 것이다. 따라서 그만큼 그것은 긍정적 의의를 가지고 있다.[13]

남북공동선언, 특히 6.15 선언에 집착하는 민주노총 내 엔엘 동지들의 실천에 자각이 있기를 바란다. 작년에 이어 올해도 10월에 예정된 '통일 골든벨' 제출 문제는 남북공동선언 내용으로 집중되는 모양이다. 아래의 글에서도 지적하고 있는 바와 같이 '공동선언'과 '민족대단결'도 좋지만, "분단과 적대의 기초에 있는 계급적 분열과 적대를 은폐"하지 않고 적극적으로 드러내어 남북분단은 곧 계급분단이라는 본질을 참가자들이 이해할 수 있도록 해야 할 일이다.

"'NL'측은, 자신들이 대결하고 있는 민족문제, 민족모순의 기초에 계급모순이 존재하고 있으며, 따라서 기본적으로 그 민족모순이 계급모순, 즉 계급적 적대에 의해서 규정되고 있다는 사실을 깊이 이해하

---

[13] 같은 곳.

지 못하고, 많은 경우 민족주의적 태도로 일관하는 편향·오류를 범해오고 있다. 그리고 '6.15선언' 이후 그러한 편향과 오류가 더욱 심화되어 가고 있는데 … "

"'6.15선언'('7.4공동선언'도 물론)과 이른바 "민족 대단결"의 원칙의 분단과 적대를 절대적으로 규정하고 있는 '계급', '계급적 분열', '계급적 적대'에 대해서 일언반구 언급하고 있지 않을 뿐만 아니라, 사실상은, 물론 바로 그 '침묵'이라는 소극적인 방법을 통해서이지만, 분단과 적대의 기초에 있는 계급적 분열과 적대를 은폐하고, 그 문제의식조차 기각하고 있기 때문이다."14)

남북 공동선언이 철저히 미제의 한반도 전략에 의한 것이고, 이러한 미제의 대북정책을 신식민지 대리정권이 집행한 것에 불과하다는 사실. 그리하여 수많은 합의와 선언이 있었지만 번번이 이행이 무산되고 기대와 희망에 부풀었던 인민들을 실망케 하였다는 사실이다. 2018-9년 문재인 대통령과 트럼프 대통령의 판문점을 넘나드는 회동과 평양방문으로 한반도 평화에 대한 기대가 넘쳤지만, 지금 어떻게 변해있는지를 보면 알 수 있을 것이다. 주관적 관념론에 의한 판단과 실천은 운동의 발전에 아무런 도움이 되지 못한다.

"분단은 단지 '외세'에 의해서 강제된 것만은 결코 아니다. 분단은 명백히 국내적·국제적 계급투쟁의 결과였고, '외세'로 불리는 미·쏘 간의 대립이란 다름 아니라 노·자 간 계급투쟁의 국제적 전선이었을 뿐이다. 또한 분단은 미·쏘 냉전만이 아니라 동시에 민중에 대한 파쇼적 억압에 의해서 유지되었다. 남북문제는 주요하게 국내문제인 것이다. 그리고 김대중 정권의 이른바 '햇볕정책'이나 이번의 합의도 결코 '자주적'이거나 '주도적인' 것이 아니다. 그것들은 철저히 '페리 프로세스'로 알려진, 미국의 새로운 대북정책 속에서 이루어지고 있는

---

14) 같은 곳.

것이 아닌가?"15)

　국가관에 대한 혼란과 자유주의 정권에 대한 환상으로 헛다리 짚기만을 반복해 왔던 과정은 수많은 활동가들이 자유주의 정권으로 투항하는 것으로 귀결되었다. 몰계급적 관점과 더불어 유물론적 역사관을 자신의 세계관으로 갖지 못한 결과는 참담하다. 지금도 민주노총 내 많은 간부들이 자유주의 정권에 대한 환상으로 정신을 차리지 못하고 있다. 자유주의 정권 또한 미 제국주의의 하위동맹 파트너이자 현지 대리통치세력이며, 노동자계급에게 있어서는 타도의 대상에 불과할 뿐이다.

4) 노동자계급 내부의 분열을 극복하려는 노력 없어
　한(조선)반도의 민족모순은 계급모순의 다른 표현이다. 따라서 엔엘 따로 피디 따로 분리된 실천이 있어서는 안 된다. 그러나 엔엘 동지들은 피디 동지들의 비판에 귀 기울이지 않고 갈 길 간다. 그래서 피디 진영의 동지들은 엔엘 동지들을 '민족주의/패권주의'라 비판한다. 이래서는 노동자계급의 단결도 승리도 없을 것이다. 내부모순이 1차적임을 앞서 말한 바 있다. 무엇보다도 노동자계급의 내부모순이 가장 우선적으로 해소되어야 한다. 그래야만 계급적 단결도 운동의 비약적 발전도 가능하다. 지금껏 그래 왔듯이 엔엘 따로 피디 따로 각각 제 갈 길이라고 착각하고 잘못된 길을 계속 가서는 안 된다. 모순관계의 파악이 어떻게 이루어져야 하는지, 어디에 문제가 있는지에 대해서 채만수 소장은 다음과 같이 말한다.

　" ⋯ NL과 PD 양측이 계급모순과 민족모순이라는 이 양대 모순의 통일적·일원론적 관계를 파악하여 그것을 자신들의 이론과 전술·전

---

15) 같은책. p. 106.

략에 반영하지 않는 한, 양자간의 소모적 분열과 대립은, 따라서 오류는 지양될 수 없을 것. …

민족모순과 계급모순의 통일적 관계를 파악하지 못한 나머지, 'PD' 측은, 일반적으로 민족모순 및 그와 대결해야 하는 실천적 요구의 의의를 경시하는 오류를 범하고 있을 뿐만 아니라, 많은 경우 북을 포함한 20세기 사회주의 체제의 역사적·정치적 의의를 오해하거나 이해하지 못하는 오류를 범하고 있다. 그리고 마찬가지 이유로 'NL' 측은, 자신들이 대결하고 있는 민족문제, 민족모순의 기초에 계급모순이 존재하고 있으며, 따라서 기본적으로 그 민족모순이 계급모순, 즉 계급적 적대에 의해서 규정되고 있다는 사실을 깊이 이해하지 못하고, 많은 경우 민족주의적 태도로 일관하는 편향·오류를 범해오고 있다."16)

"대동단결"이라는 표현으로써 엔엘 동지들이 비프롤레타리아 세력과의 공동사업을 강조하기 이전에, 노동자계급 내 통일전선에 우선 노력을 집중해야 할 것이다. 이것은 다른 쪽 동지들에게도 해당된다. 노동자계급 내부의 정파적 분열을 극복하는 문제는 세계 대공황과 장기침체의 정세 속에서 더욱 그 중요성이 강조된다. 노동자계급 내부의 선차적인 계급적 단결과 투쟁만이 "민족통일"이든 "노동해방"이든 가능하게 할 것이다.

3. 어떻게 극복할 것인가?

노사정위원회나 경사노위 등의 참여를 주장하는 계급협조주의 노선을 표방하는 정치적 전망은 사민주의이다. 사민주의는 "노동자계급을 정치적 포로로 잡고 있는 독점자본의 정치노선, 독점자본 좌파의 정치노선"이기에 대안이 될 수 없다. 소부르주아 민족주의 또한

---

16) 같은책. p. 101.

몰계급적 관점이기에 계급협조주의로 경도될 가능성이 크다. 그리고 그 끝은 개량주의, 사민주의가 될 것이다.

주체사상은 맑스-레닌주의에 기초하고 있고, 맑스-레닌주의는 사적 유물론의 기초위에 있다. 따라서 사적 유물론과 맑스-레닌주의에 대한 이해 없이는 주체사상을 제대로 이해할 수도 없는 것이다. 민족문제의 계급적 접근이야말로 지금 시기 노동운동이 취해야 할 태도이며, 이렇게 할 때만 통일운동에 있어서도 노동운동 내 계급적 단결에 기초한 실천이 가능할 것이다. 먼저 활동가들의 과학적 세계관의 획득과 계급의식으로의 무장을 통한 소부르주아 이데올로기의 극복이 필요한 때이다.

마지막으로 채만수 소장의 운동 내 친자본 이데올로기를 청산하기 위한 다섯 가지 대책들을 인용하면서 글을 맺는다.

첫째, '진보적 지식인들', 특히 부르주아 제도권 대학 등에 그 생활의 기반을 두는 진보적 지식인들에 대한 이론상의 권위·기대·환상·의존을 최대한 청산 하면서, 노동운동 내부로부터의, 그리고 운동에 생활 기반을 두는 자주적인 활동가 지식인들의 목적의식적인 양성.

둘째, 투쟁과 일상 활동에서, 감성적 선동 못지않게, 상황과 문제를 가능한 한 이론적·논리적으로 인식할 수 있도록 하는 선전과 교육의 강화.

셋째, 투쟁·파업의 목표와 평가 기준의 이중화. 임금 인상이나 기타 근로조건 개선 등, 당면의 과제만을 투쟁과 파업의 목표로 삼고, 또 그것의 쟁취 여부, 쟁취 정도만을 평가의 기준으로 삼는 대신에, 투쟁과 파업을 통한 의식과 조직의 강화·확대'도' 주요한 목표와 평가의 기준으로 삼아야 한다.

넷째, 정치토론의 일상화와 철저화.

다섯째, "무언가 부르주아 정당의 꽁무니로서가 아니라 그 자신의 독자적인 목표와 고유한 정치를 갖는 정당"으로서의 노동자 정당의 건설.17)

노사정 대타협이라는 계급협조주의 노선을 밀어붙이다가 결국 사퇴하고만 김명환 집행부의 뒤를 이을 민주노총 지도부 선거가 시작되었다. 선거가 정파적 분열을 확대하는 방향이 아니라 민주노총의 계급적 단결과 혁명적 전망을 올곧게 세우는 과정으로 전개되었으면 하는 바람이다. 노사과연

---

17) 같은책. p. 100.

변혁주체의 자유와 결정론
— 맑스·엥겔스와 지젝의 주체론 소고

홍승용 | 현대사상연구소

1

우리는 경기가 조금 좋아졌다거나 재벌 회장 아무개가 다른 누군가로 바뀌었다고 해서, 또는 친-재벌 극우 정권이 친-재벌 보수 정권으로 교체되었다고 해서 근본적으로 새로운 사회가 이루어졌다고 생각하지는 않는다. 사회질서의 근본적 변화, 곧 변혁을 이야기 할 때 우리는 지배관계의 변화를 염두에 둔다. 궁극적으로 변혁운동은 과거의 지배자 자리에 새로운 지배자가 들어서는 것이 아니라 지배관계 자체가 사라진 상태를 추구한다. 자본주의 사회에서 가장 본질적인 지배관계는 경제적 지배관계라고 할 수 있다. 이 경제적 지배관계에 근거하는 자본권력은 경제영역에 머물지 않고 정치권력과 문화의 성격을 규정하기도 하며, 우리의 의식만 아니라 무의식적 감수성이나 욕구를 주물러서 현재의 지배관계를 당연한 것으로 받아들이게 만들기도 한다. 지배의 양태는 다양하지만, 피지배자들이 지배관계를 지배관계로 의식하지도 못하고 감각과 욕구 차원에서도 길들여져 자발적으로 지배받기를 원하는 상태야말로 지배자들의 영원한 희망사항일 것이다.[1] 그런데 이는 단순한 희망이나 우려가 아

---

[1] 초기 프랑크푸르트 학파 이론가들이 제기한 '관리되는 사회'(호르크하이머/아도르노)나 '일차원적 사회'(마르쿠제)라는 개념이 이러한 문제를 명

니다. 오늘날 노동자들이 재벌들과 그 대리자들을 걱정해주고 정치적으로 지지하며 심지어 노동자라는 말을 기피하는 것은 기괴한 예외 현상이 아니다. 자본권력의 입맛에 맞는 위계질서는 범사회적으로 당연시되고 평등과 단결의 의의는 흔히 천대받는다. 그로 인해 노동자 민중은 국가권력에서 소외되고, 노동자 민중의 권익을 대변할 정치세력은 존재감조차 희미하다. 절대다수 노동자 민중이 국가권력의 주인인 국가, 즉 진정한 의미의 민주국가인 노동자국가에 대해서는 꿈도 꾸기 어려운 것이 현실이다.

하지만 이러한 사태를 근거로, 자본주의적 지배관계 속에서 자본과 노동의 적대적 모순이 지니는 현실적 중요성이나 변혁운동에서 노동자 민중이 수행할 수 있는 중심적 역할을 부인한다면, 이는 눈앞의 역사적 현상을 불변의 진리나 피할 수 없는 숙명 따위로 위조하는 전형적 지배 이데올로기일 뿐이다. 이러한 이데올로기나 그 근거로 동원되는 현상들은 어떤 자연의 섭리에 의해 저절로 형성된 것이 아니라, 자본권력의 전면 공세에 노동자 민중이 효과적으로 대응하지 못한 투쟁의 중간 결과다. 변혁주체의 발전이 답보수준에 머물고 체념적 결정론이 팽배해지는 현상은 변혁운동이 해결해야 할 당면문제이지, 변혁운동의 불가능성이나 불필요성을 입증해주는 알리바이가 될 수 없다. 자본이 엄청난 생산력 발전에도 불구하고 끊임없이 주기적 위기와 축적의 한계에 부딪치고, 그에 따르는 고통을 임금삭감, 노동시간 연장, 대량해고 등의 방식으로 노동자 민중에게

시하는 셈인데, 거슬러 올라가면 "어느 시대에나 지배계급의 사상이 지배적인 사상"이라는 맑스와 엥겔스의 테제 혹은, 주인과 노예의 변증법적 관계와 관련한 헤겔의 설명, '노예의 행위는 본래 주인의 행위'이며, '주인이 노예에 맞서 행하는 바를 노예 스스로 행한다'는 주장에서도 그러한 문제의식을 확인할 수 있을 것이다. G. W. F. Hegel: Phänomenologie des Geistes, Frankfurt/M. 1970, 150-151쪽 참조. 이하 '현상학'으로 약칭함.

전가하려 드는 것이 필연인 한에서 그렇다. 제국주의적 자본권력들이 생산력 불균등 발전으로 인해 시장·자원·영향력을 놓고 경제전쟁을 넘어서 군사적 충돌과 전면전도 불사할 위험이 점증하고 있는 한에서 그렇다. 또 무절제한 자연 약탈로 인한 환경 재앙이 인류 문명의 총체적 파멸을 우리 코앞에 몰고 온 한에서 그렇다. 그리하여 자본독재가 초래하고 있는 제반 위기에 맞서 자본주의 너머의 대안질서를 만들어낼 필요성이 절박해졌고, 이를 위해서는 자본과 적대적 모순에 처해 있는 노동자 민중이 변혁주체로서 자본권력과의 전쟁에서 주력부대 역할을 떠맡을 가능성에 주목하고, 그 가능성을 현실화하는 것이 변혁운동의 주요 전제라는 점에서 그렇다.2)

2

맑스는 ≪경제학·철학 초고≫에서 '운동의 결과인 동시에 출발점이기도 한' '주체로서의 인간'을 염두에 두면서, '사회 그 자체가 인간을 인간으로서 생산하는 것과 마찬가지로, 사회는 인간에 의해 생산되고 있다'는 점을 지적한다.3) ≪독일 이데올로기≫에서도 맑스와 엥겔스는 인간이 환경의 산물이지만 이와 마찬가지로 환경을 만들기도 한다는 사실을 명시한다.4) 인간의 주체적 활동적 실천적

---

2) 루카치의 논의를 끌어들이자면, 노동자 민중이 지금 당장 변혁주체로 나서지 않더라도 나설 가능성은 자본주의적 지배관계로 인해 객관적으로 존재한다. 즉 그것은 '객관적 가능성'이다. G. 루카치: ≪역사와 계급의식≫, 박정호/조만영 역, 거름 1986, 114쪽 참조. 이러한 관점은 변혁주체의 부재를 확인하는 데에 만족하는 냉소와 탄식의 여러 변형들보다 근본적으로 중요해 보인다.
3) K. 맑스: ≪경제학·철학초고≫, 김문현 역, 동서문화사 2014, 97쪽 참조. 이하 '경철'로 약칭함.
4) K. 맑스/ F. 엥겔스: ≪독일 이데올로기≫, 김대웅 역, 두레 2015, 80

측면을 강조함으로써 맑스는 자신의 '새로운 유물론'을 포이어바흐의 유물론을 포함하는 '구태의연한 유물론' 혹은 '직관적 유물론'과 구별한다.5) 따라서 맑스의 유물론에서 주체의 활동적 실천적 요인을 빼버리면 그것은 구태의연한 직관적 유물론으로 돌아간다고 할 수 있다.

그런데 맑스와 엥겔스의 이론에서 주체의 활동성에 대한 철학적 논의는 위의 원론 수준 너머로 풍부하게 전개되지 못했다. 유물론의 기본 명제들은 주체의 의식적 활동성에 대해 상론하기보다 주로 주체의 의식이나 감성 혹은 욕구가 어떻게 규정되고 형성되는지를 밝히는 데에 집중된다. 예컨대 "지배계급의 사상이 지배적인 사상"이라는 명제를 진지하게 받아들인다면, 피지배계급의 구성원은 자신의 생각이 자신의 것이기에 앞서 이미 지배계급의 사상에 의해 규정받는다는 점을 자각할 수밖에 없다. 맑스는 흔히 천부적인 인간 본연의 능력으로 여기는 오감 역시 '지금까지 세계사 전체의 산물'로 파악한다. 또 "단순히 오감뿐 아니라 이른바 정신적인 감각, (의지나 사랑 등의) 실천적 감각, 한 마디로 인간적인 감각, 여러 감각의 인간성은, 그에 알맞은 대상의 존재, 즉 인간화된 자연에 의해 비로소 생기는 것"(경철101)이다. 뿐만 아니라 맑스는 욕구 역시 어떤 불가해한 궁극의 실체가 아니라 제반 대상들에 의해 규정되는 것이라고 본다. "소비가 대상에 대하여 느끼는 욕구는 대상에 대한 감지를 통해 창출된다. 예술의 대상—다른 모든 생산물도 마찬가지로—은 예술 감각이 있고 아름다움을 즐길 줄 아는 공중을 창출한다. 따라

쪽 참조.
5) 같은 책, 37-38쪽(「포이어바흐에 관한 테제」, 5, 9, 10번) 참조. ≪독일 이데올로기≫에서 맑스와 엥겔스는 이 '새로운 유물론'을 '실천적 유물론' 또는 '공산주의적 유물론'이라고 지칭하는데, 그 실질적 내용은 '기계적 유물론'과 대조되는 '변증법적 유물론'이라고 할 수 있다.

서 생산은 주체를 위한 대상뿐만 아니라 대상을 위한 주체도 생산한다."6) 유물론의 공리로 받아들여지는 명제, 즉 "인간들의 의식이 그들의 존재를 규정하는 것이 아니라 거꾸로 그들의 사회적 존재가 그들의 의식을 규정한다"7)는 명제에서, 주체의 의식은 규정하는 쪽이라기보다는 규정받는 쪽이라고 할 수 있다. 경제적 토대와 '이데올로기적 형태들' 내지 상부구조의 관계에서도 토대가 일차적이고 상부구조는 이차적이다.

특정 의식의 절대적 타당성에 대한 회의와, 의식을 규정하는 조건들에 대한 반성은 서양 철학사를 관통하고 있다. "우리는 물 그 자체로서의 대상을 인식할 수 없고 오직 감성적 직관의 객관, 즉 현상으로서의 대상만을 인식할 수 있다"8)는 칸트의 주장에서 '현상' 개념은 인식의 주체적 조건에 대한 반성을 요구하는 점에서 유물론적 관점에서도 의미 있다. 칸트 자신은 시간·공간·순수오성 개념 등을 중심으로 하는 인식의 인간학적 형식적 조건에 논의를 집중하고 있지만, 그 후의 인문학은 인식 및 의식을 규정하는 제반 조건들에 대한 다양한 논의를 펼쳐왔다. '사회적 존재가 의식을 규정한다'는 유물론의 공리 역시 그러한 논의의 일환이다. 인식의 주체적 조건에 대한 이러한 반성은 의식의 영역을 넘어서 인간의 실체 자체

---

6) K. 맑스: ≪정치경제학 비판 요강 1≫, 김호균 역, 그린비 2007, 61-62쪽. 이하 '요강1'로 약칭함
7) K. 맑스: ≪정치 경제학의 비판을 위하여≫, ≪저작 선집 2≫, 최인호 역, 박종철출판사 1992, 478쪽. 이하 '서문'으로 약칭함.
8) I. 칸트: ≪순수이성 비판≫, 전원배 역, 삼성출판사 1999, 45쪽. 이하 '순수'로 약칭함. 이때 칸트는 인식 개념에 과도한 부담을 떠안기고 있는 셈이다. 인식은 대상의 온전한 물질적 재생산이 아니라, 인식 주체의 의식을 통한 추상과 변형 내지 왜곡의 산물이다. 따라서 부분적이고 불완전하며 잠정적이지만 대상과 어느 정도 유용한 관계를 지니는 관념이라는 의미를 함의한다. 따라서 '인식' 자체가 이미 현상적 성격을 띠므로, 현상만을 인식할 수 있다는 말에는 동어반복적 요소가 담겨 있는 것이다.

에 대한 과학적 규명으로 끊임없이 확산되어 왔다.

그런데 인간에 대한 과학적 규명이 심화·확대되어 이데올로기적 환상들이 깨어지고, 인간의 자발성이나 무의식적 욕구 등도 비판적 인식의 영역에 끌려 들어옴에 따라, 인간의 주체적 위상까지 동반 하락한 것으로 보일 수 있다. 지젝은 코페르니쿠스·다윈·프로이트가 초래한 '인간의 굴욕'을 언급하면서 "최신의 과학적 쇄신이 처음 세 개를 근본적으로 개혁하는 일련의 더욱 많은 '모욕들'을 첨가하는 듯하다"9)고 주장한다. 경제학·사회학·심리학·언어학·역사학·인류학 등의 전통적 인문사회과학의 성과들이 축적됨에 따라, 또 유전공학·생화학·분자생물학·인지과학·뇌과학 등 실증과학들이 발전함에 따라, 인간의 비밀들이 끊임없이 더 밝혀질수록, 인간의 주체적 본질이라고 여겨지는 자유롭고 자발적인 사고·감정·행위 등은 제반 조건들의 필연적 산물이라는 믿음이 더욱 굳어질 수 있었다. 인간의 본질에 대한 새로운 과학적 발견은 인간의 주체적 지위를 강화하기보다 인간을 분석대상, 즉 객체로 대하는 태도를 부추겨왔고, 그 극단에서 '주체 사망'이라는 성급한 구호가 유행하기도 했다.

만일 모든 것이 빈틈없는 인과적 필연의 그물 속에 존재하고 인간 역시 그 필연의 일부라면, 인간의 자유나 자발성 혹은 주체성은 그러한 필연에 대한 무지 내지 착각의 효과일 뿐인가? 아니면 '현실 그 자체의 존재론적 불완전함', '존재론적 틈새, 균열'10)이 있기 때문에 여전히 자유의 공간이 현실적으로 존재하는가? 인간에 대한

---

9) S. 지젝: ≪시차적 관점≫, 김서영 역, 마티 2009, 329쪽. 이하 '시차'로 약칭함.
10) S. 지젝: ≪까다로운 주체≫, 이성민 역, 도서출판b 2008, 106쪽. 이하 '주체'로 약칭함.

과학적 인식이 아무리 심화·확대되더라도, 인간의 주체성 내지 자유나 자발성은 그러한 인식과 무관하게 엄연히 살아 있다고 말할 수 있는 더 적절한 방법이 있는가? 또 아니면 사실상 주체로서의 인간은 사망선고를 받아 마땅하다고 인정해야 하는가? 주체의 존립 가능성에 대한 이 물음들에 합당한 답을 찾지 못하면 우리는 수시로 숙명론·결정론으로 무장한 체념의 벽에 부딪치고, 변혁 주체에 대한 비하 및 변혁 자체에 대한 조소와 싸울 수밖에 없을 것이다.

3

주체에 대한 회의론에 대응하는 방안의 일환으로, "인간들의 의식이 그들의 존재를 규정하는 것이 아니라 거꾸로 그들의 사회적 존재가 그들의 의식을 규정한다"는 맑스의 유물론적 명제로 돌아가 보자. 이때 맑스의 유물론이 변증법적 유물론임을 염두에 두어야 할 것이다. 그런데 맑스의 명제에서 '아니라'라는 말은 변증법적 사유를 부추기기보다 차단한다. 이 명제를 비변증법적으로 읽으면, 인간들의 의식이 그들의 존재를 규정하는 바는 아무것도 없으며, 단지 그들의 사회적 존재만이 그들의 의식을 규정하는 적극적 기능을 수행한다고 받아들이기 쉽다. 이러한 수사적 효과에 구애받지 말고 변증법의 정신에 따라 논의를 한 걸음 더 밀고가 '사회적 존재'에서 인간의 의식이 빠질 수 있는지 따진다면, 아무도 '의식 없는 사회적 존재'라는 것에 공감하지 못할 것이다. 따라서 위 명제의 후반부는 '의식을 포함하는 인간의 사회적 존재가 그들의 의식을 규정한다'로 변형될 필요가 있다. 즉 유물론의 공리 자체에서 의식은 단지 규정되기만 하는 것이 아니라 다시 의식 자체와 더불어 사회적 존재를 규정하기도 하는 부분적 재귀구조를 형성한다고 인정할 필요가 있는 것이다. 사회적 존재 속에서 의식이 수행하는 역할 및 비중은 구체적 조건에 따라 달라지겠지만, 결코 '아니라'는 말이 유발하는 것처럼 의식의 적극적 규정 역할을 배제할 수는 없다. 그렇다고 관념론으로 돌아가자는 것은 아니다. 의식을 절대화하지 않고 의식을 넘어서는 여타의 물적 요인들을 함께 고려하더라도, 의식의 적극적인 규정적 역할도 또한 원칙적으로 인정하는 것이 마땅하다는 것이다.

'생산은 주체를 위한 대상뿐만 아니라 대상을 위한 주체도 생산한다'는 명제와 관련해 앞에서 우리는 주체의 욕구가 대상을 통해 규정되는 측면에 주목했다. 그러나 이때 변혁주체 문제를 염두에 둔다면 맑스가 생산·소비·분배·교환 과정의 변증법적 상호관계와 차이점들을 지적하면서, 결론적으로 운동의 출발점을 생산에 두고 있다는 점을 강조할 필요가 있다. "과정은 언제나 생산으로부터 새롭게 시작된다."(요강1, 69) 맑스의 이러한 지적에서 주체적 운동의 중요성을 추론해낼 수 있어 보인다. 대중들의 소비욕구가 생산물에 의해 창출되고 규정된다는 점을 감안하면, 그와 마찬가지로 어떤 새로운 사회질서에 대한 욕구 역시 이 새로운 질서를 보여주는 미래상·사상·운동·선례·대안정책 등을 통해 창출될 수 있다고 할 수 있다. 이 점에서 변혁주체는 노동자 민중의 현재 의식이나 욕구 상태를 알리바이 삼아 현재의 지배질서에 안주할 수 없고, 새로운 사회상 내지 설득력 있는 구체적 대안정책들을 생산하고 이를 노동자 민중이 공유할 수 있도록 함으로써 그에 대한 욕구도 만들어내고자 적극 활동할 의무를 지닌다.

토대와 상부구조의 관계에서 토대의 일차성을 인정하더라도, 토대가 일방적으로 상부구조를 결정하는 것은 아니며 상부구조도 토대에 영향을 끼친다는 사실을 잊어서는 안 될 것이다. 이러한 사실에서도 주체의 역할에 주목할 필요가 있다. 맑스에 따르면 상부구조, 즉 "법률적, 정치적, 종교적, 예술적 혹은 철학적, 간단히 말해 이데올로기적인 형태들"(서문478)은 수동적으로 토대에 조응하기만 하는 것이 아니라 토대에서 벌어지는 "충돌들을 의식하고 싸워 끝장내게(ausfechten)"(서문478) 되는 적극적 역할을 수행한다. 루카치는 상부구조에 대해 이렇게 말하기도 한다. "모든 상부구조는 현실을 반영할 뿐 아니라 낡은 토대 혹은 새로운 토대를 지지하거나 반대하는 적극적 입장을 취하며, 상부구조가 이 적극적 역할을 포기하면 그것은 이미 상부구조가 아니다."11)

상부구조의 적극적 역할과 관련해서는 사회적 존재와 의식의 관계에서와 유사한 논의가 가능하다. 상부구조가 토대에서 벌어지는 충돌을 의식하고 싸워 끝장 낼 때, 또는 현실을 반영하고 토대에 대해 적극적 입장을 취할 때, 그 상부구조는 현실 전체가 아니지만 현실의 일부라는 점을 부인할 수 없다. 특정 상부구조가 현실을 반영할 때, 그 상부구조는 현실 바깥에서 현실과 무관한 것으로서 초연하게 객관적으로 혹은 수동적으로 현실을 반영하는 것이 아니라 현실 속에서 현실의 일부로서 적극적 당파적 주체적 입장을 취하면서 반영하는 것이다. 또 이러한 반영은 현실에서 벌어지는 사건들과 무관한 것으로 남아 있지 않고 사건에 크고 작은 영향을 끼치면서 경우에 따라 사건의 중요한 일부가 된다.12) 예컨대 맥베스가 왕이 될 것이라고 하는 마녀들의 예언은 적중해서 맥베스는 왕이 되지만, 이 예언은 맥베스의 사건을 바깥에서 서술하고 있는 것이 아니라 사건을 만들어낸다. 그 예언이 없었으면 아마 맥베스는 충실한 신하로

---

11) G. 루카치: ≪미학논평≫, 홍승용 역, 문화과학사 1992, 548쪽.
12) 이와 관련해서는 '묻혀 있는 의식'에 대한 지젝의 논의를 참조할 수도 있다. "사적 유물론은 (사회적) 존재의 과정과 집단적 실천 자체의 내재적 순간, 그 능동적 순간으로 사회현실에 (비록 오늘날, 이라크 침공 이후 우리가 이 동사를 사용하는 것이 수치스럽다할지라도) 묻혀(embedded) 있는 과정으로서의 사유('의식')라는 개념을 통해 '객관적 현실'의 수동적 거울상으로서의 사유라는 사유와 존재의 외적 평행관계를 극복한다."(시차18)

남아 있었을 가능성이 크다. 그러나 예언에 대한 확신에 따라 그는 왕이 되는 방법을 찾고 이를 실행에 옮김으로써 실제로 왕이 된다. 예언의 자리에 상부구조·이론·의식·활동·주체를 대입하면 왜 안 되겠는가. 마녀의 예언들과 맥베스 사건 사이의 관계는 희귀한 사례가 아니라, 일상에서 얼마든지 마주칠 수 있는 현상이다. '객관적' 여론조사를 통한 여론조작, 언론노출을 통한 스타 만들기, 긍정적 혹은 부정적 규정을 통한 긍정적 혹은 부정적 인격·사태 형성 등등을 생각할 수 있다. 여론조사, 언론노출, 긍정적 부정적 규정 등은 결코 대상에 대한 수동적 반영에 머무는 것이 아니라 주체들의 적극적 현실 개입 방식이며, 그 타당성이나 효능은 눈앞의 사실과의 직접적 일치 여부가 아니라 미래진행형으로 일정한 과정 속에서 드러나게 된다.

물론 객관적 조건들 전체가 어떠하냐와 무관하게, 특히 개인 주체의 적극적 개입을 통해 무엇이든 '하면 된다'는 이야기는 아니다. 객관적 조건 전반에 대한 충분한 인식과 효과적 개입방법 내지 전략 전술 없이 주체의 의지를 앞세울 경우 그에 따른 희생이 늘어나고 의도했던 변화도 이룰 수 없게 될 가능성도 그만큼 커진다. 그러나 이때 객관적 조건에 대한 인식에서 인식주체 자신을 포함하여 그와 인식을 공유하고 함께 움직일 수도 있는 집단주체가 얼마나 적극적으로 개입하느냐 하는 요인을 빼놓는다면, 그만큼 '객관적' 현실에 대한 인식상의 오류가 커질 수밖에 없고 결정론에 빠질 위험도 따른다. 이와 관련해서는 '혁명의 교육학'에 관한 지젝의 주장을 참조할 필요가 있어 보인다. 반(反)-결정론적 관점에서, 그는 이렇게 주장한다. "만약 누군가 혁명을 기다리기만 한다면 혁명은 결코 오지 않을 것이다. 우리는 언제나 '미성숙한' 시도에서 시작하여 겨냥한 목적 달성의 실패 바로 그 안에서 —거기에 '혁명의 교육학'이 있다— '정확한' 순간을 위한 (주체적) 조건들을 창조해야 하기 때문이다."13) 때를 기다리기만 해서는 안 되고 주체적 조건들을 창조해야 된다는 지젝의 주장에는 전적으로 공감할 수 있다. 그러나 혁명이론은 이론 자체를 포함하는 주체적 요인을 배제함으로써 객관주의적 결정론을 유포해서도 안 되지만, '미성숙'과 '실패'를 최소화하고 성공의 가능성을 극대화할 의무를 잊고 주체적 요인을 절대화하여 주의주의에 귀의해서도 안 될 것이다.

사정에 따라서는 주체적 개입의 효과가 사태의 성격을 결정적으로 바꾸는 수준에 이를 수도 있고, 사태를 결정적으로 바꾸지는 못해도 의미 있는 변화를 초래할 수도 있으며, 미미한 수준에 머물 수도 있다. 물론 그 경계선은 유동적이다. 개인주체가 만들어내는 미미해 보이는 변화가 집단주체의 적극적 실천으로 발전해 상당히 의미 있는 수준의 변화나 사태의 성격을 결정적으로 바꾸는 단계로까지 발전할 가능성을 원칙적으로 배제할 수는 없다. 볼셰비키들조차 처음에는 받아들이 않았던 레닌의 <4월 테제>나, 그란마호로 쿠바에 상륙한 카스트로와 게바라 등 한줌의 혁명가들을 생각할 수 있을 것이다. 주체적 개입의 폭발적 잠재력 때문에 지배자들은 지배관계를 건드리는 직접적 행동만 아니라 그 이전의 발언·이론·이념, 심지어 놀이나 상상 혹은 망상 등에 대해서도 민감하게 대응하고 검열과 탄압의 칼을 휘둘러 왔다. 이는 단순히 공안당국의 직업본능이나 과잉충성에만 기인하는 것이 아니라, 그만큼 주체적 개입이 통상적 계산을 뛰어넘는 현실 변화의 원천으로 작용할 수 있기 때문이다. 나 혼자 할 수 있는 일은 별로 없다는 식의 무기력감이 찾아올 때, 개인 주체의 적극적 개입에서 시작하는 현실변화의 예측하기 어려운 폭발적 발전 가능성을 상기하면 탈출구가 열릴 수도 있을 것이다.

---

13) S. 지젝: ≪잃어버린 대의를 옹호하며≫, 박정수 역, 그린비 2009, 539-540쪽. 이하 '대의'로 약칭함.

개인주체에서 시작하는 현실의 폭발적 변화 혹은 변혁이 이루어지기 위해서는, 변혁적 의식과 욕구를 개인이나 소수집단만 아니라 다수가 공유해야 할 것이다. 노동자 민중이 변혁의식·욕구를 공유하기 위해서는 장기간의 지속적인 조직적 노력이 필요하다. 오늘날에는 무엇보다 노동자 민중이 공감할 수 있는 대안적 미래상과 그 효과적 실현의 전략을 세우는 일이 필요한데, 이는 한 두 개인의 천재성에 의존해서 해결될 수 없는 복잡한 과제이다. 물론 이때에도 소수 개인들로부터 이 복잡한 과제의 풀이가 시작될 수 있다. 이 경우 개인주체를 집단주체나 사회 전체와 단순히 대립하는 존재로만 받아들여서는 안 될 것이다. 설혹 개인주체라고 하더라도 사회적 요구를 얼마나 포괄적으로 깊이 있게 이해하고 대변할 수 있느냐에 따라 개인 차원을 넘어서는 보편적 의미를 얻어갈 수 있기 때문이다. <4월 테제>는 볼셰비키들 사이에서조차 고립된 개인 의견이었지만, 당대 러시아 사회의 주요 요구들에 적극 부응함으로써 대중적 호응을 얻었다고 할 수 있다. 뿐만 아니라 개인은 사회와 격리되거나 대립하는 경우에조차 이미 사회적 존재이기도 하다. 그의 내밀한 (무)의식을 구성하는 언어부터가 이미 사회적 역사적 산물이다. 격리나 대립조차 사회적 조건과 관계의 결과물이다. "개인은 사회적 존재다. 따라서 개인의 삶의 표출은—비록 그것이 타인과 함께 동시에 수행되는 것과 같은 공동체적인 삶의 표출이라고 하는 직접적 형태로 나타나지 않는다 해도—사회적 삶의 한 표출이자 확증이다."(경철98)

이처럼 개인의 의식·욕구·감각·행위 등을 사회적 산물로 파악할 때, 우리는 다시 결정론의 그림자 속으로 한 발 들어서게 된다. 만일 개인의 의식·욕구·감각·행위 등이 생물학적·경제적·정치적·문화적 제반 조건들의 필연적 산물이라면, 아니 우주사의 필연적 산물이라면, 나아가 만물이 필연적 인과 그물 속에 존재하며 사실상 모든 것이 그 인과 그물 속에서 형성되고 소멸한다면, 주체의 자유와 자발성이 차지할 공간은 없지 않으냐 하는 물음에 다시 부딪치는 것이다.

필연과 자유의 관계에 대해 엥겔스는 헤겔을 끌어들여 다음과 같이 주장한다. "헤겔에게 있어서 자유란 필연성에 대한 통찰이었다. '필연은 다만 인식되지 않은 한에서만 맹목이다.' 자유라는 것은, 흔히 몽상하는 바와 같이 자연법칙에서 독립하여 있는 것이 아니라 오히려 이 법칙에 대한 인식에, 또 인식에 의하여 이 법칙을 일정한 목적에 계획적으로 작동시킬 수 있는 가능성이 주어지는 곳에 있는 것이다."14) 엥겔스는 이러한 관계를 자연법칙만 아니라 '인간 그 자체의 육체적 및 정신적 존재를 규제하는 법칙'에도 적용하며, 이런 관점에서 '의지의 자유라는 것은 사실에 관한 지식을 갖고 결단을 내릴 수 있는 능력'이라고 본다.(듀링125) "그러므로 특정한 문제에 관한 인간의 판단이 자유로울수록 이 판단의 내용은 더욱더 필연성에 의하여 규정된다. 이와 반대로 서로 모순되는 여러 가지 많은 결단가능성 가운데서 얼핏 보아 임의로 선택하는 것과 같은 무지에 입각한 불확실성은, 바로 그렇기 때문에 자기가 지배해야 할 대상에 의하여 도리어 지배당한다는 점에서 자기의 부자유를 증명하는 것이다. 그러므로 자유라는 것은 자연필연성에 대한 인식에 근거하여 우리 자신과 외적 자연을 지배하는 데 있다."(듀링125-126)

자유를 '자연필연에 대한 인식'에 근거한 지배력의 확대에서 찾음으로써 엥겔스는 자유를 '역사발전의 산물'로서 파악한다.(듀링126) 물론 모든 인식이 지배욕구 및 합당한 행위 없이 직접 지배력으로

---

14) F. 엥겔스: 《반듀링론》, 김민석 역, 새길 1987, 125쪽. 이하 '듀링'으로 약칭함.

실현되지는 않는다. 알면서도 지배하지 못하고 지배당하는 역학관계는 얼마든지 있을 수 있다. 하지만 이 경우에도 그 역학관계를 형성하고 있는 제반 법칙들을 '일정한 목적'에, 즉 이 역학관계의 변화에, '계획적으로 작동시킬 수 있는 가능성'이 그 법칙들에 대한 면밀한 인식을 통해 확대될 수 있다는 것도 분명하다. 또 확대된 가능성을 실제로 구현하는 과정, 예컨대 정치적·경제적·문화적 자유의 확대 과정은 그러한 인식과 아울러 자유의 확대를 향한 욕구와 행위가 적합하게 결합됨으로써 이루어져 왔다. 이 점에서 자유는 역사 발전의 산물이라는 생각에 동의할 수 있을 것이다.

자유를 지배력 내지 힘의 문제로 파악하는 입장은 '자유로운 작가'에 대한 레닌의 역설적 주장에서도 확인할 수 있다. 그는 <당조직과 당 문학>(1905)에서 사회주의 작가들에게 '거대한 사회주의 메커니즘의 작은 톱니바퀴와 나사'가 되라고 권고하면서, 이를 작가의 진정한 자유와 직접 결부시킨다. 즉 부르주아 작가 또는 예술가들의 자유라는 것은 돈주머니와 경력에 대한 예속이고 위선일 뿐이며, 나라의 꽃이고 힘이며 미래인 노동자 대중과 공공연히 연대하는 작가들만이 진정으로 자유로운 작가들이라고 단언한다.[15] '작은 톱니바퀴와 나사'와 작가의 자유를 결합하는 근거는, 미래 권력인 노동자 대중과의 연대를 통해 작가들이 자본에 대한 예속에서 벗어날 힘을 얻으리라는 판단이다. 실제로 독일의 경우 18세기에 등장하는 이른바 '자유작가'들이 겪어야 했던 검열과 경제적 난관의 역사를 돌이켜보면,[16] 레닌의 주장을 결코 터무니없는 과장이라고 할 수는 없다. 그러나 자유가 힘의 문제라면, 부르주아 작가들에게

---

15) V. I. Lenin: Über Kunst und Lieteratur, Frankfurt/M. 1977, 59쪽 이하 참조.
16) W. 보이틴 외: ≪독일 문학사—사회사적 관점에서 본 문학적 술화≫, 허창운 외 역, 삼영사 1989, 182쪽 이하 참조.

는 '없고' 사회주의 작가들에게는 '있는' 것이라고 잘라 말할 수 있는 것이 아니다. 부르주아 작가들 역시 검열과 시장에 대한 예속과 다양한 이데올로기적 속박 등에 맞서 투쟁함으로써 각자 다양한 수준에서 자유의 영역을 넓힐 수 있다. 그러한 투쟁 없이는 사회주의 작가들에게 보장된 자유도 제한적일 수밖에 없다. 작가의 자유만 아니라 모든 사람의 자유, 자유만 아니라 주체성·존엄성 또한 각 주체들이 집단 차원에서, 또 개인 차원에서, 제반 정치적 경제적 문화적 사상적 억압이나 제약에 맞서 투쟁하여 얻어내는 만큼 확대된다.

이런 관점에서 자유와 주체성의 확대를 위해 분발하고 다양한 억압에 맞서 투쟁할 수 있지만, 이 투쟁을 통해 확대한 자유나 주체성도 영구히 보장되는 것은 아니며, 새로운 제약과 갈등 혹은 사회적 적대관계 속에서 다시 위축될 수 있다. 온갖 모순과 적대로 가득 찬 사회에서 누군가의 자유 확대는 대립 세력의 자유 축소를 의미하기 쉽다. 예컨대 식민지 피지배민중의 해방은 제국주의적 지배권의 폐지를 전제하며, 노동자계급의 해방은 자본축적의 자유에 대한 사회적 이성적 제어와 지배관계의 해체 없이 불가능하다. 인류가 공동으로 사이좋게 자유를 확대하는 경우는 일반적인 현상이 아니다. 공동의 자유 확대는 자본권력이 야기하는 적대적 지배관계가 해소된 단계에 이르러야 풍부히 구현될 것이다.

4

끈질긴 결정론자들은 이러한 건전한 상식적 논의에 만족하지 않고, 엥겔스나 레닌의 자유 개념에 다시 반론을 제기할 듯하다. 즉 자연필연에 대한 인식 및 이에 근거한 지배력의 확대과정 자체가 이미 제반 조건의 산물이므로 필연적 인과 그물 안에서 진행된다는 생각을 고집할 수 있는 것이다. 이들은 '무지에 입각한 불확실성'과 '사실에 관한 지식을 갖고 결단을 내릴' 수 있는 상태의 실천적 차이를 부인하지 않겠지만, 좀 더 근본적인 차원에서 지식을 만들어 내거나 혹은 무지에 머무는 상태, 나아가 결단을 내리게 된 조건들을 면밀히 살피면 나름으로 모두 필연적으로 이루어진 것이라는 점에서는 동일하다고 볼 것이다. 즉 주체의 자유로운 결단이나 활동을 세계사의 필연 속에 흡수함으로써 다시 주체를 결정론의 늪 속으로 끌어들이고 싶어 할 것이다.

이런 악성 결정론에 맞서 자유로운 주체의 지위를 옹호하는 지젝의 논의는 흥미롭다. 인과적 필연성의 완벽한 연쇄를 전제로, 자유란 우리의 행동을 결정하는 인과성에 대한 오해 내지 착각의 산물이라고 보는 것을 지젝은 전근대적 우주론적 사고라고 비판하며, 이 경우 자유로운 주체를 위한 자리는 없다고 주장한다. 이런 관점에서 그는 "자유의 지위를 해명할 수 있는 유일한 길은 '현실' 자체의 존재론적 미완결성을 주장하는 것뿐"이며, '스스로를 정립하는 주체성'은 '오인의 효과가 아니라' '사실상으로 자발적인 것'이라고 본다.17)

지젝은 여기에 머물지 않고 다음과 같이 주장한다. "나는 원인(직접적이고 냉혹한 자연적 원인 또는 동기)들에 의해 결정되며 자유의 공간은 이러한 첫 번째 층위의 인과 연쇄의 마술적 간극이 아니라, 원인들이 나를 결정하게 될 방식을 사후적으로 선택/결정하는 나의 능력이다."(시차408) 그의 논의를 좀 더 따라가 보자. "나는 원인들에 의해 결정되지만 사후적으로 어떤 원인이 나를 규정하게 될 것인가를 결정한다(할 수 있다). 우리, 주체들은 수동적으로 병리학적 대상들과 동기들의 영향을 받는다. 그러나 반성에 의하여 우

---

17) S. 지젝: ≪전체주의가 어쨌다구?≫, 한보희 역, 새물결 2008, 266쪽.

리는 그러한 방식으로 영향 받는 것을 스스로 받아들이는 (거절하는) 최소한의 힘을 가지고 있다. 즉 우리는 사후적으로 우리를 결정하도록 허락된 원인들을 결정하거나, 또는 적어도 이 선형적 결정양식을 결정한다. 그러므로 '자유'란 본래적으로 사후적인 것이다. 가장 근본적인 층위에서 그것은 단순히 불현듯 새로운 인과관계를 시작하는 자유행동이 아니라 어떤 필연적 관계/절차가 나를 결정하게 될 것인가를 승인하는 사후적 행위이다."(시차410)

'사후적 결정'이라는 처방을 통해 이제 우리는 결정론의 고질병에서 말끔히 치유되었을까? 아마 악성 결정론자는 이때 잠시 혼란에 빠질지 모르지만, '사후적 결정' 역시 어떠한 인식·반성·결정·행위와 다름없이 제반 조건의 산물로서 인과적 필연을 벗어나 있는 것은 아니라고 우기면서, 지젝의 사후 구성에 의거한 자유와 주체를 다시 필연의 그물에 가두려고 할 것이다. 그러나 '어떤 필연적 관계/절차가 나를 결정하게 될 것인가를 승인하는 사후적 행위' 혹은 '인식을 통해 구성된 필연'이라는 생각은 결정론 극복에 아무 쓸모도 없는 것이 아니다. 이 경우 결정론이 전제하는 필연과 지젝의 사후 구성된 필연이 전혀 다른 것이라는 점을 고려할 필요가 있다. 전자는 인간의 인식 영역을 훨씬 넘어서는 실재 차원에서 무한한 연관을 뜻한다. 반면에 '인식된 필연'이나 '사후 구성된 필연'은 모두 그 가운데 주체에게 의미 있는 것으로서 선별된 요인들로 구성된 부분적 필연이다. 따라서 사후 구성된 필연은 구성 주체에 따라 다른 성격이나 양상을 띨 수 있다. 어제 혹은 오늘 일어나고 있는 일이 필연적이라는 데에 동의하는 사람들도 그 필연의 구체적 내용에 대해 기술할 때 또는 사후 구성할 때면 얼마든지 다른 범위·양상·의미를 제시할 수 있다. 이는 다양한 진실투쟁 및 의미투쟁의 형태로 혹은 상부구조로서 나타날 것이며, 그 진리치나 실천적 의의에 따라 주체들에 의해 적극적으로 받아들여질 수도 비판받을 수도 있다. 예컨대 누군가 현실 사회주의체제의 붕괴는 필연이었다고 주장하면서 왜 그러한지 그 필연의 내용을 제시할 경우, 현실 사회주의를 그와 다른 시각으로 이해하는 사람들의 다른 사후 구성들과 얼마든지 마주칠 수 있을 것이다. 그리고 과거의 필연을 사후 구성하는 서로 다른 방식은 다시 미래의 필연을 구성하는 다른 경로를 만들어낼 것이다. 지젝의 사후 구성론은 조잡한 상대주의를 피할 수 있는 한, 기존의 필연에 대한 어떤 구성물이든 그것이 누군가의 독점물일 수 없음을 명시하고 진실투쟁·의미투쟁을 촉발하는 효과를 지닌다. 이러한 진실투쟁·의미투쟁을 원칙적으로 회피하고 구성물들의 가치를 동등한 것으로 전제하는 추상적 사유방식에 머물 때 조잡한 상대주의를 피할 수 없을 것이다.

그런데 악성 결정론이 전제하는 필연적 인과 그물은 이 진실투쟁 및 의미투쟁에 등장하는 구체적 내용과 별 관계없는 추상적이고 원론적인 상정이며, 논증할 수도 없지만 그렇다고 반증할 수 있는 것도 아니다. 그와 마찬가지로 현실 자체의 '존재론적 미완결성' 혹은 빈틈과 우연을 강조하는 입장 역시 논증도 반증도 될 수 없다. 양쪽에 대한 단정적 주장은 모두 우주사적 무한대와 미립자 이하의 무한소에 대한 신적 인식을 전제하며, 현실적으로 인간은 그러한 인식을 추구할 수는 있을지라도 달성할 수는 없다. 그러나 필연의 그물을 현실적 인식이 아닌 인식 생산에 유용한 '규제적 이념'으로서 상정하는 것은, '아직' 빈틈으로 남아 있는 부분들에 대한 연구를 포함한 현실의 부분적 필연들 내지 법칙들에 대한 끊임없는 발견에 도움이 될 것이다.

그렇다고 우리가 결정론에 무조건 백기를 들어야 한다는 것은 아니다. 결정론자들을 향해서는 '당신이 말하는 필연의 실제 내용은 무엇이냐'고 묻는 것도 결정론을 효과적으로 논박하는 데에 쓰일 수 있다. 이러한 물음에 대한 답으로 그들이 어떤 실제적 내용을 이야기하면 그것은 결정론이 전제하는 무한한 필연적 인과 그물에서 한 부분을 떼어내 구성해낸 부분적 필연일 것이며, 이에 대해서는 좀 더 견실한 근거들을 제시하면서 논쟁을 벌일 수 있을 것이다. 결정론자들이 어떤 부분적 구성물조차 내놓지 않으려 든다면 그러한 결정론은 공허한 추상 수준에 머물도록 버려두고, 우리는 실천적으로 유용한 부분적 필연들에 대한 과학적 연구들을 존중하면 될 것이다.

결정론의 세속적 형태로 등장하는 필연적 숙명에 대한 어떤 예언들이든 부분적 자의적 구성물의 지위를 넘어서기 어렵다. 그것들에 빠지는 사람들도 있지만 그것들을 아예 모르거나 무시하면서도 얼마든지 건강하게 장수를 누릴 수도 있다. 이처럼 노골적으로 등장하는 결정론 혹은 숙명론보다 훨씬 광범하고 끈질기게 우리의 (무)의식 속에 자리를 잡고 달라붙어 있는 결정론적 반응방식은 예컨대 살아남기 위해서, 더 가지기 위해서, 더 누리기 위해서, 누군가의 인정을 받기 위해서, 혹은 대세 속에 몸을 숨기기 위해서 등등의 전제를 반쯤 숨겨둔 채, '이럴 수밖에 없다'는 결론을 내리는 방식이다. 이런 반응방식들과 부딪칠 때면, 또 자신이 그런 반응방식에 빠져 있다면, 정말로 그럴 수밖에 없는지, 그것은 실제의 필연이 아니라 자신도 모르게 그저 필연처럼 받아들이고 있는 사이비 필연이 아닌지 잠시 돌아보고, '~하기 위해서'라는 전제의 절대성을 비판하고 그것을 폐기하는 데에 따르는 위험까지 감수한다면 자유와 주체성의 확대에 큰 도움이 될 것이다.

이 경우 죽음 충동에 대한 지젝의 설명을 참조할 수 있다. "가장 근본적인 차원에서 '인간됨'은 적응의 요구를 무시하는 특정 자동성을 따르며, 환경으로의 함몰에서 '분리'되는 것으로 정의된다. 이것이 '죽음 충동'이 궁극적으로 설명하는 내용이다. 정신분석은 '결정론적'('내가 하는 것은 무의식적 과정에 의해 결정된다')이지 않다: 자신을 파괴하는 구조로서의 '죽음 충동'은 최소한의 자유, 단일한 공리주의적 생존주의적 태도로부터 분리된 행동의 극소값을 나타낸다. '죽음 충동'은 유기체가 더 이상 그 환경에 의해 전적으로 결정되지 않으며 자율적인 행동의 순환 속으로 '폭발/내파'한다는 것을 뜻한다."(시차462) 유기체가 '환경에 의해 전적으로 결정되지 않고' '단일한 공리주의적 생존주의적 태도로부터 분리된' '자율적 행동의 순환 속으로' '폭발'하는 것은 우리를 일상적 자체 보존의 논리에 묶어놓는 사이비 필연의 환각에 맞서는 무기가 될 수 있다. 그러나 죽음 충동에 의거하는 자율적 행동의 순환이 맹목적인 상태에 머물지 않도록 하려면, 우리는 진정한 주체적 물음인 '무엇을 할 것인가'와 '어떻게 할 것인가'를 동시에 제기하면서 다시 부분적 필연에 대한 과학적 인식을 끌어들여야 할 것이다.

지젝은 책임의 문제를 제기하기도 한다. 즉 주체의 행위가 자유로운 것으로 간주되기 위해서는, 그 행위가 '나는 다르게 할 수 없다'는 식으로 필연적인 것으로 나타나더라도 그것이 "그에게 필연으로 나타나는 좌표 자체에 대한 책임이 있다고 주장하는 것으로 충분하다"고 주장한다.(시차484-485) 이처럼 필연으로 나타나는 행위의 책임을 받아들이는 태도는 주체의 자유 경험을 확대해 줄 수 있다. 그 극단은 자신의 생물학적 사회적 죽음까지 받아들이는 태도라고 할 수 있는데, 지젝은 '사라지는 매개자' 개념으로 그러한 태도를 요약하기도 한다. "궁극적인 혁명적 윤리적 자세는 혁명에 대한 단순한 헌신과 충실의 자세가 아니라 오히려 '사라지는 매개자'의 역할을, 혁명이 궁극적 목표를 성취할 수 있도록('반역자'로서) 처형 집행되어야 할 과잉적 집행자의 역할을 기꺼이 받아들이는 자세이다."(주체617-618) 하지만 이 경우에도 그 '책임'이 야만적 지배질서에 대한 노예적 복종과 구분되기 위해서는 '필연으로 나타나는 좌표'에 대한 구체적 인식이 불가피한데, 이 구체적 인식은 제한적인 범위 내에서이기는 하지만 인과적 사슬을 대상으로 전제한다.

5

지젝은 '우리가 우리를 결정할 인과적 관계' 내지 '윤리적 필연'을 '자유롭게 선택한다'는 말로 필연적 인과 그물로부터 자유로운 주체를 구출해내고자 한다. 이때 그는 '윤리적 정체성의 기본 형태를 선택하는 시원적, 무시간적, 초월론적 행동'이라는 칸트의 개념을 동원하며, 이를 통해 자기-의식을 무의식 문제와 관련 짓는다. "칸트와 셸링은 시원적 선택의 비현상적이고 초월적이고 무시간적인 행동을 가정한다. 우리 각자는 이를 통해 시간적이고 신체적인 현존재에 우선하는 자신의 영원한 속성을 선택한다는 것이다. 우리의 시간적이고 현상적인 현존재 속에서 이 선택의 행위는 부과된 필연으로 경험되며, 이는 주체가 그의 현상적 자기 인식에서 자신의 특성(그의 윤리적 '본성')의 근거를 형성하는 자유 선택을 의식하지 못한다는 것이다."(시차491) 또한 지젝은 물자체를 인식할 수 없다고 주장하는 칸트의 관점을 받아들여 주체를 실체 없는 형식으로 만들고자 한다. 그는 칸트의 자기-의식이 '나의 실체적인 정체성에 대한 직접적인 통찰'이 아니라 '논리적인 허구이며 비실체적인 준거지점', '빈 논리적 기능'이라는 점을 강조하면서 다음과 같이 주장한다. "(칸트가 말하듯이) 나의 본체적 차원에서 나는 '생각하는 사물'로서 결코 내가 무엇인지 알 수 없으므로 $로서의 주체가 존재하는 것이다."(시차488)

여기서 '우리를 결정할 인과적 관계' 또는 '윤리적 필연'을 '자유롭게 선택'한다는 것의 실질적 의미는 무엇인가? 이 '자유로운' 선택을 규정하는 요인은 아무것도 없는가? 그럴 수는 없을 것이다. 그 규정 요인들을 우리가 알지 못할 수도 있고 알 필요가 없을 수도 있지만, 더 알아가고 바꾸고자 할 수도 있다. 즉 그 규정 요인들 역시 절대화될 수 없으며 실천적 필요와 인식 능력에 의거하여 부단히 다시 파악되고 이에 따라 변경될 수 있는 것이지 그것이 무의식적인 상태에 꼭 머물러야 하는 것은 아니다. 뿐만 아니라 우리의 '시원적 무시간적 초월론적 행동'이라는 것 역시 이제는 의식하지 않게 된 역사적 사회적 조건들의 산물 혹은 축적된 경험의 산물일 것이다. 즉 '자유로운 선택'이라는 개념만으로는 결정론의 손아귀에서 벗어날 수 없는 셈이다. 또 만약 예컨대 헤겔처럼 물자체를 알 수 없다는 칸트의 주장에 동의하지 않고 인식의 불완전성과 과정성을 인정한다면, 자기-의식을 '빈 논리적 기능'으로 받아들이거나 '\$로서의 주체'라는 개념으로 주체를 필연적 인과 그물로부터 구해내려 과도하게 에너지를 낭비하지도 않을 것이다.

지젝은 이 '\$로서의 주체'를 라캉이 말하는 '기표의 주체'와 연결한다. '기표의 주체'는 실체로서 인과 사슬에 얽혀 있지 않다는 점에서 칸트의 자기-의식과 마찬가지로 '비실체적 준거지점'을 이룬다. "내가 '나'라고 말할 때—내가 '스스로'를 '나'라고 지칭할 때—의미화하는 바로 이 행동이 (그 정신적 상태, 욕망, 태도의 내용을 포함하여) '실제로 살아 있는 실체'에 무엇인가를 덧붙이고 지칭하며, 주체는 이 자기-참조적 지시 행위에 의해 지칭된 내용에 덧붙여진 X가 된다. 그러므로 나의 통일성을 그 기저에 다양한 비일관적인 정신 과정들이 있는 '단순히 허구'라고 말하는 것은 적절하지 못하다. 요점은 이 허구가 '실재 속의 효과'를 생성한다는 것이다. 즉 그것은 일련의 '실제' 행위들에 대한 필연적인 전제로서 기능한다."(시차 489)

'실재 속의 효과'를 '생성한다'거나 '실제' 행위들에 대한 '필연적 전제로서 기능한다'는 것을 통해 '비실체적 준거지점'인 '기표의 주체'가 필연의 그물에서 풀려나 변혁주체의 위상을 확보할 것인지는 불확실하다. 이 문제와 관련해 지젝이 제시하는 사례는 그다지 고무적이지 않다. "자신이 타자에 의해 어떻게 교환의 대상으로 환원되었으며 착취되고 조종되고 희생되었는가를 불평하는 히스테리적 주체의 전형적인 태도를 생각해보자. 이에 대한 라캉의 답은, 상황의 수동적 희생자라는 이러한 주체의 위치는 결코 바깥에서 단순히 주체에게 부가된 것이 아니며, 적어도 최소한도로 그에 의해 인증되어야만 한다는 것이다. 물론 주체는 자신이 당하는 희생에 그가 능동적으로 참여하고 있다는 점을 알지 못한다. 이것은 정확히, 단순히 상황의 수동적 희생자가 되는 주체의 의식적 경험의 '무의식'적 진실이다."(시차490-491) 라캉과 지젝의 이런 논의가 변혁운동에서 멀어진 노동자 민중의 의식상태에 대한 냉소적이고 현학적인 야유를 벗어나 변혁주체의 형성을 위해 어떤 기여를 할 수 있을지는 미지수다.

6

지젝의 논의를 따라 '비실체적 준거지점', '빈 논리적 기능', 혹은 '기표적 주체', '무의식적 주체' 등의 개념들을 어떻게 배합해도 필연적 인과 그물에서 주체를 구출해낼 전망은 별로 없어 보인다. 차라리 주체를 규정하는 필연적 인과 그물을 인정하는 편이 주체에 대한 논의를 간명하게 해 줄 것이다. 단 이때 어떤 주체를 규정하는 필연적 인과 그물에 대한 현실적 인식은 어떤 대상에 대한 인식과도 마찬가지로 무한히 심화·확대될 수 있다는 점을 함께 인정할 필요가 있다. 즉 필연적 인과 그물을 이미 현실적으로 완성된 인식이 아니라 인식을 도울 뿐인 '규제적 이념'으로 받아들일 필요가 있는 것이다. 이러한 인식과정 속에서 우리는 당연히 인간 주체도 객체로 다룰 수 있다. 이때 실천적 요구조건과 인식능력에 따라 인간 주체를 객체로 삼는 경제학적·정치학적·사회학적·문화학적·심리학적 혹은 생물학적 등등의 연구가 무궁무진하게 계속될 필요성을 부인할 이유는 조금도 없다.

그러나 다른 측면에서 우리는 그러한 연구의 결과들을 포함한 인식들을 발판으로 삼아, 실천적으로 판단하고 행동하며 다양한 정도로 자유로운 주체성을 발휘한다. 이처럼 우리가 주체성을 발휘한다고 해서 제반 과학들이 주체로서의 우리를 대상으로 하는 인식의 넓이와 깊이를 늘이고 불명확한 것을 더 명확하게 만들어갈 수 있다는 사실이 달라지지는 않는다. 과학들은 이때 주체란 정치적으로나 윤리적으로 의미 있는 착각 내지 가상에 지나지 않는다고 끝없이 폭로해갈 수 있다. 그렇지만 자신을 자유로운 주체라고 여기는 자신의 의식이 실은 착각이나 가상임이 세세히 드러난다고 해도 주체의 입장에서는 간단히 그러한 가상을 떨쳐버릴 수 있는 것이 아니다.18) 이 점에서 구체적 조건 아래 주체로서 다양한 형태·범위·수준에서 자유로이 혹은 자유로운 듯이 판단하고 결정하고 행동하는 것은 인간의 기본적인 경험방식이라는 점을 인정해야 할 것이다. 즉 과학의 시각에서 필연적 인과 그물 속에 있는 객체로 파악되는 바로 그 동일한 인간이 주관적 경험방식의 측면에서는, 설혹 미미하거나 부도덕하거나 심각한 오류를 범할지라도, 자신의 자유로운 판단과 결정과 행위를 쉽사리 포기하지 않는 주체로서 버티고

---

18) 칸트의 용어를 끌어들이면 그러한 착각 내지 가상은 '선험적 가상'이라고 부를 수 있을 것이다. "선험적 가상은 그것이 폭로되고 또 선험적 비판을 통하여 허무하다는 것이 명백하게 드러났다 하더라도 의연히 종식하지 않는다."(순수270)

있는 것이다. 이러한 경험방식 역시 오랜 역사적 사회적 발전의 산물임을 부인할 수는 없다. 하지만 그것은 그 기원을 밝힐 필요도 없을 만큼 기정사실로 굳어진 인간의 본성으로 자리 잡았다고 할 수 있다. 오감의 형성이 세계사의 업적이라는 점을 인정한다고 해서, 그 형성과정을 일일이 증명할 필요 없이 우리는 오감을 우리 몸에서 떼어내 버리지 않고 당연한 것으로 활용한다. 마찬가지로 우리는 자신의 자유로운 행위가 어떻게 규정되고 있는지 일일이 의식하지 않지만, 주어진 조건 속에서는 자유로이 행위하는 주체로서 자신을 경험한다. 이 행위를 규정하는 제반 요인들에 대한 과학적 인식이 아무리 참신한 논리로 그 행위의 필연적 규정요인들을 들이밀어 주체의 착각 혹은 환상을 깨버리고자 해도 그러한 자유의 경험방식을 지워버릴 수는 없다. 주체는 그러한 과학적 인식의 불완전성 내지 부분성을 믿고 단지 자신의 자유로운 행위를 위해 필요한 만큼 참조할 것이다. 이런 의미에서 주체의 자유와 인과적 필연은 보는 각도에 따라, 즉 '시차적 관점'에 따라 병립하는 것으로 받아들일 필요가 있다.

지젝은 《시차적 관점》에서 다양한 문제들에 시차적 관점을 무리하게 적용하며, 결정론의 함정으로부터 주체를 살려내는 일에 열성을 보이지만, 정작 필연적 인과 그물과 주체의 자유라는 문제에는 시차적 관점을 명시적으로 적용하지 않고 있다.[19] 그러나 주체 문제에 시차적 관점을 적용한다면, 우리는 결정론의 공격에 위축될 필

---

19) 이에 반해 "직접적인 자의식에서는 단순한 자아가 절대적 대상이지만, 이 절대적 대상은 우리에게 혹은 즉자로서 절대적 매개다"(현상학150)라는 헤겔의 주장에서 유사한 양립성을 확인할 수도 있다. 즉 직접적으로 나는 나의 주체적 지위를 확인하고 절대적 대상으로 삼지만, 실질적으로 그 절대적 대상인 나는 절대적 매개 즉 인과적 필연의 그물 속에 존재하는 것이다.

요 없이 주체적 자유의 영역을 넓히고, 변혁주체로서 지배관계들을 해체해 가는 투쟁을 적극적으로 벌이면서, 동시에 우리 자신을 객체로 면밀히 인식해가는 과학을 포기하지 않을 수 있게 된다. 오히려 주체로서 변혁운동의 성공을 위해 과학의 성과들을 적극 받아들여 활용하고자 한다. 예컨대 객관적 정세에 대한 과학적 인식 속에 인식 주체의 의식과 욕구와 행위 등을 포함해 가변적인 주체적 요인들을 끌어들이는 셈법을 적용함으로써, 객관성의 이름으로 결정론에 굴복하거나 주체적 요인을 충분히 고려하지 않는 오류를 피할 수 있을 것이다.

7

누구도 쉽게 떨쳐버릴 수 없는, 주체의 자유라는 인간의 기본적 경험방식은 각자의 몸을 바탕으로 한다. 우리의 몸 역시 물질대사 혹은 에너지대사를 비롯한 제반 환경적 조건과 생물학적 조건의 산물이며, 또 이제까지 먹고 마시는 음식물과 공기 등이 우리의 몸을 끊임없이 새로이 구성해가는 재료가 되는 것은 사실이다. 하지만 우리는 타인과의 공감이나 사회적 체험과 별도로 몸을 통해 직접 느끼는 통증이나 쾌감 등의 감각에 근거해 자신의 몸을 자신의 몸이라고 확신하면서 의식을 작동시킨다. 이 점에서 개인을 주체성의 출발점으로 삼는 데에는 나름의 근거가 있는 셈이다. 물론 개인 주체는 자체로서 이미 사회적 존재이기도 하다. 또 사회적 지배관계들을 근본적으로 바꾸는 변혁의 폭발적 구현을 위해서는, 변혁적 의식을 공유하고 함께 효율적으로 투쟁하는 집단주체가 조직적으로 형성되어야 한다. 또 집단주체가 공유하는 변혁적 의식이 특정한 개인주체의 손을 통해 명확한 형태로 객관화되는 경우에도, 그것은 순수하게 개인주체의 것이라기보다 집단주체의 요구를 반영하고 집단주체에 의해 검증되고 개조되는 과정을 통해 공유물로 발전한다.

그러나 거시적으로 공동의 목표를 추구하는 집단주체 내에서도 개인주체들 사이에는 인식범위·욕구·감각 등의 차원에서 크고 작은 가변적 편차들이 불가피하게 존재한다. 특정 시점에서 집단주체 차원에서 해결하지 못하고 있는 문제에 대해 개인주체가 앞질러서 훌륭한 해답을 제시하는 경우도 흔히 있다. 변혁을 추구하는 집단주체는 당면 조건을 고려하는 가운데, 집단 내 개인주체들의 자발적 에너지를 적극 살려내는 민주적 조직문화를 만들어감으로써만 지배관계의 궁극적 해체를 향해 실제로 나아갈 수 있을 것이다. 피지배집단 속의 개인주체들이 기존의 지배적인 관념들과 행동방식에 의존하여 새로운 자발성과 비판적 사고 능력을 발전시키지 못할 때, 변혁운동은 첫발을 떼기조차 힘들어진다. 오늘날의 자본주의 지배질서 속에서는 사이비 필연의 전형적 형태인 이른바 '대세'에 편승하지 않고, 대세의 성격을 바꾸어 가고자 도전하는 변혁적 개인주체들이 절대적으로 필요하다. 이처럼 변혁적 개인주체의 중요성을 강조하는 것은 편협한 이기적 본능에 매몰되어 공존과 공유의 가치를 비웃는 패권주의적 개인주의를 절대화하는 지배이데올로기와 전적으로 대립한다. 지배관계의 궁극적 해체를 추구하는 변혁적 개인주체는 개인주체로 머물지 않고 기필코 집단주체로 발전하려들기 때문이다. **노사과연**

콜론타이의 ≪붉은 사랑≫,
≪위대한 사랑≫을 읽고

천연옥 | 부산지회장

1. 글을 시작하며

알렉산드라 콜론타이(1872~1952)는 스스로 여성주의자(페미니스트, 부르주아 여성해방론자)라고 생각하지 않았고, 오히려 그들과 경쟁하면서 자신의 입장을 정리해 왔다. 러시아혁명 이후 초기 쏘비에트 사회에서의 그의 행적을 근거로 이후 많은 연구자들에게 의해 그는 사회주의 페미니스트로 규정되고 있다. 서울대학교 서양사학과 한정숙 교수는 <알렉산드라 콜론타이와 여성주의 : '부르주아' 여성주의 비판에서 사회주의적-급진적 여성해방론으로>라는 2008년에 쓴 논문에서 이런 입장을 보여주고 있고, 1980년에 콜론타이의 전기를 쓴 판스워드도 ≪알렉산드라 콜론타이, 사회주의, 페미니즘 그리고 볼세비키 혁명≫이란 책에서 이런 입장을 견지한다. 페미니즘을 '여성억압을 철폐하고자 하는 사상'으로 이해한다면 콜론타이를 어떻게 불러도 상관이 없을 것이다. 그러나 페미니스트들은 페미니즘을 '여성의 억압을 다른 모든 억압에 앞선 사회의 기본모순으로 바라보는 사상'으로 이해한다. 콜론타이는 사회주의자였고, 사회주의를 통해 여성해방이 가능함을 믿었고, 그것을 현실적으로 구체화하기 위해 열정적으로 활동했으니, 나는 콜론타이를 사회주의 페미니스트라고 부르지 않고 사회주의 여성해방론의 이론을 세우고 실천한 혁명가로 이해하고자 한다. 아래에서 콜론타이의 삶과 정치적 입장, 그리고 혁명 직후 쏘비에트 사회에서의 그의 분투 과정과 그의 소설들이 어떻게 탄생했는지 살펴보고자 한다. 그리고 콜론타이가 소설을 통해서 말하고자 했던 바가 무엇이었는지를 알아보고자 한다.

2. 콜론타이의 삶과 정치적 입장

1) 어린 시절과 결혼

콜론타이는 1872년 4월, 성페테르스부르크에서 태어났다. 어머니는 기술자였던 첫 남편과 헤어져 육군 대령이었던 미하일 알렉셰비치 도몬토비치와 살았는데, 이혼이 성립되기도 전에 콜론타이를 낳았다. 첫 남편과 사이에 두 딸과 한 아들이 있었던 상황에서 콜론타이의 어머니는 교양과 독립적인 정신을 지닌 당시의 '신여성'이었다. 동거 후 결혼한 콜론타이의 아버지는 우크라이나의 오랜 지주 가문의 귀족 출신이었으며, 이후에 장군으로 승진하게 된다. 콜론타이의 부모는 교육을 매우 중요하게 여겨서 콜론타이는 영국인 유모가 있었고, 충분한 언어 교육을 받았기 때문에 일곱 살이 되기 전에 영어, 불어, 독일어를 깨우칠 수 있었다. 콜론타이는 언니 제니아의 가정교사인 마리아 스트라호바를 통해 여성혁명가들의 세계를 엿볼 수 있었다. 아홉 살인 1881년, <인민의 의지> 당원인 당시 28세의 귀족 여성 소피아 페로브스카야가 알렉산드르 2세를 암살한 혐의로 교수형을 당했다. 콜론타이는 그날을 결코 잊을 수 없었다. 언니 제니아와 피아노를 치고 있을 때, 스트라호바가 창백한 얼굴로 뛰어들어와 "처형됐어"라는 한 마디를 외치고 기절해 버렸던 것이다. 15세가 될 때까지 콜론타이는 여성에게 개방된 고등교육기관에 대한 입학자격과 함께, 교사가 될 수 있는 자격을 얻기 위해 스트라호바와 열심히 공부했다. 언니 제니아는 당시의 명문 가문의 젊은 여성으로서는 전통을 깨고 유명한 가수가 되었다, 그러자 사람들이 콜론타이를 극장에서 '0000의 동생'으로 알아보게 되는데, 콜론타이는 '나는 0000의 동생만으로 있기는 싫다. 나 또한 내 생에 어떤 일을 이루기를 바란다'는 생각을 하게 되었다. 콜론타이는 <인민의 의지>의 여성들처럼 '인민에게로 가는 것'만이 아니라 작가가 되기를 원했다. 단순히 이야기를 쓰는 작가가 아니라 세상에 대해 쓰는 작가가 되기를 원했다. 이런 콜론타이를 위해 스트라호바는 도몬토비치 부인을 설득해 유명한 문학 선생을 매주 초빙해서 콜론타이에게 작문을 가르쳤다.

풍부한 독서를 하고 작가가 되기를 열망했던 이 젊은 여성은 1890년에 공학도인 블라디미르 콜론타이와 사랑에 빠져서 결혼을 하려고 한다. 어머니는 가난한 청년과의 결혼에, 아버지는 책과 철학적 세계와 담을 쌓은 이 청년이 독서나 진지한 대화에 관심이 없다는 것, 정신적 친밀함이 없다는 것에 대해 걱정하면서 결혼을 반대했다. 결혼에 동의하지 않으면 집을 나가겠다고 하자 결국 부모는 동의했고, 그는 1893년에 결혼했다. 결혼은 아버지의 우려대로 만족스러운 것이 아니었다. 그녀는 결혼 후에 맑스주의를 알게 되었다. 어린 아들을 유모에게 맡기고 단편소설을 썼지만 잡지사는 문학이 아니라 선전물이라고 돌려보냈고, 남편은 농담으로 아내를 놀렸다. 화가 난 콜론타이는 다시는 소설을 쓰지 않겠노라고 선언까지 했다. 아내와 어머니로서의 역할을 넘어 성인으로서의 자아를 찾고 있었던 콜론타이는 노동자계급의 절박한 경제적 상황과 접촉하게 된다. 1896년에 니르바에 여행 갔을 때 방문한, 12,000명을 고용하고 있는 거대한 크론호름 직물공장에서 죽어 있는 아이를 보게 된다. 부유한 가정에서 안락하게 자란 콜론타이는 비참한 노동대중의 참상을 확인하고, 여성해방을 주장하는 소설 대신에 맑스주의에 대한 연구에 몰두하기 시작했다.

2) 유학과 결혼생활의 종말, 부모의 죽음

콜론타이는 이후에 자서전 등에서 "나는 그토록 비참한 노동대중의 참상을 목도했을 때 더 이상 나의 행복하고 평화스러운 생활을 계속할 수 없었다. 나는 반드시 그 운동에 참여해야만 했다."고 밝혔다. 콜론타이는 박물관에서 일하고 있는 옛 선생 스트라호바를 찾아가, 남편을 사랑했지만 결혼생활에 만족할 수가 없는 자신의 불행을 호소하였다. 스트라호바는 노동자들의 야간학교에 교육 자료를 공급하기 위하여 계획된 이동박물관의 업무에 참여하도록 권했다. 콜론타이는 이 일에서 평생의 친구인, 러시아 내에 <이스크라>를 운반, 배포하는 이스크라 요원 엘레나 스타소바를 만나게 된다. 때때로 스타소바는 콜론타이에게 낯선 아파트에 편지나 소포를 전달하는 일을 부탁했다. 콜론타이는 자신이 소포를 운반하고 자금을 조달하는 정도에서만 필요성이 있다는 사실을 깨닫고 깊은 수치심을 느꼈다.

콜론타이는 이론적 인물, 생산적인 사상의 저술가가 되기 위해 공부하기로 결심하였다. 5살 된 아들을 부모에게 맡기고 아버지의 재정적 지원을 받아서 스위스 쮜리히로 유학을 떠난다. 떠나면서 두 통의 편지를 썼는데, 하나는 남편에게 자신이 얼마나 그를 사랑하는 가를 전하는 것이었고, 하나는 친구 조야에게 무엇이 자신에게 가족까지 버리게 하면서 노동계급과 여성의 권리를 위한 싸움 속으로 뛰어들게 했는가를 밝히는 것이었다. 아들 마샤에 대한 그리움으로 1년 만인 1898년 페테르스부르크에 돌아왔지만 남편에게는 다시는 돌아가지 않았다. 1901년에 어머니, 1902년에 아버지의 죽음으로 콜론타이는 자산계급에서 벗어나 진정으로 독립하였다.

3) ≪여성문제의 사회적 기초≫

1890년대 후반 운동에 뛰어든 콜론타이는 스타소바와 함께 볼셰비키 활동도 함께 진행하였다. 그러나 1905년 혁명 후 두마에 대해 보이콧 전술을 채택했던 볼셰비키보다 노동자들의 자발성을 촉진시키기 위해 두마에 참여해야 한다는 멘셰비키에 더 끌렸다. 그래서 콜론타이는 1915년이 될 때까지 멘셰비키로 활동하게 된다. 콜론타이에게는, 러시아의 페미니스트들은 노동자계급 여성들에게까지 조직화를 진행하고 있음에도, 당은 여성문제에 별다른 주의가 부족해 보였다. 독일의 클라라 제트킨의 활동에 크게 감명 받은 콜론타이는 국제여성운동에 참여하게 된다. 콜론타이는 직물노동조합과 노동자 동료들의 도움을 받아 볼셰비키와 멘셰비키 어느 쪽에도 속하지 않고 양자 모두에게 개방되어 있는 <노동여성 상호부조협회>라는 합법적 모임을 만들었다. 이 클럽은 도서관과 강좌를 통해 매일 저녁 집회를 열었는데, 어떤 때는 200-300명의 다양한 직업을 가진 여성들이 참여하기도 하였다.

1908년 봄, 콜론타이는 그 해 가을 전 러시아 여성대회를 개최하여 이를 전국적인 러시아 여성의 당으로 귀결시키려는 러시아 페미니스트들의 계획에 대해 반대하여, 이 계획에 노동계급 여성들이 찬성할 수 없는 이유를 설명하였다. 이 여성대회 참여가 문제로 되어 경찰에 쫓기게 된 콜론타이는 독일로 망명하였고, 1917년 2월 혁명 이후에 다시 러시아로 돌아오게 된다.

콜론타이가 1909년에 쓴 ≪여성문제의 사회적 기초≫는 이 여성대회 직후에 출판되었다. 여기에서 콜론타이는 맑스의 ≪공산주의당 선언≫, 엥겔스의 ≪가족, 사유재산 및 국가의 기원≫, 베벨의 ≪여성과 사회주의≫로 이어지는 맑스주의 여성해방론을 이론적으로 계승하였다. 여성 억압의 기원은 여성의 생물학적 특성에 대한 남성의 지배가 아니라, 사적 소유의 발생·발전에 따른 사회의 경제적 관계에 있다는 것, 페미니즘은 남성에 대립하는 여성을 전제하여

"모든 계급의 여성이여, 단결하라"라고 외치지만, 사회주의는 자본에 대립하는 남녀노동자의 단결을 전제하고 있으며, 자본주의의 극복에 의해서만 여성문제는 해결할 수 있다고 주장했다. 콜론타이는 이 책의 마지막을 다음과 같은 말로 끝맺는다.

"부르주아 페미니스트들이 아무리 노동자계급 여성들에게 여성일반의 이익이라고 속삭인다 하더라도, 그들의 요구는 부르주아라는 계급적 색깔을 가지고 있다. 정치적 권리가 어떻게 사용되어야 하는 지에 대한 서로 다른 이해와 목적으로 부르주아 여성과 프롤레타리아 여성은 건널 수 없는 강이 생긴다. 눈앞의 임무가 어느 정도 일치한다는 점은 인정한다. 페미니스트들이 무엇이라 하든, 계급적 본능은 '계급을 넘어선' 정책이라는 고상한 열망보다 항상 훨씬 더 강력하게 드러난다. 부르주아 여성들과 그 '어린 누이들'이 불평등을 평등하게 가지고 있는 한, 부르주아 여성들은 온전히 신실하게 여성들의 보편적 이익을 보장하기 위해 엄청난 노력을 기울인다. 하지만 일단 그 장벽이 무너지고 부르주아 여성들이 정치활동을 할 수 있게 되자, 근래의 '모든 여성을 위한 권리'의 수호자들은 어린 누이들에게는 한 점의 권리도 남기지 않은 사실을 만족스러워한 채로, 부르주아 계급의 혜택을 열정적으로 수호하기 시작했다. 그러므로 페미니스트들이 노동자계급 여성들에게 '여성일반' 원칙을 실현하기 위해 공동의 투쟁을 해야 한다고 말할 때, 노동자계급의 여성들은 믿지 않는 것이 당연하다."

4) 볼셰비키가 되다

독일로 망명한 콜론타이는 클라라 제트킨과 로자 룩셈부르크와 함께 국제 사회주의 여성운동에 참여하여 1910년 코펜하겐에서 열린 제2차 국제여성 사회주의자 회의에서 클라라 제트킨과 함께 3월 8일을 세계여성의 날로 지정할 것을 제안하였다. 이 대회에서 콜론타이는 여성사회주의 운동을 담당하는 국제 서기단의 성원으로 선출되었다. 대회가 끝난 후에는 제2 인터내셔날 8차 대회에 참가하였다. 1911년 2월에는 이탈리아 볼로냐에서 막심 고리끼가 조직한 멘셰비키 학교에서 핀란드 문제, 가족의 진화 등에 관한 강의를 하면서 러시아와 접촉하였다. 프랑스, 벨기에, 독일을 다니면서 모금을 하고 프랑스 사회주의당에도 참가하였다. 1912년에는 벨기에, 스웨덴, 스위스 사회주의당으로부터 선동을 요청받아 수많은 연설을 하였다. 영국을 방문하여 공부하기도 하였다. 1913년에는 볼셰비키 합법신문 <프라우다>에 세계여성의 날에 대해 기고했다. 러시아에서 처음으로 열린 세계여성의 날의 행사를 축하하기 위해서였다.

 제1차 세계대전이 발발하자 독일 사민당의 배신과 멘셰비키의 애국주의적 태도에 실망한 콜론타이는 볼셰비키에 가담하게 되고 반전활동에서 뛰어난 선동가로서 두각을 나타냈다. 1917년 2월 혁명 이후 레닌은 4월 테제를 통하여 임시정부와 쏘비에트라는 이중권력 상태에 있던 러시아에서 사회주의자는 임시정부에서 철수하고 모든 권력을 쏘비에트로 집중해야 한다고 주장했다. 이에 다수의 볼셰비키들은 레닌의 주장을 반대하였으나 콜론타이는 즉각적으로 레닌을 지지했다. 볼셰비키 군사위원회에 의해 페트로그라드 쏘비에트 부의장으로 선출된 콜론타이는 정열적으로 레닌의 4월 테제를 지지하고 대중 사이에서 이를 선동하였다. 7월 초 케렌스키 임시정부에 의해 독일 첩자로 체포되어 투옥되었을 당시 발틱 함대의 쏘비에트 수병들이 콜론타이를 응원하는 쪽지와 식빵, 소시지 등을 보냈으며, 8월 21일 콜론타이는 막심 고리끼와 레오니드 크라신이 지불한 5,000루블의 보석금으로 인해 석방되었다. 투옥 당시 진행된 회의에서 콜론타이는 볼셰비키 당의 중앙위원회의 유일한 여성 중앙위원으로 선출되었다.

5) 제노텔의 지도자에서 세계 최초의 여성 대사로

 10월 혁명으로 임시정부는 타도되고 모든 권력은 쏘비에트로 넘어갔다. 이때부터 콜론타이는 여성문제를 초기 쏘비에트 사회에서 구체적으로 해결하기 위한 분투 과정에 돌입하였다. 수많은 회의에 참여하여 모성보호와 양육에 관련한 연설을 하였고, 첫 쏘비에트 사회복지 인민위원이 되었다. 이혼법, 결혼법, 여성문제에 대한 여러 법안을 준비하면서 콜론타이는 발틱 함대 쏘비에트를 주도하던 17살 연하의 파벨 디벤코와 재혼하였다. 당내에 여성문제를 전국적인 차원에서 전담할 여성 부서를 만들 것을 제안하여, 분리주의적 여성조직이 될 것으로 우려한 많은 반대를 극복하고 당시의 주변의 많은 여성혁명가들의 지지 속에서 제노텔을 탄생시켰다. 1920년에서 1922년까지 콜론타이는 제노텔의 수장을 맡아서 1930년 제노텔이 해체될 때까지 제노텔 활동의 중요방향을 정립하는데 헌신했다.

콜론타이가 1922년 국내의 주요한 여성문제의 결정권자의 직위가 아닌 노르웨이의 공사로 발령을 받게 되고, 1923년에 노르웨이에서 외교와 무역에서 전권을 가지게 되고, 결국 1924년 노르웨이 쏘련 대사가 되는 것은 어떤 이유에서일까? 그것은 콜론타이의 정치적 입장 때문이었다. 판스워드가 쓴 콜론타이의 전기에 의하면 콜론타이는 1915년 멘셰비키에서 볼셰비키로 옮길 때도 레닌의 '제국주의 전쟁 반대와 제국주의 전쟁을 내전으로'라는 입장에 대해, 전쟁반대에는 찬성했지만 내전에는 반대했다고 한다. 왜냐하면 콜론타이의 평화주의는 내전을 지지할 수가 없었기 때문이다. 그러나 현실적으로 쇼비니즘으로 전화한 제2 인터내셔날의 당들과 멘셰비키의 존재 앞에서 콜론타이가 유일하게 선택 가능한 정치집단은 볼셰비키 밖에 없었다. 콜론타이는 레닌의 4월 테제를 찬성한 거의 유일한 볼셰비키였지만, 1918년 독일과의 전쟁중단 교섭, 즉 브레스트-리토프스크 조약에는 반대 입장을 가졌다. 이 문제에 대해 부하린, 야코블레바와 함께 좌익공산주의 반대파의 입장에서, 국제혁명을 위해 쏘비에트는 일개 분견대이며, 쏘비에트의 파괴는 서구의 혁명을 야기할 것으로 보았다. 쏘비에트 국가의 보전이 유럽의 프롤레타리아에 대한 최선의 봉사라는 레닌의 입장이 1918년 3월의 7차 당

대회에서 승리하게 되면서, 콜론타이는 중앙위원회에서 탈락했고, 그의 남편 디벤코는 체포되어 재판을 받기도 하였다. 이 일로 콜론타이는 후생성 인민위원직을 사임했다. 1918년 여름부터 본격화되는 제국주의 국가들의 간섭과 내전으로 인하여 볼셰비키 당은 좌익 공산주의자 그룹과 타협을 하게 되고, 콜론타이도 중요한 연설자로 당 활동에 다시 투입되었다.

볼셰비키 당이 내전 동안에 진행한 전시공산주의 정책은 농촌에서의 징발과 도시에서의 배급으로 요약할 수 있다. 그리고 남녀노동자 모두에게 해당되는 의무노동제에 대해 콜론타이는 사회주의 건설에서 여성을 공동체적 사업에 끌어들일 수 있는 방법이라고 찬성했다. 1918년 11월에 열린 제1차 전 러시아 여성노동자·농민대회를 조직하면서 콜론타이는 부르주아 가족은 해체되고 공동체가 공동 육아를 통해 새로운 가족을 창조할 것이라고 연설하였다. 이러한 주장은 이후 ≪가족과 공산주의 국가≫라는 팜플렛으로 정리되어 배포되었다. 이전에 쓴 논문들을 재편집하여 1918년에 발행한 ≪새로운 도덕과 노동자계급≫에서 콜론타이는 전통적인 결혼관계를 논박하고 이 관계를 갖지 않고 살 수 있는 '새로운 여성'을 묘사함으로써 가족에 대한 반론을 완성시켰다. 1921년에 ≪결혼관계 영역에서 공산주의 도덕에 관한 테제들≫, ≪매춘과 그 대책≫, ≪성적 관계와 계급투쟁≫ 등을 펴내면서 부르주아 가족 및 결혼 비판, 가사노동의 사회화와 아동 양육의 사회화, 여성의 공적 노동 참여, 모성보호를 주장하였다.

콜론타이는 1921년 스베르들로프 공산대학에서 노동자 농민 여성들을 위해 여성사를 강의했다. 열네 번에 걸친 강의에서 여성의 지위변화를 역사적으로 개관하고 여권 운동, 여성노동자 운동, 러시아 혁명 이후의 변화 등을 살핀 후 여성노동의 미래를 전망하였다. 콜론타이가 성매매에 반대하는 가장 큰 이유는 성이란 매매의 대상이 될 수 없다고 판단했기 때문이었다. 노동력이 있으면서도 유용한 사회적 생산노동이나 자녀양육 등의 노동에 종사하지 않고 섹슈얼리티를 제공하는 대가로 남성의 경제력에 의존해서 생활하는 것을 매춘이라고 보았다. 여성이 성매매에 종사하는 데는 경제적 곤궁이 일차적 원인임을 지적하면서, 여성의 경제적 능력을 향상시키기 위해 기술교육을 시킬 것을 제안하고 여성의 정치적 의식을 높이기 위한 노력도 게을리하지 말아야 한다고 주장했다.

1919년 8월에 출발한 제노텔에서 첫 번째 국장이었던 이네사 아르만드가 사망하자 1920년 10월부터 콜론타이가 수장이 되었다. 제노텔의 사업은 많은 남성들로부터 거부되었고, 제노텔 사업에 참여했다는 이유로 자신의 부인들을 구타하는 사례가 있었다. 그러나 도시와 농촌에서, 여성노동자와 여성농민들 사이에서 제노텔은 사회주의 건설에서 여성이 주체가 되어야 함을 선전하고 조직했다. 1921년 콜론타이는 코민테른 집행위원회에 의해 국제여성사업국의 부국장으로 선임되었다. 국장은 클라라 제트킨이었다. 제2차 국제공산주의 여성회의에서 제노텔의 성과를 보고하였다. 제노텔은 전시공산주의 동안 낙후되고 정치에 무관심한 여성들을 혁명에 끌어들이는 활동을 하였다.

제노텔의 국장으로서, 코민테른 국제여성사업국의 부국장으로서 여성사업을 해 나가기도 바쁘고 힘든 콜론타이는 1921년 3월의 제10차 당 대회, 6월의 코민테른, 1922년 11차 당 대회까지 당과 노동조합의 관계에 있어서 노동자 반대파로서 레닌과 대립했다. 이러한 콜론타이의 정치적 행적이 1922년 노르웨이 공사로 발령을 야기했던 것이다. 노동자 반대파는 정치는 쏘비에트가, 경제는 노동조합이 담당해야 하며, 경제 관리에서 전문가의 활용과 1인 책임제를 반대하고 위원회제를 주장했다. 경제를 노동조합이 맡아야 한다는 것은 일종의 생디칼리즘이었다. 이는 국유화된 기업, 전인민소유 기업의 참된 의미를 왜곡하고 각각의 기업을 노동조합이 맡아야 한다는 것으로서, 국유 기업의 전 계급적, 전국적 계획에 따른 생산의 조직화를 가로막는 것이었다. 콜론타이는 1921년 3월에 ≪노동자들의 반대≫라는 팜플렛을 발표하면서 당을 1년 이상 논쟁하게 만들었다. 콜론타이가 여기에서 제기한 문제는 단순히 노동조합의 역할만이 아니라 대중의 자발성, 대중과 유리되는 볼셰비키, 비판의 자유와 당내 민주주의와 같은 보다 근원적인 것이었으나, 너무나 열정적이고 급진적인 콜론타이는 당시의 정세에서 당의 선택을 인정하지 못했다.

  내전이 끝나고 1921년에 시작된 신경제정책도 콜론타이가 받아들이기 힘든 조치였다. 콜론타이는 전시공산주의가 계속되어야 한다고 생각했다. 노동자 반대파가 당 대회에서 패배하자 콜론타이는 코민테른에 볼셰비키 당을 제소했다. 신경제정책은 생산성은 제고시킬지 모르나 노동자계급의 공산당에 대한 신뢰를 잃게 할 것이라고 주장했다. 신경제정책(NEP)은 사회복지 활동을 줄이고, 여성의 실업을 증가시키며 경제적으로 자립한 '신여성'의 이미지를 약화시킴으로서 제노텔의 체면을 손상시켰기 때문에, 콜론타이는 신경제정책에 분노했던 것이다. 결국 당은 1922년 10월, 뛰어난 외국어실력을 갖춘 인재 콜론타이를 국내에서 국외로 보냈다. 콜론타이는 정치적 패배와 함께, 5년간의 디벤코와의 결혼생활도 남편의 젊은 여성과의 새로운 사랑의 시작으로 파경을 맞게 되었다. 콜론타이는 여성운동의 지도자에서 세계 최초의 여성 대사로 변신하고, 1952년 사망할 때까지 외교업무에 혁혁한 공을 세워서 2번의 노동적기 훈장과 레닌 훈장을 받았다. 콜론타이가 여성대사로 간 것이 쫓겨난 것이라고 주장하는 이들이 많은데, 전 세계 어느 남성 대사도 무역의 전권을 행사한 적이 없었던 것과 대조적으로 콜론타이는 무역의 전권을 가진 여성 대사였다. 그리고 33년에 받은 레닌훈장은 그동안의 여성운동의 공로를 인정해서 받은 것이라고 한다.

  콜론타이는 쏘련의 젊은이들을 위해 노동자계급의 이념과 새로운 세계관에 부합하는 새로운 성도덕, 사랑의 원칙을 제시하고자 했다.

성애에 대한 금욕주의적 태도도, 부르주아적 소유욕에 바탕을 둔 사랑 개념도 거부하였다. 그리고 소설들이 발표되었다. 이 소설들이 ≪붉은 사랑≫, ≪위대한 사랑≫이란 제목으로 2013년에 노동사회과학연구소에서 번역, 출판된 것이다.

3. 콜론타이의 소설들

1) ≪붉은 사랑≫

≪바실리샤 말리기나≫는 1924년에 발표될 당시, '자유로운 사랑', '일벌의 사랑'이란 부제를 달고 있었는데, 1927년 영어로 번역되면서 'Red Love'로 출판되었고, 일제 강점기에는 적연(赤戀)이라는 제목으로, 해방 후에는 '붉은 사랑'으로 알려졌다.

이 작품은 볼셰비키 활동가인 여성노동자 바실리샤가 혁명 동지인 남편 블라디미르가 신경제정책의 진행과정에서 네프맨으로 타락해 가는 것에 고통 받고, 네프걸인 부르주아 출신 여성 매춘부 니나와 외도를 하는 것을 알게 되면서, 남편을 떠나오게 되는 과정과 남편을 떠난 후 알게 된 임신 사실에 공동체가 우리의 아이를 함께 키울 것이라고 결론을 내리는 것으로 끝나는 장편소설이다. 이 소설의 배경은 콜론타이가 지독히도 비판했던 신경제정책 시기였고, 그 정책의 부정적 부산물인 네프맨과 네프걸이 세 주인공 중에 두 명이다. 여주인공 바실리샤는 콜론타이가 바람직하게 여겼던 혁명 후의 새로운 도덕과 자유로운 사랑, 남편이나 가족에 종속되지 않는 주체적이고 독립적인 '신여성'이다. 바실리샤는 공동주거 제도의 완비와 노동자계급 여성의 생활지원이라는 일에 전념하면서 아이를 혼자 키울 결심을 하는데, 이는 공산주의 국가에서 만들어질 공동체와 공동육아제도를 믿기 때문에 가능한 것이었다. 콜론타이는 소설의 첫 문장에서 바실리샤를 이렇게 묘사한다.

"바실리샤는 28세의 여성노동자로 직업은 편직공이었다. 야위고 빈혈기가 있는 전형적인 도시의 아이였다. 발진티푸스를 앓고 난 뒤 머리를 짧게 친 뒤에는, 곱슬머리가 되었다. 멀리서 보면 소년처럼 보였다. 가슴은 밋밋했으며, 셔트웨이스트 드레스에 낡은 가죽 허리띠를 맸다. 예쁘지는 않지만 눈은 아름다웠으며, 갈색의 다정다감하고 진지하고 사려 깊은 눈이었다. 이 눈동자는 다른 이들의 슬픔을 그냥 지나치는 법이 없었다."

다른 이들의 슬픔을 그냥 지나치지 못하는 바실리샤는 남편과 혼외관계에 있는 니나에게 질투심보다 여성으로서의 연대감을 보인다. 남편 블라디미르는 빈농의 아들로 태어나 미국에서 여러 직업을 전전하다가 아나키스트 그룹에 속했고, 혁명이 발발하자 러시아로 돌아와 볼셰비키에 합류하였으나 주위에 그다지 믿음을 주지 못했다. 당 선동가요 연설가였던 바실리샤에게 반하여 열렬히 애정을 표현하여 5년 전에 결혼하게 되었다. 블라디미르는 아나키스트의 성향 때문에 회의에서 거칠게 말하는 습관이 있었고, 그로 인해서 주위의 비난을 받았다. 이런 블라디미르에 대한 연민이 바실리샤의 마음을 움직였다. 블라디미르가 순결한 소녀를 위해 마음을 지켜왔다고 애정을 고백하는 순간 바실리샤는 기쁨과 슬픔을 동시에 느낀다, 결국 남성은 자신의 연인이 순결하기를 바란다는 사실을 확인한 것이다. 블라디미르가 바실리샤에게 키스를 하자 바실리샤는 자신이 순결하지 않음을 고백한다. 그러자 블라디미르는 바실리샤에게 영혼이 순결하다고 말하고 키스한다. 그렇게 그들의 결합은 시작되었다. 그러나 남편은 네프 시기에 네프맨으로 전락하고 만다. 소설은 지루하게 블라디미르의 외도와 이를 조금씩 알아가는 바실리샤의 실망과 고통을 묘사하고 있다. 바실리샤를 정말로 사랑하고 그녀가 그의 말을 듣지 않자 자살소동을 벌이기도 하였다. 경영인의 안주인으로서 차려입고 손님을 접대하기를 원하는 블라디미르에게 바실리샤는 부르주아적 가족, 남편에게 완전히 종속당한 아내를 보게 된다. 바실리샤는 자신이 관리하는 공동주거주택에 살고 있는 페도세예프 부부가 애정없이 결혼생활을 지속하면서 만들어 내는 여러 상황을 보면서 블라디미르와 니나가 서로 사랑한다는 것을 인정하고 남편을 떠난다. 그리고 임신 사실을 알게 되자 어떻게 혼자 아이를 키울 거냐고 묻는 친구 그루샤에게 이렇게 말하면서 소설은 끝이 난다.

"나 혼자서라고? 조직이 길러 줄 거야. 우리는 탁아소를 세울 거야. 너도 거기 데리고 가서 일하게 할 거야. 너도 아이들을 좋아하잖아, 그렇게 되면 그 애는 우리들의 아기가 되는 거지. 누구나 아이를 갖는 셈이지." 그들은 다시 한번 웃음을 터뜨렸다. "하지만 지금은 나는 서둘러 짐을 꾸려야 해, 그루샤. 기차가 아침에 떠나거든. 내일부터 일을 나가야 해. 나는 내가 원하는 대로 모든 것을 챙길 참이야. 스쩨빤 알렉세예비치(도시 내에서 가장 존경받는 볼셰비키)는 나를 축복해 줬어. 일로 돌아오라고! 구루샤, 그 때의 그 기쁨을 알겠지?" 그녀는 그루샤의 두 손을 꼭 쥐었다. 두 사람은 아이들처럼 방 안에서 춤을 추었다. 마네킹을 넘어뜨릴 뻔했다. 그들은 커다란 소리로 웃었다. 아래층 정원에 있는 사람들도 그들의 웃음소리를 들을 수 있을 정도로. "우리는 살아야 해, 그루샤! 살아야 한다고."

2) ≪위대한 사랑≫

노동사회과학연구소에서 2013년에 ≪위대한 사랑≫이란 제목으로 출판한 책에는 <위대한 사랑>, <세 세대의 세 가지 사랑>이라는 두 편의 장편에 가까운 중편소설과 ≪자매≫라는 한 편의 단편소설이 담겨 있다. 먼저 ≪위대한 사랑≫은 1927년에 여러 작품을 엮어서 출판된 소설집이었는데, 2013년에 연구소의 기획과는 일치하지 않는다. 거기에는 <위대한 사랑, 그리고 삼십 이 페이지>, <대화 조각>이라는 두 단편이 같이 실려 있었다.

<위대한 사랑>은 1905년 러시아혁명의 실패로 외국으로 망명한 지식인들 속에서 여주인공 나타샤는 세묜 세묘노비치라는 기혼 남성과 대책 없는 비밀스러운 사랑에 빠져서 허우적거리다가 마침내 저술활동과 혁명 운동에 헌신할 것을 결심하고 세몬에게 이별을 고하는 이야기이다. '위대한 사랑'이란 존재하지 않는다는 것을 강조하기 위해서 '위대한 사랑'이라고 제목을 붙였다고 한다. 콜론타이에게 '위대한 사랑'은 맹목적, 헌신적, 의존적 사랑과 동의어이다. 이기적이고 자기중심적인 세몬은 아내와 가정에 집착하면서도 독립적이고 지적인 여성 나타샤와의 혼외관계를 몇 년째 이어가고 있던 우유부단한 기혼 남성 지식인이다. 그는 나타샤에게 깊이 매료되고 정신적 동반자로서의 그녀에게 크게 의존하지만, 그러면서도 불행한 결혼생활을 청산할 생각은 꿈에도 하지 않는다. 콜론타이는 세몬과 헤어져 독립한 나타샤를 소설 마지막에 이렇게 묘사한다.

"미래의 어느 날, 인생이 그들이 서로 협력해야 하는 일을 맡길지도 모른다. 하지만 단지 그뿐이다. 지난 몇 년간 그녀의 심장을 뛰게 했던 그 위대한 사랑은 사라져 버렸다. 다정함도, 애원도, 심지어 이해도, 그 무엇도 인생을 되돌릴 수는 없었다.

너무 늦었어! 기차에서 그녀의 생각들은 세냐(세몬의 애칭)와 그를 향해 품어왔던 사랑으로부터 이미 멀어졌다. 여러 걱정거리들로 머리가 무척이나 무거웠다. 문서들이 그녀를 기다리고 있었다. 당장 가서 훑어본 후, 일부는 없애버리고, 일부는 요약을 해 두거나 나중에 참고하기 위해서 정리해 둬야 했다 …

다시 일로 돌아왔다. 아주, 아주 오래전 위대하고 멋진, 아름다운 사랑이 있었다. 하지만 이젠 사라져 버렸다. 그 사랑은 세냐가 남긴, 으레 남자들이 저지르는 이해 부족으로 만들어낸 셀 수 없이 많은 작은 상처들을 거쳐 그녀의 심장을 빠르게 스쳐 지나갔다."

<세 세대의 세 가지 사랑>은 1923년에 ≪일벌의 사랑≫에 <바실리샤 말리기나>, <자매들>과 함께 <삼대의 사랑>이란 제목으로 실린 소설이다. 중심인물 올가 세르게예브나는 콜론타이 소설의 주인공들인 모범적인 여성노동자이다. 노동자 계급의식이 투철하고 독립적이고 에너지가 넘치고 성실하며 사회주의 건설에 헌신적이며 자신의 일을 사랑하며, 그렇지만 공동체의 일을 자신의 개인적인 이익보다 중시하는 여성이다. 짜르 제정시대부터 10월 혁명 이후까지 러시아의 여성 삼대에 걸쳐 사랑과 양성관계에 대한 태도가 어떻게 변해왔는지, 혁명 후 쏘비에트 사회에서 젊은 세대가 정서적으로 어떤 상황에 있는지를 보여준다.

　올가의 어머니 마리아 스쩨파노브나는 지역 공교육위원회의 중요한 인물이며 이동도서관 일을 맡고 있다. 1890년대의 전형적인 선동가이자 대중용 학술도서의 출간자이다. 정치적으로는 나로드니끼에 가까웠지만 직접적으로 정치적 활동을 하지는 않았고, 가난한 이들과 농민들을 위해 책과 학교 도서관과 관련된 일을 하는 열정적인 인물이었다. 지방의 작은 연대의 지휘관인 남편과 결혼하여 두 아들을 낳았으나 교육활동을 하고 싶어 하는 의사와 사랑에 빠지게 된다. 올가의 아버지는 아름다운 마리아와 밀월관계를 원했으나 올가의 어머니는 이혼을 원했다. 남편이 이혼에 응하지 않자 짐을 싸서 사랑하는 남자에게로 간 마리아는 함께 교육활동을 하다가 체포되어 유배되었고, 유배지에서 올가를 낳았다. 유배지에서 돌아와 대중교육을 위한 지원활동을 하던 중 아버지 세르게이 이바노비치는 젖짜는 여인 아리샤와 불미스런 관계를 가졌고, 그 결과 아리샤가 임신한 것을 어머니가 알게 된다. 올가의 어머니는 아버지에게 아리샤와 아이를 잘 챙기라고 충고하면서 짐을 싸서 올가를 데리고 집을 나왔다.

　올가는 나로드니끼인 어머니와 달리 맑스주의자가 되었다. 올가보다 훨씬 더 나이가 많은 투쟁조직의 뛰어난 활동가와 함께 살았다. 둘은 결혼제도를 근본적으로 반대했기 때문에 결혼을 하지는 않았다. 남편은 수배자였고, 둘은 곧 구속되었고 유배되었다. 혼자 유배지를 벗어난 올가는 당의 임무를 위해 기술자 M의 집의 가정교사로 은신하게 된다. 다섯 아이를 가진 유부남 M과 사랑에 빠진다. 어머니의 충고대로 남편에게 사실대로 편지를 쓴다. 결국 두 사람을 다 사랑한다고 느낀 올가는 결국 두 사람 모두를 떠나려 했지만 올가와 M사이에서 딸 게니아가 태어나게 된다. 올가는 M을 사랑하면서도 남편 콘스딴진과 함께 친구로서 같이 살았다. 그러다가 1905년 혁명이 일어났고, 혁명은 개인의 사소함을 국가적 격변으로 모두 삼켰다. 반동기 동안 M은 확실히 반혁명에 섰고, 콘스딴찐도 혁명에서 점점 멀어졌다. 결국 올가는 두 사람 모두와 헤어지게 된다. 시간이 흘러 1917년 혁명이 일어났고 연하의 타협할 줄 모르는 프롤레타리아 안드레이 랴브고프 동지와 올가는 함께 살고 있다.

딸 게니아는 스무살 전후의 젊은 쏘비에트 여성이다. 게니아는 남녀 간의 사랑이 독점적 소유의 대상이 아닐 뿐 아니라 성적 관계는 감정적 이끌림과도 무관하다고 생각한다. 게니아는 남자들에게 사랑을 느끼지 않아도 성관계를 가졌다. 심지어 어머니 올가의 연하의 연인인 안드레이와 성관계를 가졌다. 임신한 게니아는 아이의 아버지가 누구인지도 모른다. 게니아와 안드레이의 관계를 올가가 알게 되면서 위기에 처한 모녀관계가 회복되고, 게니아가 어머니 올가에게 절절하게 사랑의 감정을 토로하면서 이야기는 끝난다.

콜론타이는 게니아를 정당화한 것이 아니라 오히려 게니아를 통해서 '날개 없는 에로스'를 보여준 것이다. 그러나 이 소설로 콜론타이는 당시 쏘비에트 사회에서 엄청난 비난의 대상이 되었다. 콜론타이는 1923년에 <날개 달린 에로스>라는 글을 발표하는데, 거기에서 쏘련의 젊은이들에게 노동자계급의 이념과 세계관에 부합하는 새로운 성도덕, 사랑의 원칙을 제시하고자 하였다. 이를 위해 콜론타이가 선택한 개념이 바로 '날개 달린 에로스' 이다. 사랑하는 사람들 사이에서는 한 당사자의 몸과 영혼이 모두 상대에게 귀속되어야 한다고 요구하는 것은 배타적이고 프롤레타리아의 이념에 부합되지 않는다고 보았다. 사랑과 섬세함이 결여된 거친 신체적 욕망에만 바탕에 둔 '날개 없는 에로스'라고 비판하였다.

<자매>는 여성노동자와 젊은 성매매 여성 사이의 자매애를 다룬 짧은 소설이다. 네프 시기에 남편이 돈을 벌고 있다는 이유로 그녀는 실직을 했고, 어린 딸을 잃는 아픔까지 겪었다. 네프맨이 된 남편이 돈맛을 알게 되면서 생활태도는 난잡해져갔고, 급기야는 가난과 실업, 노부모의 부양 때문에 성매매 여성이 된 열아홉의 소녀를 자유로운 몸이라는 거짓말로 집에 데려온 것을 알게 된다. 주인공은 젊은 소녀의 절박한 경제적 처지를 이용하여 자신의 육체적 욕망을 충족시키고 쾌락을 누리고자 한 남편에 대한 적대감과 분노로 남편을 떠나게 된다. 그리고 오히려 성매매 여성에게 연대감을 느낀다. 이 소설은 콜론타이가 정치적으로 격렬하게 반대했던 볼셰비키 당의 신경제정책(NEP)에 대한 소설적 비판이고 현실 고발이다. 실제로 네프 시기에 여성 실업이 증가하고 매춘이 부활했다.

4. 글을 마치며

콜론타이 소설 속의 여성주인공들은 독립적이고 주체적인 인간으로 되기 위해서 <위대한 사랑>의 나타샤처럼, 때로는 대책 없는 유부남과의 혼외관계에서, 혹은 <붉은 사랑>의 바실리샤처럼 네프맨이 되어서 부르주아적 아내를 원하는 남편에게서 벗어나기 위해 분투한다. 그 분투는 때로는 짜증날 정도로 지지부진해서 제자리걸음을 하고 있는 그녀들을 바라보면 안타깝고 애가 탄다. 한 인간의 정신적 독립은 한 사회가 혁명으로 전진해가는 과정처럼 간단하지가 않은 것이다. 콜론타이가 가진 정치적 입장이 볼셰비키 당의 주류와 달랐다고 해서 콜론타이가 초기 쏘비에트에서 여성문제 해결을 위해 기여한 많은 것들을 부정하는 것은 옳지 않다. 콜론타이의 삶과 분투과정과 소설들의 정치적 배경을 알고 난 뒤, 다시 읽는 콜론타이의 소설들은 예전보다 훨씬 더 재미있다. 거의 100년이 지난 소설들 속에 나타난 주체적인 여성들의 형상화는 아직도 여러 면에서 예속적인 현대의 한국 드라마 속의 여성들보다 더 현대적이다.

노사과연

<참고 자료>
알렉산드라 콜론타이 지음, 정호영 옮김, ≪붉은 사랑≫, 노사과연
알렉산드라 콜론타이 지음, 이현애·정호영 옮김, ≪위대한 사랑≫, 노사과연
알렉산드라 콜론타이, 블라디미르 일리치 레닌 지음, 서의윤 옮김, ≪콜론타이의 여성 문제의 사회적 기초·세계 여성의 날≫. 좁쌀한알
 B. 판스워드 지음, 신민우 옮김, ≪알렉산드라 콜론타이≫, 풀빛
 한정숙, <알렉산드라 콜론타이와 여성주의 : '부르주아' 여성주의 비판에서 사회주의적-급진적 여성해방론으로>, ≪러시아연구 제18권 제2호≫

과학의 위기와 그에 대한 레닌의 철학 상의 해결: ≪유물론과 경험비판론≫을 읽고

문영찬 | 연구위원장

1. ≪유물론과 경험비판론≫의 의의

≪유물론과 경험비판론≫이 쓰인 것은 1908년부터 1909년에 걸친 기간에서였다. 이 시기는 러시아에 있어서 1905년의 러시아 1차 혁명이 실패로 끝나고 반동기가 전개되고 있던 때였다. 짜르 정권의 노동자계급과 민중에 대한 가혹한 탄압이 자행되고 또 운동의 대오가 와해되면서 비합법의 당 조직이 유명무실화되고 또 많은 당원들이 탈당하고 변절하던 시기였다. 이 시기에 멘셰비키는 비합법의 당 조직을 해체하고 당 조직을 합법 조직으로 전환시키는 길을 걸었다. 반면에 볼셰비키는 비합법 조직의 골간을 유지하면서 반동기에 맞는 전술, 즉, 짜르 의회 선거에 참여하고 대중과의 끈을 강화하는 길을 걸었다.

이 시기에 레닌은 스위스에 망명하고 있었는데, 운동에 있어서 철학 상의 혼돈을 치유하고, 원자의 붕괴, 전자의 발견 등으로 인해 당시 발생하고 있던 과학의 위기에 대해 그 성격을 해명하고, 그러한 과학의 위기를 철학적으로 해석하고 정리하고, 치유하는 길을 걸었는데, 바로 그러한 작업의 산물이 ≪유물론과 경험비판론≫이었다. 당시 레닌의 동료였던 보그다노프는 유물론을 포기하고 관념론으로 전환하기도 했는데, 이러한 철학적, 이데올로기적 혼돈을 시급히 정리하고 해결하는 것이 당시의 반동기에 있어서 주요 과제가 되었던 것이다.

레닌의 ≪유물론과 경험비판론≫은 당시 과학의 위기의 틈을 비집고 번성하고 있던 관념론의 일종인 경험비판론을 비판하며 주관적 관념론과 변증법적 유물론을 대치시키고, 물자체 개념을 핵심으로 하는 신칸트주의와 변증법적 유물론을 대치시키면서, 과학의 문제와 변증법적 유물론의 관계 등 주요 쟁점을 해명하여 맑스주의 철학을 한 단계 끌어올리는 역할을 하였다.

2. 버클리와 흄의 주관적 관념론과 변증법적 유물론

레닌은 경험비판론의 실질을 이루고 있던 주관적 관념론의 고전적 원형을 보여주는 버클리 주교의 철학에 대해 가차 없는 비판을 가하는 것으로 책을 시작하고 있다. 버클리는 "지각되는 것과 무관하게, 생각할 수 없는 사물이 절대적으로 존재한다는 말을 나는 전혀 이해할 수 없다 … 존재한다는 것은 지각되는 것을 의미한다 … 진실로 객체와 감각은 동일물이며, 양자는 서로로부터 제거될 수 없다."[1]는 견해를 표방하였다. 이러한 버클린 견해는 감각이 곧 객관적 존재를 의미하며 따라서 이 세계는 감각의 복합에 지나지 않는다는 것이었다. 이러한 견해를 밀고 나가면, 이 세계에는 감각의 주체인 '나' 자신만이 존재한다는 유아론(唯我論)으로 나아가게 된다. 버클리는 객관적 실재인 물질이 "비실재(非實在)"이며 "무(無)"라고 단언을 했다. 이것은 감각이 곧 존재이며 존재하는 것은 감각만이라는 버클리의 견해에서는 필연적인 논리적 결과였다.

버클리의 이러한 주관적 관념론은 사실상 비과학을 표방하는 것

---

1) 버클리, 레닌의 ≪유물론과 경험비판론≫에서 재인용, 아침, 1988, p. 24.

에 지나지 않았는데, 그에 따라 버클리는 원인과 결과라는 이 세계에 존재하는 인과성을 부정하였다. 왜냐하면 인과성을 인정하게 되면 감각을 넘어서는 물질적 관계, 어떤 물질의 존재 원인이라는 관념으로 나아갈 수밖에 없고, 이는 감각만이 존재한다는 자신의 주관적 관념론과 배치되기 때문이었다. 그리하여 버클리는 "물질적 원인에 의해 사물을 설명할 것을 주장하는 교의"를 배척했는데 이는 주관적 관념론이 과학에 대한 부정에 기초하고 있다는 것을 드러내는 것이었다.

이러한 버클리의 주관적 관념론은 이후 원인과 결과의 관계, 인과성의 부정으로 유명한 흄으로 이어졌다. 흄은 "정신은 지각 이외에 어떤 것도 결코 획득할 수 없으며, 지각과 대상의 결합에 대한 그들의 어떠한 경험에도 도달할 수 없다.", "우리의 지각은 우리의 유일한 객체이다."2)라고 주장하였다. 이러한 흄의 견해는 버클리와 같이 주관적 관념론의 전형적인 견해를 보여주는 것이다. '지각만이 객체이다'라는 주장! 이것은 전형적인 주관적 관념론인데 흄은 이러한 견해에 기초하여 '지각과 대상의 결합은 인식될 수 없다'는 불가지론(不可知論)적인 견해로 나아간 것이다. 이 세계에 원인과 결과의 관계는 존재하지 않는다는 흄의 입장에서는 지각과 대상의 결합은 결코 인식될 수 없는 것이다. 주관적 관념론과 불가지론의 결합! 이 곧 흄 철학의 실제적 내용인 것이다. 만약 이러한 철학을 승인하게 된다면 인간은 이 세계에 대한 능동적 개입과 실천의 근거를 상실하게 될 것이고 또한 이 세계에서 과학은 존재할 수 없게 될 것이다.

반면에 (변증법적) 유물론에서는 지각을 넘어선 세계의 객관적 실재성을 승인하며, 그러한 객관적 실재의 세계에서 원인과 결과 관계가 존재하며, 우리 인식 주체가 인식하는 관념으로서의 원인과 결

---

2) 흄, 레닌의 ≪유물론과 경험비판론≫에서 재인용, 아침, 1988, pp. 34-35.

과 관계, 인과성은 객관적 세계에 존재하는 원인과 결과 관계의 반영임을 승인하고 있다. 그리고 이러한 인식에 기초할 때만 어떤 현상, 어떤 물질의 원인에 대한 탐구가 가능해지며, 따라서 과학이 성립될 수 있다.

3. 주관적 관념론의 변종으로서 경험비판론

레닌은 마하의 경험비판론의 개념을 정면으로 분석하면서 비판을 전개한다. 마하는 감각이 사물의 반영인 것이 아니라 거꾸로 사물이 감각의 상징이라는 전도된 주장을 한다. "감각은 '사물의 상징'이 아니다. 오히려 '사물'이란 상대적 안정성을 가지는 감각복합을 나타내는 정신적 상징이다. 세계의 실재적 요소는 사물이 아니라 색, 소리, 압력, 공간, 시간(즉 우리가 흔히 감각이라고 부르는 것들)이다."[3] 감각이 사물의 상징, 정확히 말하면 사물의 반영이라는 것은 유물론을 의미한다. 그러나 마하는 이를 부정하고 사물은 감각의 복합이라고 주장한다. 이는 사물, 즉, 물질적 존재가 감각의 복합에 지나지 않는다고 보는 것으로서 전형적인 주관적 관념론을 의미한다. 마하의 이러한 주장은 버클리와 비교해 볼 때, 버클리는 감각 혹은 지각이 곧 존재라고 한 데 비해 마하는 단지 감각의 복합이라는 새로운 용어를 도입한 것에 지나지 않았다. 그렇기 때문에 레닌은 마하 등의 경험비판론자들을 본격적으로 비판하기에 앞서 주관적 관념론의 원형인 버클리를 먼저 비판했던 것이다.

마하는 '요소'라는 새로운 용어를 도입하여 새로운 철학을 제시하는 양하는 기만적인 모습을 취한다. 마하는 감각이라고 불리는 요소

---

[3] 마하, 레닌의 《유물론과 경험비판론》에서 재인용, 아침, 1988, pp. 41-42.

들의 결합만이 있을 뿐이라고 주장하는데 그 요소는 물리적인 것과 심리적인 것으로 구분된다. 그리고 "물리적인 그리고 심리적인 요소 연관은 서로 분리되어 존재하는 것이 아니라, 오직 함께 존재한다."[4] 여기서 마하는 '요소'라는 개념에 물리적인 것과 심리적인 것이 있다고 하여 마치 유물론과 관념론의 대립을 넘어서는 듯한 외양을 취한다. 그러나 이것은 기만적인 것인데, 마하 스스로 요소는 감각임을 주장하고 있어서 요소는 물리적인 것에 대한 감각과 심리적인 것에 대한 감각을 가리키는 것에 지나지 않기 때문이다. 그리고 마하는 물리적인 것(에 대한 감각)이 심리적인 것(에 대한 감각)과 분리되어 존재하는 것이 아니라 오직 함께 존재한다고 하여 의식, 심리, 감각으로부터 독립한 객관적 실재라는 물질 개념을 부정하고 있다. 만약 물리적인 것과 심리적인 것의 불가분적 연관이 인정되면 물리적인 것은 물질이 아니라 심리, 의식, 감각의 산물로서의 성질을 갖게 되고 이는 주관적 관념론으로 귀착되게 된다. 왜냐하면 심리, 의식, 감각으로부터 독립한 객관적 실재로서의 물질, 물리적인 것을 승인할 때만 유물론을 승인하는 것이 되기 때문이다. 그런 점에서 마하의 '요소' 개념은 물질 개념과 심리, 즉, 의식, 감각 개념의 불가분적 연관을 설정하는 것을 통해 유물론을 부정하는 것으로서 자신이 주관적 관념론임을 감추고 관념론과 유물론의 대립을 넘어서는 듯한 외양을 취하는 기만에 지나지 않는다. 이에 대해 레닌은 "새로운 용어를 발명함으로써 철학의 근본 경향을 해결할 수 있다고 생각한다면, 그것은 참으로 유치하기 짝이 없는 일이다."[5]라고 비판했다.

마하의 동료인 아베나리우스는 마하와 비교할 때 새로운 내용이 없으면서도 새로운 용어인 '원리적 동격' 개념을 도입하여 마치 자신이 새로운 철학을 제시하고 유물론과 관념론의 대립을 넘어서는

---

4) 레닌, 앞의 책, p. 55.
5) 레닌, 앞의 책, p. 57.

듯한 외양을 취하고 있다. "자아와 환경 사이의 불가분한 동격", "자아는 동격의 중심항이라고 불리워지고, 환경은 대립항이라고 불리워진다."6) 자아와 환경이라는 개념은 피히테의 자아(自我)와 비아(非我)라는 개념을 그대로 따온 것이다. 피히테에게서는 비아는 자아의 산물이었는데, 아베나리우스는 자아와 환경(즉 비아)이 동격이라는 점이 다를 뿐이다. 동격이라는 것은 자아와 환경, 즉, 비아가 긴밀한 연관으로 통일되어 있다는 것으로서 비아, 환경, 자연, 객관적 실재로서 물질이 자아(즉, 의식, 감각)으로부터 독립되어 있다는 것을 부정하는 것이다. 따라서 아베나리우스의 원리적 동격 개념은 스스로 주관적 관념론자임을 감추고 마치 새로운 철학을 도입하고 있다는 모습을 취하는 기만적인 것에 지나지 않았다. 변증법적 유물론에서 자아와 비아의 관계, 자아와 환경의 관계는 서로 동격으로 인정되는 것이 아니라 비아, 환경, 자연이 자아, 의식, 감각으로부터 독립하여 객관적으로 존재하는 실재라는 것이다. 그리고 자아, 의식, 감각은 환경, 비아, 자연, 물질의 산물이며 그 반영이라는 것이다. 그리고 이 점을 인정할 때만 주관적 관념론이기를 멈추고 유물론의 입장에 서게 된다.

  자아와 환경의 동격이라는 아베나리우스의 주장은 레닌에 의해 통렬하게 비판을 받는다. 레닌은 인간이 존재하기 이전의 지구를 상정하면서, 그때는 자아가 존재하기 이전이므로 자아와 환경의 동격은 존재하지 않으며, 자아 이전에 이미 지구, 즉, 환경이 존재했다는 점을 들어 아베나리우스를 비판하고 있다. 이에 대해 아베나리우스는 현실로 존재하는 자아는 아니지만 잠재적 자아가 존재하며 그것이 "잠재적인 중심항"으로서 작용한다고 하는 어처구니없는 주장을 하였다. 이러한 비과학적인 주장은 자아와 환경의 동격이라는 논리를 유지하기 위한 억지논리에 지나지 않으며, "잠재적 중심항"이

---

6) 아베나리우스, 레닌의 ≪유물론과 경험비판론≫에서 재인용, 아침, 1988, p. 68.

라는 개념 자체가 현실로서 존재하는 자아를 가리키는 것이 아니라 관념적 개념, 공상적 개념일 뿐이라는 점에서 아베나리우스의 견해가 관념론에 지나지 않는다는 것을 스스로 폭로하고 있는 것이다.

4. (신)칸트주의의 물자체 개념과 마하주의

마하주의 혹은 경험비판론이 유행할 당시, 유럽에서는 칸트로 돌아가자는 주장, 즉, 신칸트주의가 유행하고 있었다. 이러한 신칸트주의에 대해 마하주의자들은 칸트의 물자체 개념을 집중 공격했는데, 이는 물자체 개념이 유물론으로의 전망을 유지하고 있었기 때문이었다. 즉, 칸트에게 남아 있는 유물론적 요소가 마하주의자들의 공격의 대상이 된 것이었다.

사실 물자체 개념은 유물론적 요소를 일부 포함하고 있으나 그 자체로는 불가지론적 성격을 보여주는 개념이었다. 즉, 칸트는 현상과 본질을 분리하여 우리가 알 수 있는 것은 현상의 영역에 국한되며 본질에 해당하는 물자체(사물 자체 thing itself)에 대해 아는 것은 불가능하다고 했던 것이다. 그런 점에서 칸트는 엥겔스에 의해 불가지론자로 분류되기도 했다. 엥겔스는 이러한 칸트의 물자체 개념에 대해 우리가 그 본질을 알 수 없었던 사물이 실험과 산업에 의해 즉, 실천에 의해 그 본질이 파악된다면, 그것은 더 이상 물자체가 아니라 '우리를 위한' 물(物)로 전환된다고 비판했다. 엥겔스는 "만일 우리 자신이 자연 과정을 만들어 내고, 이 자연 과정을 그 조건으로부터 나타나게 하고, 이것을 우리 자신의 목적을 위해서 사용함으로써 이 자연 과정에 대한 우리의 이해가 정확함을 증명할 수 있다면, 칸트가 말하는 인식할 수 없는 "물자체"는 종언을 고할 것이다."7)라고 하였다. 예를 들면 꼭두서니에서 채취하던 알리자린이라는 색소를 화학의 발전으로 인해 코울타르에서 저렴하게 생산한다면, 알리자린은 더 이상 물자체인 것이 아니라 우리를 위한 물로 전환된다는 것이 엥겔스의 설명이었다. 사실 칸트가 물자체라는 개념을 고안한 것은 당시 과학이 막 발돋움하고 있었지만 허다한 과학적 현상을 해명하지 못하고 있던 당시 과학의 한계를 반영한 것이었다. 그러나 칸트 이후 과학은 비약적으로 발전하면서 그전까지 해결되지 못하고 과제로 남아 있던 많은 과학상의 문제를 해결하고 있었다. 칸트로부터 엥겔스에 이르는 약 100년의 기간은 과학의 비약의 과정이었던 것이다.

그런데 마하자주의자들은 이러한 칸트의 물자체에 대해 물자체가 지각의 영역 밖의 존재에 대한 승인을 내포한다는 점에서 공격을 가했던 것이다. 즉, 주관적 관념론의 입장에서 지각의 영역 밖의 존재는 '무(無)'일 수밖에 없는데, 칸트는 그 '무'의 영역에 물자체라는 개념을 설정하여 지각 영역 밖의 객관적 실재의 가능성을 남겨 놓았다는 점에서 주관적 관념론자, 마하주의자들의 공격 대상이 된 것이었다.

그리하여 주관적 관념론자들, 마하주의자들, 경험비판론자들은 유물론자가 지각의 영역 밖에, 지각으로부터 독립한 외적 세계, 물질의 세계가 존재함을 승인하는 것을, 지각을 넘어선 '초월'의 감행이라고 비판했다. 지각을 넘어선 외적 세계에 대해 그것은 존재하지 않거나 인간이 알 수 없는 것이라는 인식이 주관적 관념론의 인식인데, 이들의 입장에서 지각 영역 밖의 외적 세계에 대한 인식으로 나아가는 것은 곧 '초월'이었던 것이다. 그리하여 주관적 관념론의 입장에서 지각 밖의 외적 세계, 물질적 세계의 승인은 곧 '형이상학'이라고 인식되었다. 그러나 유물론적 인식은 지각과 그 영역밖에 존재하는 대상, 물질적 대상과의 일치를 추구하는 것이며, 지각은 물질적 세계, 그 대상들이 인식에 반영되는 것에 지나지 않는 것이다.

---

7) 엥겔스, 레닌의 ≪유물론과 경험비판론≫에서 재인용, 아침, 1988, p. 104.

따라서 외적 세계, 지각과 의식 밖의 물질적 세계에 대한 승인은 '초월'이 아니라 과학적 인식의 전제, 출발점으로서 역할 하는 것이다.

세계는 우리의 지각에 불과한가 아니면 지각을 넘어선 외적 세계, 물질적 세계가 존재하는가라는 문제는 진리의 문제에 있어서 객관적 진리를 승인할 것인가 말 것인가의 문제로 이어진다. 한때 레닌의 동료였던 마하주의자인 보그다노프는 "진리란 이데올로기적 형식, 인간 경험의 조직된 형식이다."[8)]라고 주장했다. 이에 대해 레닌은 진리가 인간 경험의 조직 형식이라면 카톨릭의 교리 또한 진리가 된다고 조소하였다. 주관적 관념론의 입장에서 진리는 주관의 조직 형식, 따라서 경험의 조직된 형식이 된다. 이러한 입장에서 진리는 객관적으로 존재하는 것이 아니라 주체가 정확히 인식했는가 아닌가가 진리의 잣대가 된다. 여기서 조금 더 확장하면 인간의 집단에서 다수가 승인하는 것이 곧 진리가 되기도 한다. 그러나 (변증법적) 유물론의 입장에서는 진리가 다수가 승인하는가, 아닌가와 무관하게 인간으로부터 독립되어 객관적으로 존재하는 것이다. 예를 들어 인간의 존재, 인간의 출현 이전에 지구의 탄생 초기에 지구가 뜨거운 상태로 존재했다는 것은 현대 지구과학의 견지에서 보면 진리이다. 그리고 그것은 인간 이전의 진리이므로 인간으로부터 독립한 객관적 진리가 된다. 이것은 인간이 뜨거운 상태의 지구를 지각했는가 아닌가의 문제, 나아가 인간 다수가 그러한 상태를 승인하는가 아닌가의 문제가 아니라 과학에 의해 검증되고 증명되는 문제라는 것, 즉 객관적 진리의 문제임을 제기하는 것이다. 사실 객관적 진리가 존재하지 않는다면 이 세상에 과학은 설 자리가 없을 것이다. 물리학, 역학, 화학, 생물학 등의 과학이 과학인 이유는, 그것이 객관적 실재를 연구 대상으로 한다는 점, 그 대상에서 관철되는 필연성을 파악하고 나아가 거기서 일정한 법칙성을 발견한다는 점 때

---

8) 보그다노프, 레닌의 ≪유물론과 경험비판론≫에서 재인용, 아침, 1988, p. 128.

문이 아닌가?

　레닌은 이러한 객관적 실재를 물질이라는 개념으로 정식화하여 맑스주의 철학의 발전사에서 중대한 족적을 남겼다. "물질이란 인간의 감각에 의해 주어지고, 우리의 감각에 의해 복사되고 촬영되고 모사되지만, 그것과 독립하여 존재하는 객관적 실재를 표현하기 위한 철학적 범주이다."9) 물질에 대한 레닌의 이러한 정의는 그동안의 철학과 과학 발전의 성과를 담고 있고, 특히 당시 원자의 붕괴, 전자의 발견 등으로 인해 전개되고 있던 과학의 위기에 대해 철학적으로 답을 내린 것이었다. 원자의 붕괴, 전자의 발견 전까지 자연과학에서 이 세계, 물질의 궁극적 단위는 원자라는 인식이 지배적이었다. 더 이상 분할 불가능한 최소단위로서 원자 개념이 그동안 과학의 발전을 뒷받침하고 있었던 것이다. 원자의 불변성이라는 이러한 일종의 형이상학적인 원자 개념은 원자핵과 전자의 발견으로 인해 붕괴되었다. 이에 대해 과학자들은 물질이 소멸하였다, 전자는 더 이상 물질이 아니다, 물질이 비물질로 전환되었다고 주장하며 스스로 과학의 위기를 부채질하고 있었다. 그러나 레닌은 이에 대해 물질은 인간의 감각, 의식으로부터 독립하여 존재하는 객관적 실재라는 정의를 내림으로써 물질에 대한 형이상학적 관점을 극복하고 물질의 전화를 포함하여 물질에 대한 보다 포괄적이고 심원한 접근, 과학 발전의 새로운 전망을 열 수 있었다. 이로 인해 레닌은 맑스주의 철학사에서 레닌적 단계를 열었다고 평가받게 되었던 것이다. 원자는 붕괴될 수 있지만 그것은 물질의 소멸이 아니라 물질이 한 형태에서 또 다른 형태로 전화하는 현상이며, 방사능과 전자는 비물질이 아니라 우리가 알지 못하고 있던 물질의 보다 깊은 층위를 나타내는 현상으로서, 물질이 비물질로 전화되는 것이 아니라 물질에 대한 우리의 인식이 심화되는 것을 가리킨다는 점이 레닌에 의해 제

---

9) 레닌, ≪유물론과 경험비판론≫, 아침, 1988, p. 135.

기되었던 것이다.

이러한 레닌의 물질 개념에 대한 정의를 통하여 맑스와 엥겔스에 의해 창시되었던 변증법적 유물론은 현대 과학의 기초 위에 확고하게 설 수 있었으며, 실제로 이후 아인슈타인에 의한 상대성 이론의 발전 등은 변증법적 유물론을 확증하는 것이었다.

객관적 진리에 대한 승인은 일정하게 절대적 진리에 대한 승인을 내포하는 것이다. 그러나 절대적 진리는 과거 중세 유럽에서 횡행했던 것처럼, 존재, 본질, 형상 등 스콜라적인 신학적 개념을 통해 형이상학적 진리로서 제기되는 것이 아니라, 상대적 진리의 총화로서의 절대적 진리라는 변증법적 개념으로서 제기되게 되었다. 이에 대해 레닌은 "인간의 사유는 그 본질에 있어서, 상대적 진리의 총합인 절대적 진리를 우리에게 줄 수 있고 또 주는 것이다."10)라고 규정했다. 예를 들면 '모든 물질은 운동한다'라는 규정은 일종의 절대적 진리라고 할 수 있다. 그러나 그 규정은 물리학의 영역에서, 화학과 생물학의 영역에서, 사회적 영역에서 각기 상이한 물질의 운동으로 관철된다. 즉, 각각의 영역에서만 타당한 특수한 형태의 물질적 운동이라는 상대적 진리가 변증법적으로 종합되면서 고도의 추상적인 절대적 진리로서, '모든 물질은 운동한다'는 규정으로 나타나는 것이다. 따라서 어떤 진리가 있을 경우, 그것이 진리가 되는 상대적 조건을 규명하는 것이 중요하며, 또 다른 조건에서는 그 진리가 어떻게 변형되어 나타나는가를 탐구하는 것이 중요하다. 그런 점에서 '진리는 구체적이다'라는 변증법적 유물론의 명제가 성립하는 것이다.

---

10) 레닌, ≪유물론과 경험비판론≫, 아침, 1988, p. 140.

5. 레닌에 의한 변증법적 유물론의 범주들의 발전

레닌은 철학의 근본문제인 물질과 의식 중 어느 것이 일차적인가의 문제에서 다음과 같은 방법론을 제기하고 있다. "물질과 의식이라는 두 개의 궁극적인 개념에 대해 그 어느 것이 일차적인가라는 정의 이외에는 어떠한 정의도 본질상 불가능하다는 것을 이들도 알 수 있었을 것이다. "정의"를 내린다는 것은 무엇을 의미하는가? 그것은 본질적으로 한 개념을 그보다 더 포괄적인 다른 개념 속에 포섭시킴을 의미한다."11) 레닌은 일반적 정의는 당나귀는 동물이다와 같이 당나귀라는 개념을 그보다 포괄적인 동물이라는 개념에 포섭시키는 방식으로 이루어지지만, 물질과 의식과 같은 인식론의 궁극 개념에 대해서는 그와 같은 포섭시키는 방식의 정의가 불가능하며, 따라서 물질과 의식 중 어느 것이 일차적인가를 선택하는 것만이 가능하다는 점을 제기하고 있는 것이다. 사실 유물론과 관념론의 무수한 학파와 철학자들은 각기 물질과 의식에 대한 이러한 선택을 통하여 형성되었던 것이다. 그리고 물질과 의식 중 어느 것이 선차적인가에 대한 검증은 단순한 논리로서만이 아니라 실천, 실험과 산업, 계급투쟁 등을 통해 이루어지는 것이다. 실제로 현대의 뇌과학과 생리학의 발전은 의식이 뇌라는 물질의 내적 성질임을 입증하고 있는데 이는 과학의 발전이 유물론적 선택을 뒷받침하고 있는 사례이다.

그리고 레닌은 물질과 의식이 대립한다는 것의 의미를 다음과 같이 설명하고 있다. "물론 물질과 의식 간의 대립은 극히 국한된 범위 내에서만—이 경우에 있어서는 무엇이 일차적이고 무엇이 이차적인가 하는 인식론 상의 근본문제의 범위 내에서만—절대적 의미가 있는 것이다. 그리고 이 범위를 넘어서면 이 대립은 물론 상대적

---

11) 레닌, 앞의 책, p. 153.

인 의미밖에 없는 것이다."12) 레닌의 이러한 설명은 철학의 근본문제에 대한 태도 정립에 있어서 극히 귀중한 것이다. 물질과 의식이 대립하는 것은 인식론의 범주 내에서이며, 만약 인식론의 범위를 넘어서서 물질과 의식의 대립을 현실 세계로까지 확장하면 그것은 세계에 대한 이원론(二元論)이 된다는 것을 의미한다. 즉, 철학적 영역 내에서만 물질과 의식의 대립은 절대적이며, 철학의 영역을 넘어서면 물질과 의식은 상대적으로만 대립한다는 것이 레닌의 주장인 것이다.

레닌은 마하주의자들이 흄을 따라서 원인과 결과의 관계, 인과성이 자연에 실재한다는 것을 부정하고 인과성을 단지 하나의 사건에 뒤이어서 다른 사건이 발생한다는 시간적 순서로만 파악하는 것을 비판한다. 이들 마하주의자들은 자연에서 원인과 결과 관계의 필연성을 부정하고 "필연성은 개념에 세계에 속하는 것이지 지각의 세계에 속하는 것이 아니다"13)라고 주장한다. 마하주의자에게 지각은 곧 현실 세계를 의미하는 것이므로 이 인용문은 마하주의자들이 자연에서, 현실 세계에서는 필연적 연관이 존재하지 않으며 필연성은 단지 인간의 의식 내부의 개념의 세계에서만 나타난다고 하는 주장이다. 이는 인과성의 영역, 필연성의 영역에서 주관적 관념론을 나타내는 것이다. 그러나 인과성이 현실의 영역, 자연의 영역에서 존재한다는 것을 승인할 때만 과학의 성립이 가능하다. 그리고 우리의 인식 주관이 파악하는 필연성은 자연의 영역에서의 필연성의 반영으로 보는 것이 타당하다. 이것이 곧 변증법적 유물론의 인식론이다. 레닌은 이 점에 대해 "자연의 필연성을 승인하고, 이로부터 사유의 필연성을 도출하는 것이 바로 유물론이다."14)라고 정식화하고

---

12) 레닌, 앞의 책, p. 155.
13) 칼 피어슨, 레닌의 ≪유물론과 경험비판론≫에서 재인용, 아침, 1988, p. 170.
14) 레닌, 앞의 책, p. 176.

있다.

시간과 공간의 문제에 있어서 마하는 시간과 공간의 객관적 실재성을 다음과 같이 부정하고 있다. "시간과 공간은 일련의 감각의 질서정연한 체계이다."15) 시간과 공간을 단지 감각의 형식으로만 보는 것은 주관적 관념론적 인식이다. 칸트 또한 시간과 공간의 객관적 실재성을 부정하고 시간과 공간은 인간 직관의 주관적 형식으로 파악한 바 있었다. 이러한 견해에 따르면 지구의 계절 변화는 현실적인 것이 아니라 단지 우리의 주관에만 존재하는 것이 된다. 칸트나 마하가 이런 엉터리 같은 견해를 가지게 된 것은 그들의 인식론이, 철학적 견해가 주관적 관념론의 지반 위에 있기 때문이었다. 칸트의 입장에서 만약 시간과 공간이 인식 주관의 단순한 형식이 아니라 물질, 사물의 실재적 형식으로 승인되게 된다면, 그것은 칸트가 물자체는 그것이 무엇인지 알 수 없다고 한 주장과 모순되어 칸트 철학 전체가 붕괴하게 된다. 즉, 어떤 물질의 시간과 공간의 형식을 파악하게 된다면 그것은 그 물질과 대상의 실체, 본질에 대해 전부는 아닐지라도 상당 부분은 파악 가능한 것이 되기 때문이다. 그리고 마하와 같은 주관적 관념론의 입장에서는 세계 자체가 주관의 지각에 지나지 않으므로 시간과 공간 또한 객관적인 것이 아니라 지각의 형식에 지나지 않게 된다. 과거 중세 유럽이 신학에 의해 무지몽매한 세월을 보내야 했다면, 현대 부르주아 사회에서는 이러한 주관적 관념론이 대중을 무지몽매로 이끌고 있는 것이다.

끝으로 레닌은 자유와 필연성의 문제에서 마하주의자들을 비판하고 있다. 마하주의같은 주관적 관념론에서 자유는 필연성과 무관한 것으로서 단지 주체, 주관의 의지의 문제가 될 뿐이다. 이것은 고전적인 결정론과 자유의지의 논쟁에서 자유의지에 대한 옹호로 나타나기도 했던 문제이다. 그러나 과학의 발전은 자유와 필연성의 연관

---

15) 마하, 레닌의 ≪유물론과 경험비판론≫에서 재인용, 아침, 1988, p. 188.

에 대한 인식을 심화시켰다. 그리하여 헤겔에 의하면 자유는 필연과 무관한 것이 아니라 '필연의 지양'이라고 파악되었고 이러한 견해는 엥겔스에게 계승되었다. 엥겔스는 헤겔의 자유와 필연성에 대한 견해를 대중적으로 쉽게 개설했다. "필연이란 이해되지 않는 한에 있어서만 맹목이다.", "일정한 문제에 대한 인간의 판단이 자유로울수록 이 판단의 내용은 필연성에 의해 규정받는 것이다. … 그러므로 자유는 자연필연성에 대한 인식에 입각하여 우리 자신과 외적 자연을 지배하는 데서 성립하는 것이다."16) 그리고 자유와 필연성에 대한 이러한 인식에 입각하여 엥겔스는 자유는 역사적 발전의 산물이라고 파악했는데, 이러한 엥겔스의 견해의 깊이는 자유를 단순한 의지의 문제로 보는 견해의 피상성과 잘 대비된다.

6. 과학의 위기와 그에 대한 레닌의 철학적 해결

레닌이 ≪유물론과 경험비판론≫을 쓰던 1908-1909년 당시는 최신의 과학혁명이 이루어지고 있던 때였다. 당시 막 전자의 존재가 발견되었고 또 일정한 원자의 붕괴 현상이 관찰되어 과학자들은 이를 '물질의 소멸'로 파악하였다. 그리고 기존에 물질의 최소단위는 원자로 해석되었기 때문에 전자는 물질이 아닌 것으로 파악되었고 따라서 물질이 비물질로 전환된다는 해석이 나타났다. 이것이 이른바 과학의 위기의 실체적인 모습이었다.

과학자들은 "라듐-거대한 혁명"에서 에너지 보존의 법칙이 손상될 뿐만 아니라 물리학의 "다른 모든 법칙들이 똑같은 위험에 처해 있다"17)고 파악하였다. 이는 라듐 원소에서 방사능이 나오면서 방

---

16) 엥겔스, 레닌의 ≪유물론과 경험비판론≫에서 재인용, 아침, 1988, p. 199.
17) 포앙카레, 레닌의 ≪유물론과 경험비판론≫에서 재인용, 아침, 1988,

사능을 어떻게 해석하고 파악할지 몰라서 기존의 에너지 보존의 법칙과 맞지 않다고 그릇되게 파악했기 때문에 발생한 '위기'였다. 또한 전자의 발견이 이루어지고 전자의 질량이 거의 '0'에 가까운 것이 확인되면서 "질량이 소멸한다"는 그릇된 인식이 발생했고, 이는 질량을 기초로 한 기존의 고전 역학이 붕괴될 수 있는 것으로 해석되었다. 이러한 위기와 모순은 전자의 상태와 운동에 대해 기존의 고전역학을 넘어서는 전자기 역학의 발견과 발전으로 극복되게 되는데, 당시로서는 기존의 과학이 붕괴될 수도 있다는 충격을 안겨주었고, 그리하여 과학의 위기가 소리 높이 외쳐졌던 것이다.

이러한 '과학의 위기'의 발생은 철학적으로 관념론이 과학에 침투할 수 있는 틈을 만들어주었고, 과학자들은 새로운 발견들을 제대로 해석하지 못하면서 관념론에 기울어져 갔다. 포앙카레는 물리학의 기존의 법칙들이 파괴되고 있다고 해석하면서 이에 기초하여 법칙이란 것은 자연이 인간에게 부여한 것이 아니라 인간이 자연에 부과한 것이라는 그릇된 주장을 하였다. 그리하여 "사상이 아닌 모든 것은 순수한 무(無)이다"[18]라는 관념론적 주장을 하였다. 이른바 과학의 위기가 철학의 위기로 전화되고 있었던 것이다.

레닌은 이러한 상황을 분석하면서 앞서 고찰했던, 물질에 대한 새로운 정의를 내리면서 과학의 위기 자체에 대해서도 철학적인 해석을 하였다. 과학자들은 원자의 붕괴 현상을 보면서 "원자는 탈물질화되며 … 물질은 소멸한다"[19]고 파악했는데, 이러한 주장에 대해 레닌은 물질이 소멸하는 것이 아니라 거꾸로 물질에 대한 우리의 인식이 심화되는 것으로 보아야 함을 주장했다. 다소 길지만 물

---

p. 269.
18) 포앙카레, 레닌의 ≪유물론과 경험비판론≫에서 재인용, 아침, 1988, p. 270.
19) L. 올레비그, 레닌의 ≪유물론과 경험비판론≫에서 재인용, 아침, 1988, p. 275.

질의 소멸에 대한 레닌의 해석을 인용해 보자. "유물론과 관념론은 인식의 원천, 인식(그리고 "심리적인 것" 일반)과 물리적 세계의 관계 문제에 어떻게 대답하느냐에 따라서 구별되는 것이며; 반면에 물질의 구조의 문제 및 원자와 전자의 문제는 오직 이 "물리적 세계"에만 관계된 문제이다. 물리학자들이 "물질은 소멸한다"고 말한 의미는, 지금까지는 과학이 물리적 세계의 연구를 세 개의 궁극적 개념: 즉, 물질, 전기, 에테르로 환원시켰는데; 현재는 전기와 에테르만 남았다는 뜻이다. … "물질은 소멸한다"라는 말은 우리가 물질에 대하여 지금까지 알고 있던 인식의 한계가 소멸한다는 뜻이고, 이것은 우리의 인식이 더 깊이 들어간다는 뜻이며; 이전에는 절대적, 불변적, 근원적으로 여겨지던 물질의 성질(불가입성, 관성, 질량 등)이 마찬가지로 소멸하고 이제는 그것이 상대적으로 오직 물질의 일정한 상태에서만 특징적임이 밝혀진다는 뜻이다."20) 이것이 물질의 소멸을 중심으로 한 과학의 위기에 대해 레닌이 해석하고 철학 상의 해결방안을 제시한 내용이다. 원자의 붕괴는 기존에 원자를 물질의 최후 단위로 해석하던 과학의 입장에서는 과학의 붕괴 혹은 위기를 불러오는 것으로 볼 수 있지만, 실제로는 물질에 대한 우리의 기존의 인식이 무너지고 물질에 대한 새롭고 보다 더 깊이 있는 인식이 발생하고 있다는 것으로 해석되어야 함을 레닌은 제기한 것이다.

그리고 전자의 발견으로 원자가 원자핵과 전자로 나뉘어져 있다는 인식의 발생은 물질의 최후 단위로서 원자라는 인식은 무너뜨렸지만 객관적 실재로서의 전자는 비물질이 아니라 물질의 새로운 형태이며, 따라서 전자의 상태와 운동에 대한 우리 인식의 확장은 물질에 대한 우리의 인식의 붕괴가 아니라 우리의 인식의 새로운 심화, 확장이라는 것이 레닌의 주장이었다. 그리고 기존의 고전 역학

---

20) 레닌, ≪유물론과 경험비판론≫, 아침, 1988, pp. 277-278.

에서 물질의 질량은 고정되어 불변하는 것으로 인식되었는데, 전자와 같은 소립자에서는 소립자의 운동에 따라 질량이 달라지는 현상이 발견되면서, 기존의 고전 역학은 전자와 같은 소립자의 운동에는 들어맞지 않으며, 따라서 전자와 같은 소립자의 운동에 대한 새로운 역학이 창안되어야 함을 제기하는 것이었고, 이는 이후 전자기 역학의 발견과 발전으로 나타났다. 또한 레닌이 말한 에테르라는 개념은 당시 과학의 한계를 반영하는 것이었는데, 이후 과학의 발전으로 에테르라는 것은 존재하지 않는다는 것이 입증되었다.

이러한 전자기 역학의 발전, 물질의 불변의 질량을 상정하는 고전 역학의 붕괴는 물질의 영역, 과학의 영역에서 형이상학적 사고를 붕괴시키면서 변증법적 인식을 고취시켰는데, 이는 다름 아니라 변증법적 유물론이 과학의 발전에 힘입어 확증된다는 것을 의미하였다.

레닌은 물질 개념과 의식 개념을 통합시킨다는 오스트발트의 에너지론을 비판하면서 물질과 운동의 통일성이라는 변증법적 유물론의 근본 명제를 전개했다. 레닌은 "물질 없는 운동은 생각할 수 없다"라는 엥겔스의 언명을 인용하면서 오스트발트의 에너지론이 실제로는 물질 없는 운동을 상정하는 것임을 폭로하였다. 오스트발트는 "물질과 정신의 양 개념을 에너지 개념에 종속시킴으로써 결합시키는 방법을 통해, 낡은 난점을 간단하고 자연스럽게 제거하는 것을 큰 수확"21)이라고 간주한다고 주장하였다. 여기서 우리는 오스트발트의 에너지 개념은 지금 우리가 상식적으로 알고 있는 에너지 개념과 달리, 물질과 정신의 양 개념을 모두 포함하는 것이라는 점을 알 수 있다. 이는 기존의 철학논쟁에서 나타났던 진부한 관점, 즉, 새로운 개념을 제시하여 물질과 의식의 대립, 유물론과 관념론의 대립을 넘어선다는 관점이 과학의 영역에서 재탕되는 것에 지나지 않았다. 오스트발트의 에너지 개념은 정신의 요소를 포함함으로

---

21) 오스트발트, 레닌의 ≪유물론과 경험비판론≫에서 재인용, 아침, 1988, p. 288.

써 물질과 분리된 에너지의 상정을 가능하게 하는 것이었는데, 이는 물질과 분리된 운동이라는 관념을 바탕에 깔고 있는 것이었다. 이는 고양이는 없는데 고양이의 웃음은 남아 있다는 주장을 가능하게 하는 것이었다. 여기서 레닌은 오스트발트의 에너지 개념의 비과학성을 비판함으로써 물질과 운동의 관계에 대한 변증법적 유물론의 관점을 확립하는 길을 걸었다. 그리하여 레닌은 "운동을 물질로부터 분리시키는 것은 사유를 객관적 실재로부터 분리시키는 것, 또는 나의 감각을 외적 세계로부터 분리시키는 것—한마디로 말해서 관념론 쪽에 붙는 것과 같은 것이다."22)라고 정식화를 하였다.

사실 물질과 운동의 관계, 물질과 운동의 통일성의 테제는 물질이 무엇인가라는 정의 못지않게 변증법적 유물론의 근본 명제에 해당하는 것이다. 운동은 물질의 본질적 속성이라는 것, 따라서 운동 없는 물질은 존재하지 않고 또 물질과 분리된 운동은 존재하지 않는다는 것, 이러한 관점, 이러한 명제는 단지 직관적인 착상에 의해 발견된 것이 아니라 철학의 발생 이래로 수천 년 동안 인류가 철학과 과학의 발전을 통해 서서히 발견하고 다듬어 온 것이며, 결정적으로는 변증법적 유물론에서 정식화된 것이었고, 레닌은 이를 ≪유물론과 경험비판론≫에서 논쟁적으로 확인하고 정립한 것이었다. 물질과 운동의 통일성 테제는 과학이 무한대의 우주로 확장하고 또 물질의 내부의 소립자의 세계로 침투함에 따라 발생하는 새로운 발견에 대해 유물론적 인식, 변증법적 인식의 토대를 놓은 것이었다. 소립자의 세계에 대한 과학인 현대의 양자역학에서 그 주류는 하이젠베르크와 같이 관념론의 길을 걷고 있는데, 이들 관념론적 과학자들의 흐름에 대해 변증법적 유물론의 물질과 운동의 통일성 테제는 커다란 비판으로 작용하고 있다. 노사과연

---

22) 레닌, ≪유물론과 경험비판론≫, 아침, 1988, p. 284.

신화와 환상의 끝
오늘을 마주하며 내일을 준비하기 위해*

디미트리스 코스춤바스(Dimitris Koutsoumbas)**
번역 : 송서경 | 회원

우리는 인민들과 전 세계 민족들을 위협하는 새로운 코로나바이러스 대유행의 한복판에 있다. 우리 당은 높은 책임감을 갖고 이런 전례 없는 뜻하지 않은 사태를 마주하고 있다. 그 시작부터 우리는 모든 행사를 미루었고, 공공의 건강을 보호하고 예방하기 위한 조치의 틀 내에서 당 조직들의 활동과 행동을 조정했다. 동시에 사람들의 건강과 노동자의 권리를 보호하기 위해 필요한 모든 조치를 즉각 취할 것을 요구했다.

이러한 어려운 상황에서 우리 당이 개입하는 내용은 다음 슬로건이 적절하게 표현한다: "우리는 강하게 버틴다. 우리는 침묵한 채로 버티지는 않는다."

우리는 우리 자신을, 가족을, 친구와 동지들과 동료들을 보호하며 **강하게 버틴다**. 우리는 공공 의료 체제의 결점에 대해 침묵한 채로 버티지는 않는다. 우리는 대유행을 다루기 위해 이미 행해졌어야 할 모든 것을 강조하고 요구한다.

우리는, 병원과 모든 의료 단위에서 엄청난 자기희생적인 거대한

---

* 원문은 다음과 같다. https://inter.kke.gr/en/articles/The-end-of-myths-and-illusionspTo-face-the-present-and-prepare-tomorrow/
** 그리스 공산당 중앙위원회 총서기

전쟁을 치르고 있는 동지들의 보호는 물론이고, 각자의 일터에서 인간의 생존에 필수적인 수단들을 생산하느라 고생하고 있는 동지들을 보호하기 위해, 그리고 우리의 건강과 생명을 보호하기 위해, 민간 의료 부문의 즉각적인 징발과 의료 전문가 수천 명을 채용할 것을 특별히 강조한다.

우리는 강하게 버틸 것이다. 우리는 방역 조치와 특수한 조건을 고려하면서, 직장과 지역에서의 저항, 요구를 낮추지 않을 것이다.

우리는 이 위기의 부담을 노동자에게 다시 한번 지우려고 하는, 고용주의 독단과 정부 정책에 대해 침묵한 채로 있지는 않을 것이다.

우리는, 정부와 대기업 사용자들이 위선적인 부르주아적 윤리가 반영된, "이 위기를 함께 극복해 나가자"라는 슬로건 하에 부과하고 싶어 하는 **침묵을 깬다.** 매우 간단히 말하면, 우리는 의료 전문가를 채용하고, 민간 부문을 징발하며, 노동자들을 보호하기 위해 필요한 모든 도구와 수단을 제공하는 예방책과 보호 조치들을 "모두 함께" 취할 수 없기 때문이다. 현 체제의 틀 내에서는, 위에서 말한 모든 것들이, 실질적인 권력과 소유권을 쥔 계급과 함께, 그것을 지도하는 국가와 정부가 해야 하는 일들이다. 물론, 노동자계급과 인민 층이 "모두 함께" 단결하여 그들을 영구적으로 역전불가능하게 퇴장시키고, 또한 우리의 동료 인간들의 죽음을 초래하는 자본주의적 이윤과 대립되는, 사회적 재화가 우선적으로 중요시되는 사회를 건설할 때까지 말이다.

우리는 제한 정책에 의해 타격을 입은 노동자와 자영업자를 위한 **조치를 요구한다.**

우리는 약 4만 명의 해고와 그에 앞서서 더 큰 피해를 입힌 변화들의 철회를 요구한다. 우리는 더 큰 노동 유연성에 관한 조치들과 같이, 전염병을 핑계로 도입되어, 영구적으로 되려 하는 조치들을 정당한 것으로 인정하지 않을 것이다.

* * *

우리는 개인의 책임을 부정하는 것이 아니다. 하지만 국가가 자신의 일차적 책임을 떠맡을 때 개인의 책임이 성립된다.

신민주주의당 정부의, 모든 것을 "개인의 책임"으로 돌리는 의사소통 전략은, 특히 인민에게 진실을 숨긴다는 점에서 교활하다.

그 의사소통 전략의 목표는, 모든 그리스 정부가 수용하고 승인한 유럽연합(EU)의 전반적인 정책으로 인한—뿐만 아니라 모든 정부들, 특히 신민주주의당, 파속(PASOK)당, 그리고 시리자당의 정부들이 답습해 온 퇴보, 상업화, 삭감의 오늘날의 정책으로 인한—공공 의료 체계의 거대한 결함을 감추는 것이다.

시리자 정부가 만드라와 마티의 비극을 개인의 책임 탓으로 돌렸을 때, 시리자 정부는 "개인의 책임"이라는 동일한 의사소통 전략을 따르지 않았던가?

현 정부의 위선은 필수적인 제한 조치에 의해서도 입증된다. 왜냐하면 이 조치들은, 노동자들이 필수적인 예방책도 없이 밀집되어 있는 사업장, 병원, 슈퍼마켓과 다른 사업장들의 "문" 앞에서 멈추기 때문이다.

이웃나라 이탈리아의 예를 보면, 바이러스 확산은, 주요 확산 중심인 북부의 대규모 산업 지대가 기업가와 정부의 책임 하에 생산을 멈추지 않았기 때문이라고 주장되고 있다.

위와 같은 모든 것에 대해서 우리는, 신민주주의당 정부뿐만 아니라 책임지지 않는 대고용주들 양쪽에 대해 대응해야 한다. 우리는 오늘날 시리자와 다른 부르주아 당들이 본질적으로 대중에게 무장해제와 순종을 요구하면서 제기하는, 조작된 "단결"이라는 침묵을 암시하는 특수한 정세라는 이름으로 이러한 대응을 미루어서는 안 된다. 그리고 이것은, 누구도 이러한 어려운 상황에서 고립감을 느끼지 않도록 하기 위해 사고, 의식, 순수한 계급 지향적 이성 그리고 실천적으로는 전투적인 생활 태도와 관련된다.
 우리 자신의 단결, 노동자 계급과 고통 받는 인민의 단결은, 인민과 그 아이들의 생명을 위험에 처하게 하는 유럽연합, 대자본, 그리고 그들의 정부의 정책들에 맞서 꾸준히 안내하며 매일 세워지고 있는 단결이다.
 특히 시리자당과 같은 당들의 반대는, 궁극적으로 그리스 인민의 이익에 영향을 끼치는 모든 위험스런 조치에 있어서 "공범자"의 반대로, 역사에 남을 것이다.
 미국과 북대서양조약기구(NATO)와의 위험한 관계, 그리스-터키의 관계, 그리고 터키의 침략과 도발과 함께 나란히 발전하는 제국주의적 공격에 직면하고 있다는 것, 난민-이민자의 드라마에 대한 관리에서부터, 팬데믹 자체의 관리에 이르기까지, 시리자 당은 자신의 제휴와 협력 전략 때문에, 인민의 생명에 중요한 이 모든 쟁점들에 대해 신민주주의당 정부와 공모하고 있다.
 무엇보다, 공공 의료 체계의 해체는, 오래되거나 거의 없다시피 한 제1 건강보험부터, 팬데믹과 상관없이 그 한계에 이미 도달한 주요 병원들에 이르기까지, 지금 그 모습을 드러내고 있다.

● 이전 신민주주의당 정부는 병원들을 폐쇄했고 시리자는 그 병원들을 폐쇄된 채로 방치하였다.
● 신민주주의당 정부는 의료 기금을 삭감했고 시리자는 그것들을 훨씬 더 삭감했다.
● 어느 정부도 필수적인 의료 및 간호 인력을 채용하지 않았다.
● 더불어 그들은 사기업 부문이 공공 의료 부문을 업그레이드하는 것을 도울 수 있다고 인민에게 말해 왔다.

* * *

   코로나 바이러스 팬데믹 동안 **완전히 반박되는 신화**는 공공 부문과 민간 부문이 조화롭게 공존하며, 그리하여 이 상황에 대해 역점을 두어 대처하는 데 기여할 수 있다고 말하는 것이다. 이 신화는 그 비용을 지불할 여유가 되는 사람들만 접근 가능한 코로나 바이러스 검사를 수행하는 민간 의료 센터들―국가 계획에게서 귀중한 자원을 빼앗고 동시에 바이러스의 확산 위험을 증가시키는―의 부당이득에 의해 반박된다.
   이 신화는, 기초적 자원과 약품의 공급을 위해 매우 수익성이 좋은 사업을 운영할 기회를 발견하는, 대기업들에 의해 수행되는 세계시장에서의 "전쟁"에 국가가 의존한다는 사실에 의해서도 반박된다.
   어떠한 영업적 활동도 폐지하는, 전적으로 공적이고 무상으로 제공되는 의료 체계의 필요성은 극적으로 입증되었다.
   모든 시선이 공공 의료체계에 가 있는 지금조차도, 정부가 발표한 의료 인력 채용은 팬데믹 상황은 말할 것도 없고 평상시의 기본적 필요를 충족시키는 것조차 충분하지 않다.

   현재의 상황은 다음을 요구한다:

● 민간 의료 단위들의 즉각적인 징발과 그것들의 중앙집중적인 국가 계획으로의 통합
● 의료 전문가들은 누구보다 무엇이 필요한 지 잘 알기 때문에, 그들이 요구하는 모든 필요한 수단들을 병원에 즉각적으로 공급할 것.
● 모든 중환자실의 개방
● 모든 필수적인 의료 인력의 채용

야당 지도자가 민간병원의 "징발"에 대해 말한 것은, 사실상 EOPYY(의료 서비스 제공을 위한 국가 기관)와의 계약의 확장에 관한 것이다. 명백하게 시리자는 민간 의료 부문의 실제적이고 즉각적인 징발을 제안조차 하지 못했다.

* * *

반박되고 있는 두 번째 신화는 '정상으로의 회귀'와 높은 성장률에 관한 것이다. 이 모든 것은. 지금은 그리스 경제 또한 깊은 침체에 빠져 있다는 것을 인정하는 것에 자리를 내주고 있다.

물론 EU를 비롯한 주요 자본주의 국가들의 경기 둔화가, 새로운 자본주의 공황의 위험의 증대에 선행하고 있었다.

물론 현재의 팬데믹은 그것의 주된 원인이 아니라 단지 촉매 역할만 한다. 그리스 경제는 또한 관광업이라는 "단일 부문 경제"의 영향을 받을 것이 확실한데, 이는 그리스 경제의 외향성을 전적으로 승인했던 사람들 모두를 폭로하고 있다.

EU와 회원국 정부에 의해 취해진 조치들, 보호무역 조치, 국경 폐쇄, 자국의 독점그룹에 패키지로 금융 지원하는 것에 이르는 조치들은, 이 과정을 멈추지 않을 것이다.

자본주의 경제를 지원하기 위하여 촉진된 재정 완화뿐만 아니라, 이러한 케인즈식 국가 개입에 대해, 노동자들이 새로운 국가재정 부족과 새로운 대출(로 인한 결손-역자)에 대해 그것을 채워 넣기를 요구받을 것이며, 그에 대해 다시 한번 (비용을-역자) 지불해야만 한다는 점을 우리는 알아야만 한다.

유명한 '유럽의 연대'에 대해 말하자면, 각국의 부르주아들 내에서조차 하나의 농담처럼 들린다. "상품 이동의 자유"를 보장하는 유럽연합에서 독일과 프랑스가 필수적인 보건용 자원의 다른 나라들로의 수출을 금지했을 때, 특히 그러하다.

따라서 EU가 민족들의 연합이 아니라 "약탈적 동맹"이자 제국주의 국가 연합인 "사자의 소굴"이라는 것이 또한 이런 식으로 그리고 유럽 인민들에게 비극적인 시기에서조차 증명되고 있다. 이는, 다양한 부르주아 정당들이 야당일 때 했던 것처럼, EU에 대해 단지 강경한 태도를 취해야 할 필요성을 증명할 뿐만 아니라, EU와의 단절을 가져오고, 노동자계급과 각 나라의 인민이 권력과 소유를 향유하는 것을 가져올, 정치적이고 전략적인 선택의 필요성을 드러내는 것이다.

* * *

그렇지만 무엇보다도, 팬데믹은 매일같이 더욱더 자본주의 체제의 한계를 조명하고 있다.

팬데믹은, 의료와 같은 현대의 필요와 사회적 재화가 시장과 이윤의 자비에 맡겨질 수 없다는 것을 입증하고 있다.

이러한 부패는, '신자유주의적 자본주의', '극단적인 자본주의' 등과 같은, 궁극적으로 자본주의 체제 자체를 전적으로 지지한다는 것을 감출 뿐인, 몇몇 사람들이 자본주의를 묘사하기 위해 사용하곤 하는 형용사들에 의해 감추어질 수 없다.

왜냐하면, 그것은, "개인적인 개선에 의해 교정될 수 있는," 혹은 "부르주아 권력의 일부 관리자들을 자유주의자에서 사회민주주의자로—혹은 역으로—변경시켜 변화를 주는 것에 의해 교정될 수 있는", "단순한 정치 전략의 실수", "하나의 잘못된 접근"일 수 있다고 더 이상은 말할 수 없기 때문이다.

그것은 똑같은 오래된 이야기이다 …

그러나 이 경우에 사람들은, 그렇게 어렵지는 않은 코로나 바이러스 팬데믹이라는 조건에서, 그러나 어떠한 경우에도 자본주의적 조건 하에서, 영구적으로 관(管)을 삽입당하고 있고 덫에 걸려들고 있다.

누가 살고 누가 죽어야 하는 지 의사들이 선택을 강요당하는 이런 터무니없는 상황은, 이탈리아와 같은 "신자유주의" 정부가 있는 나라들만 아니라 스페인처럼 가짜 "진보 동맹"이 통치하는 나라들에도 존재한다.

오늘날 자본주의 자체가 파산하고 있고 모든 유형의 시장 경제 자체가 파산하고 있는데, 이는 노동자계급과 인민이 과학 및 기술의 발전에 따라 양질의 의료 서비스를 누릴 수 있는 모든 기회를 무효화하고 있다. 왜냐하면 바로 그것의 주요 기준이 자본주의적 이윤이기 때문이다.

팬데믹 조건에서조차 모든 것은 자본의 수익성에 종속되어 있다. 이것이, 이탈리아 북부의 산업 노동자들이 금지령에도 불구하고, 보호 조치 없이 일하고 있고, 이로 인해 우리가 아는 비극적인 결과가 나타난 이유이다.

이것이, 세계 최고 수준의 과학자와 연구소의 협력과 공동 노력이 있어야 하는 상황에서, 누가 새 백신 특허를 낼 지를 둘러싸고 초국적 독점자본들 간의 경쟁이 첨예해지는 이유이다.

이것이, 지금에 있어서조차 대고용주들이, 남아 있는 노동권을 짓밟고, 재택근무와 같은 새로운 형태의 착취를 시도하며 대량 해고를 진행하는 이유이다.

파산한 자본주의의 부패에 맞서, 우리는 모두에게 건강과 의료보험을 보장했던 사회주의, 특히 모든 수준에서 엄청나게 지연되었던 조건 하에서 그 건설을 시작한 지난 세기의 나라들에서의 사회주의 우월성을 명백히 볼 수 있다.

우리나라와 EU 나라들에서 지배적인 상황과 비교할 수도 없는, 30년 전 쏘비에트 러시아의 수치들은 가차 없는 것이다: 110만 명이 넘는 의사, 전 주민에 대한 완전한 무상의료, 주민 1만 명 당 1,387개의 병원 병상.

오늘날에 있어서조차, 쿠바 의사들의 이탈리아로의 파견, 당시는 독일민주공화국이었던 독일의 절반에 있었던 사회주의 체제 덕분으로 존재하고 있는 독일과 같은 나라들의 의료 기반시설, 그리고 심지어 사회주의 잔재를 드러내고 있는, 자본주의 중국에서의 팬데믹의 관리는, 사회주의 체제가 타도된 지 30년이 지난 후에조차 사회주의가 강력한 사회적 각인을 남기고 있다는 것을 보여주고 있다.

* * *

그래서 이런 전례 없는 조건 속에서 우리는 강건하게 버티며, 노동자의 생명과 권리를 위한 보호 대책을 위해 투쟁하고, 노동자계급, 우리 인민의 다수를 위한 유일한 전망―그것은 새로운 사회, 즉 사회주의이다―을 제기하고 있다.

사회주의, 사회적 소유, 그리고 중앙집중적인 과학적 계획의 확실한 우월성은 미래를 위한 위대한 유산이다.

이러한 "격리"의 시대에 우리의 생각과 정치적 행동에 이 점이 널리 퍼지도록 하자. 우리는 어떠한 정치적 "격리"도 부정한다. 우리는 사고에 있어서의 "격리"를 반대한다. 우리는 생각하고 공부하고 행동하며, 오늘을 마주하여 활동을 조정하지만, 그러나 또한 미래를 바라보며 내일을 준비하고 있다. 노사과연

2020년 3월 31일

다양한 나라들에서 자본주의의 발전의 상이한 수준에도 불구하고, 노동자의 이익의 통일을 위한 투쟁에서 그 전위
— 공산당들 간의 관계[*]

기오르고스 마리노스(Giorgos Marinos)[**]

번역 : 제일호 | 부산지회 회원

≪공산주의자들은 자신들의 견해와 목표를 숨기는 것을 경멸한다. 그들은 현존하는 모든 사회적 조건을 힘으로 전복해야만 자신들의 목표를 달성할 수 있다고 공개적으로 선언한다. 지배 계급이 공산주의 혁명에 와들와들 떨게 만들자. 프롤레타리아들에게 잃을 것은 사슬 말고는 없다. 공산주의자들에게는 쟁취해야 할 전 세계가 있다.≫

전 세계 노동자여 단결하라!

K. 맑스와 F. 엥겔스는 ≪공산주의 당 선언≫에서 대체할 수 없을 정도로 귀중한 이 구절을 통해 혁명적 전략의 필요성과 상이한 나라들에 살고 있는 노동자들의 통합된 투쟁의 필요성을 표현했다. 그들은, 상이한 나라들의 노동자계급이 모든 조건에서 공통의 이해

---

[*] 원문은 다음과 같다. https://www.iccr.gr/en/issues/issue-10/
[**] 그리스 공산당 중앙위원회 정치국 국원

관계와 공통의 적을 가지고 있음을 보여주면서. 피부색, 언어, 문화, 종교적 전통에 근거하여 노동자들을 분할하고자 하는 모든 노력에 반대하여, 노동자계급 단결의 커다란 중요성을 강조했다.

공산주의 인터내셔널 창립(1919년 3월 2일-6일) 100주년을 기념하면서, 그리스 공산당 중앙위원회는 국제 노동운동의 투쟁을 존중하며, 당 중앙위원회의 관련된 성명에서 공산주의 인터내셔널 역사의 기본적인 결론들을 요약하고 있다.

결론적으로, 공산주의 인터내셔널과 이전의 노력들이, 그 기반과 출신 "국가"에 관계없이, 노동자계급의 국제적인 적에 맞서, 자본과 그 대표자들에 맞서, 노동운동의 국제적 통일을 방해하는 부르주아적 개입과 기회주의자들의 개입에 맞서는 끊임없는 투쟁과 혁명적 노동운동의 국제적 통일을 위한 필요성을 표현했다고, 우리는 여기서 말할 수 있을 것이다.

국제주의적 투쟁은 민족적 수준에서 독점자본들, 부르주아 권력과 제국주의 연합에 맞서는 적대적인 갈등의 노선이 있을 때 효과적으로 발전될 수 있다. 공산당들이 자본의 이익에 봉사하는 정부에 대한 지지와 참여로 인해, 부르주아 개혁과 부르주아적 지배를 위한 투쟁을 하는 덫에 갇히지 않을 때, 그리고 노동자-인민의 이익을 수호하기 위한 끊임없는 투쟁을 통해, 공산당들은 각각의 나라에서 강력한 기반을 구축하게 되며, 그 결과 노동운동이 처해 있는 국면에 관계없이, 지역적 및 국제적 차원에서 투쟁을 더 잘 조율하고 자본주의를 전복하려는 목표에 그들의 투쟁력을 더 집중할 수 있게 된다.

이론들: 자본-노동 간의 모순을 은폐하는 이데올로기적 구조

사회주의를 건설하고 있던 쏘련과 다른 나라들에서 반혁명과 사회주의의 전복 이후, 오래된 기회주의 이론들이 재생산되고 있고,

다양한 나라들에서 자본주의의 발전의 상이한 수준에도 불구하고, 노동자의 이익의 통일을 위한 투쟁에서 그 전위

기본적인 자본-노동 간의 모순을 모호하게 하고 은폐할 뿐만 아니라 "프롤레타리아 국제주의"의 원칙을 침식하려 시도하는 새로운 이론들이 추가되고 있다.

무엇보다도 "부유한 북부-가난한 남부", "대도시-주변 지역", "황금의 십억"에 관한 이론들이 그러한데, 예를 들어 강력한 자본주의 국가의 주민은 좋은 삶을 살고 있고, 제국주의 체제에서 더 낮거나 중간 위치에 있는 자본주의 국가의 주민들만이 고통을 받는다고 주장하는 이론들이 그러하다.

이러한 이론들은 기회주의를 재생산하고 번성하게 하며, 공산주의의 근본적 원칙으로부터의 중대한 후퇴를 가져오는 것으로서, 노동운동 내부에서 부르주아적 견해의 깊은 영향을 반영하고 있으며, 공산주의 운동의 이데올로기적 및 정치적 위기의 하나의 요소이다.

자본주의는 결코 어디에서도 균등하고 균형 잡힌 방식으로 발전한 적이 없다.

객관적 조건, 천연 자원 및 경제적 잠재력과 관련된 상이한 출발점, 유리하거나 불리한 지리적 위치, 역사적 상황, 적대 관계 및 제국주의 전쟁, 자본주의 공황의 시기와 빈도 및 깊이는 상이한 발전 속도를 형성한다. 불균등 발전은 자본주의의 절대적인 법칙이다.

예를 들어 미국, 독일, 프랑스, 중국 및 러시아는 제국주의 체제에서 상이한 위치, 피라미드의 상부를 차지하고 있는 반면, 그리스는 중간 위치에 있다. 각각의 자본주의 국가는 경제력, 정치력, 군사력에 따라 자본주의 체제에서 각자의 위치를 가지고 있지만, 각 국가는 독점자본주의 단계에서 자본주의의 사회적-경제적-정치적 구성체의 법칙에 의해 지배된다.

우리는 자본의 정치적 권력과 생산 수단의 자본주의적 소유, 발전의 원동력으로서 이윤이라는 기준, 자본주의 사회를 지배하는 부르주아 계급과 착취당하는 노동자계급으로 분열시키는 것에 기초한 사회적-계급적 구조, 자본의 집적과 집중의 결과를 경험하는 중간계층—이들 중간계층의 일부는 파괴되거나 혹은 독점자본들의 추종자가 된다—에 대해 언급하고 있다. 그리고 이 모든 것은 자본주의 사회의 공통된 특징이다.

맑스는 19세기 영국의 발전과 관련하여 국제 노동자 협회(International Workingmen's Association)의 창립 연설에서, "당신이 망가진 건강, 타락한 도덕, 그리고 정신의 파멸이 어떤 조건에서 발생했는가를 알고자 원한다면 … "부와 권력의 흥분할 정도의 증대는 전적으로 유산 계급에 국한된 것이다." 모든 곳에서 노동자계급의 거대한 대중은 더 깊이, 적어도 그들 위에 있는 사람들이 사회적 지위에서 상승하고 있는 것과 같은 비율로 가라앉고 있었다. 유럽의 모든 나라에서 그것은 이제 모든 편견 없는 지성에게 명백한 진실이 되었고, 바보의 낙원에서 다른 사람들을 방해하는 데 관심이 있는 사람들에 의해서만 비난되었다. 기계의 개선, 생산에 대한 과학의 적용, 의사소통의 장치, 새로운 식민지, 이민, 시장의 개설, 자유무역은, 그리고 이 모든 것들이 합쳐지더라도, 근면한 대중들의 불행을 없애지는 못할 것이다; 오히려 현재의 잘못된 기반에서는, 노동의 생산력의 모든 새로운 발전은 사회적 대립을 심화시키고 사회적 적대를 가리키는 경향을 띨 수밖에 없다. …"1)

맑스가 제시한 이러한 중요한 점들은, 레닌이 분석했고 우리 시대에 심화되고 있는 제국주의 시대에서 확증되고 강화되었다.

오늘날 세계적 수준에서 부는 고도로 집중되어 있다: 가장 부유한 10%가, 중국, 유럽 및 미국에서 전체 부의 70% 이상을 소유하고 있는 반면에, 가장 가난한 50%는 2% 미만, 중간의 40 %는 30% 미만을 소유하고 있다.

---

1) 칼 맑스, 국제노동자협회의 창립 연설과 임시규약, "일반적 규약들"의 첨부, 런던, 1864.

미국에서 부는 1920년대 이후로 가장 집중된 수준에 있다. 미국인 중 가장 부유한 1%가 전체 가구 부의 40%를 소유하고 있다.[2]

부의 집중은 더욱 가속화되고 있는데, 예를 들어 2018년에는 26명의 억만장자가 인류의 최빈곤층 절반의 소득과 동일한 재산을 소유하고 있다.

지구상의 억만장자들은 자신들의 부가 2018년에 12% 혹은 하루 25억 달러씩 증가한 것을 목도한 반면에, 지구상 인구의 최빈곤층 중 절반인 38억의 사람들은 자신들의 부가 11%, 혹은 하루에 5억 달러씩 감소하는 것을 목도했다.

억만장자의 수는 2008년 경제 공황 발발 이후 두 배로 늘어났다.[3]

노숙자와 관련하여 뉴욕 타임즈(New York Times)는 영구적인 숙소가 없고, 노숙자 숙소나 친척과 함께 지내는 학생들이 114,659명이라고 언급했다. 이 숫자는 2010년의 두 배 이상으로 도시 역사상 기록되었던 수치 중 가장 높은 수치이다. 도시 공립학교의 학생 인구가 대략 110만 명이라는 점을 감안할 때, 이 수치는 학생 10명 중 1명이 집이 없으며 뉴욕이 이 분야에서 최고라는 것을 의미한다. 뉴욕에는 학생 3명 중 1명이 집이 없는 지역이 있다(브롱크스(Bronx)에 있는 빈곤 지역의 학교는 학생의 44%가 집이 없다).

유럽연합에서는 1억 1천만 명이 빈곤선 아래에 살고 있다. 1,600만 명 이상의 실업자가 있으며 더 많은 사람들이 일시적 또는 시간제의 실업 상태에 있다. 유럽 자본주의의 원동력인 독일에서는 8백만 명 이상이 소위 소형 일자리(mini jobs)에 고용되어 비참한 급여를 받고 있다. 스칸디나비아 국가들의 은퇴 연령은 70-74세로 증가했다.

자본주의의 야만성을 기록하는 이러한 예들과 기타 많은 자료들은 "황금의 10억", "대도시-주변지역" 그리고 연관된 접근 방식의

---

2) www.capital.gr/forbes (20/2/2019)
3) www.eea.gr (21/1/2019) Athens Chamber of Commerce

이론이 근거 없음을 폭로한다.

자본-노동 간 모순은 국제적으로 더욱 심화되고 있는 중이다. 자본주의 발전 수준이 낮은 국가와 선진 자본주의 국가의 부르주아 모두가 부를 증가시키고 있는 반면에 그 나라들은 인민의 요구를 충족시켜주지 못할 뿐만 아니라 상대적이든 절대적이든 노동자계급과 인민의 상황은 악화되고 있다. 그리고 이것은 독점 그룹들이 독립적으로 또는 국제적 기업과 협력하여 노동자계급에 대한 착취로부터 막대한 자본을 축적하고 있는 아프리카, 아시아 및 라틴 아메리카의 "더 빈곤한 국가"를 포함하여 대륙 전체에 걸쳐, 모든 곳에서 해당되는 사실이다. 결론적으로 공산당과 노동당들의 단결된 투쟁, 그들의 활동의 협력은 국경이 없으며 전 세계로 확장되어야 한다.

최근 몇 년 동안 기술적-과학적 약진과 생산에서의 그것들의 적용은 자본주의의 막다른 골목에 대한 만병통치약으로 장려되어왔다.

로봇 기술, 인공 지능, 현대 정보 시스템, 이른바 4차 산업 혁명이 추진되고 있는 중이다. 이것은 경제 부문의 재조직화, 생산성 증가로 이어지는 생산력 발전의 새로운 수준이다.

착취적인 자본주의의 생산 관계로부터 기술과 과학의 발전을 분리하여, 생산력의 발전이 인민의 문제 해결에 관한 환상의 배양을 수반하는 것은 이번이 처음이 아니며, 착취적인 자본주의의 생산 관계는 생산력의 방향성을 결정하고 그것을 부르주아 계급, 자본의 수익성 및 경쟁력에 봉사하게 만드는 뼈대(framework)이다.

예를 들어 새로운 기술 분야에서 우위를 차지하거나 강력한 존재가 되기 위한 미국, EU, 중국, 독일, 러시아 사이의 경쟁은, 출발점으로서 주요 금융 그룹, 일반적으로 자본주의 경제의 이익과 필요를 가지고 있으며, 물론 군비 프로그램과 지정학적인 전략적 목표에 기여한다.

현실은, 누가 생산력의 발전으로 이익을 얻고 있는가? 라는 주요 질문에 대한 답을 제공한다. 독점 자본들은 이익을 얻고 노동자계급

다양한 나라들에서 자본주의의 발전의 상이한 수준에도 불구하고, 노동자의 이익의 통일을 위한 투쟁에서 그 전위

과 인민들은 이익을 얻지 못한다. 부의 생산자는 자기 노동의 결과물들을 향유할 수 없다. 새로운 서비스는 아주 접근하기 어렵고 비용이 많이 들며 인민들의 필요를 지원하지 않는다.

자본주의의 옹호자들이 약속한 새로운 일자리들은 실업을 야기하는 원인을 우회할 수 없다. 생산 현장으로 들어가기를 원하는 청년 노동자 부문을 흡수하지 못하는 악순환, 해고, 시간제 및 임시 고용은 강하거나 약한 모든 자본주의 국가에 표식을 만든다. 새로운 기술의 적용은 수십만 개의 (오래된) 일자리를 파괴하고 새로운 일자리는 더 큰 착취, 더 저렴한 노동력 및 유연한 고용 형태의 조건에서 만들어진다. (이런 현상을-역자) 축하할 수 있는 사람들은 생산에서 관리 역할을 수행하고 부르주아 계급에 통합된 다양한 엘리트들이다.

가장 현대적인 기술 방법을 통해, 우리는 고용주의 위협의 증가, 노동자들의 작업 감시, 사생활의 공공연한 침해, 노동조합과 정치활동 참여를 위한 자유 시간의 제한을 경험한다.

이러한 상황은, 자본주의의 "인간화"에 대해 환상을 가지고 있고, 그러한 시스템의 "대도시"에서 노동자들이 잘 살 수 있고 기술적 발견의 혜택을 누릴 수 있다고 주장하는 자본주의의 지지자들과 기회주의 세력들에게 대답을 해준다.

진정으로 노동자들은 지루한 일상적인 노동뿐만 아니라 육체적으로 힘든 노동을 줄이기 위해, 인민들의 늘어나는 요구들에 대한 만족과 함께 전체적으로 노동 시간을 줄이고 자유 시간을 늘릴 수 있도록 하기 위해, 기술과 과학의 성과를 활용함으로써 더 나은 삶을 살 수 있다. 그러나 이것에 대한 전제 조건은, 착취 체제의 전복, 노동자계급의 권력 획득, 생산 수단의 사회화와 과학적이고 중앙 집중적인 계획, 사회주의-공산주의의 건설이다.

"... 부르주아의 독재인가, 프롤레타리아트의 독재인가 이외에는 대안이 있을 수 없다. 어떤 제3의 길에 대한 꿈은 반동적이고 소부르주아적인 비탄이다. 이것은 모든 선진국에서 100년 이상의 부르주아 민주주의와 노동운동의 발전에 의해, 특히 지난 5년간의 경험에 의해 입증된다. 이것은 또한 전체적인 정치 경제학의 과학에 의해 입증되며, 상품 경제가 우세한 곳 어디에서나 부르주아 독재―이것은 자본주의의 성장 자체가 발전시키고 증식시키며 하나로 융합시키고 강화시키고 있는 계급, 즉 프롤레타리아 계급에 의해서만 대체될 수 있을 뿐이다―의 경제적 필연성을 드러내는 맑스주의의 전체 내용에 의해 입증된다."4)

독점자본들을 핵심으로 하여 구성되는 자본주의 체제와 국가의 불균등한 발전은 그 체제와 국가를 특징짓는 불평등한 관계들을 객관적으로 결정한다. 그것들은 자본주의 발전의 상이한 수준, 상이한 경제적, 군사적 및 정치적 힘으로 인한 종속과 불균등한 상호 의존 관계를 통해 자본의 국제화의 틀 안에서 연계되어 있다.

이러한 환경에서 우리는, 부르주아 계급의 권력을 유지하고 자본주의의 영구화라는 목표를 가지고, EU, NATO와 같은 제국주의의 연합 및 조직들에 대한 접근으로부터 이익을 얻기 위해, 부르주아 계급의 이해관계에 따라 주권을 양도하는 문제를 보게 된다.

결론적으로 우리는 제국주의 체제에서 강력한 자본주의 국가들과 중간적 위치에 있는 다른 국가들 사이의 국제 관계의 불균등성―자본주의가 타도되고 난 후 사회주의-공산주의 사회의 건설을 통해 근절된다―이 자본주의의 기능의 한 구성 요소라고 말할 수 있다. 이 근본적인 문제를 이해하는 것은 노동자계급과 인민의 정치적 의식의 성숙에 기여하며, 공산당들의 전략의 일부분이다. 왜냐하면 그렇지 않으면 점령의 조건에서 종속, 불균등한 상호 의존, 주권 혹은 독립의 문제를 사회주의를 위한 투쟁으로부터 분리함으로써, 전략적 목표를 잃어버리게 되며, 이것은 일탈, 자본주의 틀 내에서의 공상

---

4) V.I. 레닌, "부르주아 민주주의와 프롤레타리아트의 독재에 대한 테제와 보고"(1919년 3월)

다양한 나라들에서 자본주의의 발전의 상이한 수준에도 불구하고, 노동자의 이익의 통일을 위한 투쟁에서 그 전위

적인 해결책―예를 들면, 자본주의의 법칙들을 관리하는 정부―을 위한 기초가 되기 때문이다.

프롤레타리아 국제주의의 거부는 재난적이다

"황금의 10억"과 "대도시-주변지역" 이론은, 프롤레타리아 국제주의 원칙의 거부로 끝나는 심히 위험한 입장을 초래한다.

맑스는 모든 나라의 노동자의 단결을 촉구하는 ≪공산주의 당 선언≫의 원칙을 더욱 발전시키면서, 국제 노동자 협회의 창립 연설에서 다음과 같이 말했다. "그러므로 정치권력을 장악하는 것이 노동자계급의 큰 의무가 되었다."고 말하면서, 이 의무를 전 세계 노동자계급의 공동 투쟁의 필요성과 연계시켰으며, "과거의 경험은, 상이한 나라들의 노동자들 사이에 존재해야 하고, 해방을 위한 그들의 모든 투쟁에서 그들이 서로 간에 굳건하게 서있게 하는, 그러한 형제적 유대에 대해 무시한다면, 그들의 일관되지 않은 노력이 공통적으로 좌절함으로써 응징을 받게 될 것임을 보여주었다."라고 지적했다.5)

국제 노동자 협회의 일반 규칙에서 맑스는 다음과 같이 말했다. "노동의 해방은 지역적이거나 민족적인 문제가 아니라 현대적인 사회가 존재하는 모든 나라를 포괄하고, 그 해결을 위해 가장 선진적인 나라들에서 실천적이고 이론적인 해결의 동시 발생에 의존하는 사회적 문제이다; 유럽의 가장 근면한 나라들에서 노동자계급의 현재의 부흥은 새로운 희망을 불러일으키면서도, 동시에 오래된 오류로의 퇴보에 대한 엄숙한 경고를 제공하며, 여전히 연계되어 있지 못한 운동의 즉각적인 결합을 요구한다."

100년 역사의 그리스 공산당은 풍부한 경험을 가지고 있고 국제

---

5) 이러한 생각이 1864년 9월 28일 성 마틴 홀에서 집회를 한 상이한 나라들의 노동자들이 국제협회를 설립하게 했다.

적인 과제에 대응하기 위해 많은 노력을 기울여 왔다. 10월 혁명의 지지, 발칸 연방에의 참가, 공산주의 인터내셔널 가입, 독재자 프랑코에 맞서 스페인 내전에서 국제 여단에의 참가, 반공산주의 및 반쏘비에트주의와의 전투, 전 세계에 걸쳐 노동자계급의 투쟁과 함께 하는 국제주의적 연대 등.

반혁명에 의해 형성되었던 복잡한 상황에서 그리스 공산당은 공산당들 및 노동자당들 간의 협력과 공동 활동을 위해 중요한 발의를 했다. 힘든 노력을 하면서, 쌍무적 모임과 다자간의 모임은, 집중과 불일치를 겪으며, 1998년 아테네에서 열린 제1차 공산당 및 노동자당 국제회의를 위한 토대를 마련할 수 있었고 수년 동안 이러한 책임성을 유지하고 시간이 지남에 따라 상당한 기여를 할 수 있었다.

그리스 공산당은, 이데올로기적-정치적 갈등의 주제별 쟁점에 대한 중요한 기사들-분석들을 주관하는 "국제 공산주의 평론"(International Communist Review(IOC))이라는 이론적 잡지의 창간에 기여했는데, 이 잡지는 국제 공산주의 운동의 재건과 통일에 기여할 명백한 버팀목을 지향하는 것이었다. 그리스 공산당은 자본주의적 착취, EU 및 NATO에 맞서서 유럽 공산당의 행동을 조율하기 위한, "유럽 공산당 및 노동자당의 발의(Initiative)"를 창설하는 데 기여했다.

공산당 및 노동자당은 자신들이 투쟁하는 국가의 지리적 위치와 발전 수준에 관계없이, 프롤레타리아 국제주의를 주요 과제로 받아들이고 국제주의적인 의무에서 출중해야만 한다.

물론 자본과 자본의 이익을 위해 봉사하는 정당들의 공격에 맞서서, 제국주의와 제국주의 연합에 맞서서, 초국가적인 제국주의 연합, EU 및 NATO에 맞서서, 특정 목표에 대한 견해와 공동 행동을 교환할 필요가 있다.

전 세계의 계급투쟁에 대한 지지, 노동자 투쟁의 수호, 자본주의

다양한 나라들에서 자본주의의 발전의 상이한 수준에도 불구하고, 노동자의 이익의 통일을 위한 투쟁에서 그 전위

억압에 대한 대중적 비난은 사활적으로 필요하다. 역사의 왜곡과, EU와 다른 제국주의 조직들의 공식 이데올로기인, 파시즘이라는 괴물을 사회주의 및 공산주의와 동일시하는 도발을 수반하는 반공산주의에 맞서는 것은 중요한 과제이다.

오늘날은 더욱더 공산주의 운동이, 부르주아 정부에 의해 박해를 받고 있고 공산당의 활동과 상징을 금지하는 법에 직면하고 있는 공산당 편에 설 수 있다.

모여지고 있는 경험은, 얼마나 귀중한 국제주의적 연대가 폴란드, 헝가리, 발트해 연안의 나라들 그리고 다른 나라들의 공산주의자들을 지지하는지 보여주고 있다.

공산주의 운동은, 쿠바 혁명을 방어하고 쿠바 인민의 편에 서기 위해, 미국의 쿠바 봉쇄에 더욱 단호하게 대응할 수 있다. 예를 들면 볼리비아의 쿠데타, 베네수엘라와 다른 라틴 아메리카 국가들에 대한 제국주의적 개입에 대한 대중적인 비난, 그리고 시리아 인민과 제국주의 공격을 받고 있는 모든 민족들, 외국의 점령 체제하에 살고 있는 민족들에 대한 연대를 표현하는 것, 팔레스타인과 키프로스 민족들의 권리를 위한 운동을 강화하는 것 등.

프롤레타리아 국제주의로 무장한 공산주의자들은 노동자들 간의, 상이한 민족 간의 적대, 증오를 조장하는 것을 목표로 하는, 민족주의, 부르주아 계급의 이데올로기와 정책에 단호하게 맞설 힘을 가지고 있다.

공산주의자들은 모든 나라에서 "두 개의 조국"이 있다는 것을 노동자계급에게, 인민들에게 제기할 힘을 가지고 있다. 자본가의 조국과 노동자의 조국.

자본가들의 이익과는 대립되는, 노동자, 인민의 이익을 표현하는 애국주의는, 프롤레타리아 국제주의와 굳게 결속되어 있고, 민족주의뿐만 아니라 반동적인 부르주아 이데올로기를 표현하는 세계주의(사해 동포주의 cosmopolitanism)에 대한 방어막을 창출한다.

세계주의는, 여러 민족들에 적대적인 유럽연합, NATO 또는 다른 제국주의 기구들처럼 지역적이고 국제적인 제국주의 연합들의 창설과 확장을 위해, 독점자본들과 자본주의 국가들이 자신의 활동을 확장하기 위해, 자신들의 이익을 확장하기 위해, 자본의 국제주의와 그들의 구속 없는 착취 활동을 위한 길을 닦기 위해, 이용되고 있다.

부르주아 이데올로기와 정책의 필수 요소로서 민족주의와 세계주의는 밀접하게 연관되어 있으며, 그것들은, 부르주아 계급의 이익을 수호하고 혁명적 투쟁의 발전으로부터 스스로를 보호하기 위해 부르주아 계급의 특징적인 요소인 주권을 부여하면서, 독점자본들의 이익에 대해 보완하고 봉사한다.

노동자계급의 이익은 민족주의 및 세계주의와 직접적으로 모순된다. 민족들은, 제국주의 피라미드에서 "지정학적인 전략적 지위 상승"과 더 높은 위치를 향한 경쟁에 대한 부르주아적 요구로부터, 혹은 자본가의 이익에 대한 노동자와 인민의 이익의 종속을 수반하는 "민족적 단결"을 요구하는 것으로부터 이익을 얻지 못한다.

오늘날 제국주의 전쟁과 개입에 대항하는 노동자 인민의 투쟁은 더욱더 심화 발전되어야만 하며, NATO에 반대하는 투쟁을 강화하고, 모든 나라들에서 미국의 NATO 기지를 해체시키고, 해외에서 무력을 사용하지 않기 위해 투쟁해야 한다.

모든 나라의 공산당, 전체로서 국제 공산주의 운동은, 국경과 영토 보전의 수호를, 자본의 권력을 전복하기 위한 투쟁과 연결시키는 노선을 가지고, 노동자계급과 그 동맹들이 제국주의 전쟁에 반대하는 끊임없는 투쟁을 수행하도록 준비시키기 위한 이상적인 조직적, 정치적 및 이데올로기적 조치들을 취해야 할 과제를 가지고 있다.

오늘날 의견 교환과 고립된 공동 행동만으로는 충분하지 않다는 것이 아주 분명하다. 프롤레타리아 국제주의는 노동자계급의 연대의 감정과, 착취, 사회적 불의, 자본주의의 억압에 대한 반응만을 표현

다양한 나라들에서 자본주의의 발전의 상이한 수준에도 불구하고, 노동자의 이익의 통일을 위한 투쟁에서 그 전위

하지는 않는다.

공산당들은, "만국의 프롤레타리아들이여, 단결하라"라는 영원한 원칙의 내용은, 노동자계급이 부르주아 권력, 자본주의를 전복하고 사회주의-공산주의를 건설하기 위한 역사적 사명을 가지고 있다는 것임을 깊이 이해하고 그것을 깨닫는 데 결정적인 공헌을 해야 하는 과제를 가지고 있다.

노동자계급의 종말과 관련한 부르주아적 입장을 채택한 공산당들은, 생산에서 노동자계급의 고유한 역할에서 비롯된 노동자계급의 전위적 역할을 반박하면서, 다른 주제, 예를 들어 소부르주아를 찾기 위해 서둘렀으며 프롤레타리아 국제주의의 본질인 자본주의의 전복을 위한, 사회주의 혁명을 위한 투쟁을 부정했다.

이를 바탕으로 그들은, 소부르주아 세력과 그룹들을 형성하면서 "새로운 국제주의"를 발견하였고, 대중 운동을 사회민주주의, 기회주의 및 자본주의적 관리의 품으로 밀어 넣고 있는데, 이는 소위 "사회 포럼", 스스로 분노 운동(Indignados movement)이라고 명명하는 조직―극우 파시스트 세력을 위한 또 다른 번식지로 밝혀졌던 ―에 의해 예증되고 있다.

낡은 그리고 새로운 사회민주주의가 변이된 공산당들 및 조직들과 협력하는 소위 좌파 당들―"유럽 좌파당"(Party of the European Left(PEL))과 같은 것들―은 과학적 사회주의와 아무 관련이 없다. 그 정당들은 사회주의 혁명에 적대적인 방식으로 대결하고 있고, 쏘련 사회주의를 비방하기 위해, "반(反)스탈린주의"라는 부르주아적 방법을 사용하며, 반공산주의의 독을 퍼뜨리면서 부르주아 세력이 주최하는 캠페인에 참여한다. 그 정당들은 자본주의의 발전을 지지하고 망상―자본주의와 제국주의적인 유럽연합(EU)을 인간화한다는 유토피아―을 조장하고 있다.

이 당들은, 부르주아적 관리의 한 버전인 신자유주의―착취적인 자본주의 체제에 대한 사회민주주의적 관리를 지원하는 함정에 노동운동을 빠뜨리기 위한 것이며, 자유주의 정당과 사회민주주의 정당들이 신자유주의의 뒤를 잇는다―에 반대하는 성명들을 통해 "좌파의 단결"을 대표한다고 주장한다.

이 당들은 극우와 파시즘을 위하여 동일한 실천을 따라 한다. 그리고 이들은, 극우와 파시즘이 부르주아 국가기제에 의해 지원을 받으며, 자유주의적이거나 사회민주주의적인 부르주아 정부들의 반인민적인 정책에 의해, 그리스의 시리자, 스페인의 파데모스 등과 같은 소위 좌파 정당들에 의해 야기되는 대중의 기대에 대한 반박에 의해 연료를 공급받는 자본주의의 창조물이라는 사실을 덮어 가린다.

이 경험은 공산당과 노동자당들에게 가치가 있으며, 사회주의 혁명을 포기하고 자본주의를 관리하는 위치로 이동했던 세력들은, 극우와 파시즘에 확실히 맞설 수 없다는 사실을 강조하는 것이다. 그 정당들이 지지하는 "반파시스트 전선"이라고 하는 것은 부르주아 의회 민주주의, 독점자본들의 독재를 강화하는 매개로서 작용한다. 극우와 파시즘에 맞서는 하나의 일관된 세력은 자본주의를 전복하고 반동 세력을 창출하는 원인들을 쓸어버리기 위해 투쟁하는 공산당들이다.

국제 공산주의 운동의 위기를 극복하고 프롤레타리아 국제주의를 강화하기 위한 조건 및 전제

반혁명에 뒤이은 국제 공산주의 운동의 후퇴는, 우리가 직면하고 있는 이데올로기적, 정치적 위기의 차원에 대한 자기 비판적 검토와 깊은 이해를 필요로 하며, 그리하여 우리는 공산당과 공산주의 운동 활동의 단결을 강화하기 위해 본질적인 결론을 도출하고 필요한 조치를 취해야 한다.

이러한 방향에서, 약점을 극복하고 일탈에 맞서 싸우는 추진력을 제공할 기본 원칙을 확인할 필요가 있으며, 그렇게 할 때 우리는 통

일적인 혁명 전략을 획득하기 위한 확고한 토대를 마련할 수 있다. 이러한 과정을 통해서만 프롤레타리아 국제주의는 가치 있는 역할을 얻을 수 있고 향후 몇 년에 걸친 발전에 각인을 찍을 수 있다.

공산당은 노동자계급의 정당, 노동자계급의 의식적으로 조직된 이데올로기적이고 정치적인 전위, 노동자계급 가장 높은 형태의 조직이며, 노동자의 권력 장악, 프롤레타리아트의 독재를 위하여, 자본주의의 전복과 사회주의-공산주의 사회의 건설을 위하여 투쟁하는 혁명적 조직이다.

공산당은 맑스-레닌주의의 혁명적 세계관에 의해 지도되며, 공산당은 변증법적 유물론의 방법을 사용하여 발전에 대한 체계적인 감시와 분석을 수행하기 위해 맑스-레닌주의의 혁명적 세계관을 흡수하기 위하여 가능한 최대한의 노력을 기울일 의무가 있다. 그렇게 함으로써 공산당은 계급투쟁의 현상을 시의적절한 방법으로 자신과 일체화하고, 노동운동과 인민운동의 경험을 일반화하고, 노동자계급과 인민들에게 계급투쟁, 자본주의와 부르주아 계급과의 충돌을 수행하는 데 필요한 도구들을 제공할 수 있다.

공산당은 인종, 출신 국가 또는 언어, 문화적 또는 종교적 유산에 관계없이, 노동자계급의 단결을 위해 투쟁한다. 이데올로기적 준비성과 경계심 그리고 기회주의와의 지속적인 대결은 부르주아 권력 기제들과의 충돌을 효과적으로 지도하기 위한 조건이다.

자신의 나라에서 그리고 국제적으로 공산당들의 조직화, 기능 및 행동은, 계급투쟁의 복잡성이 요구하는, 자본주의의 착취 및 제국주의적 적대와의 충돌이 요구하는 필요한 수준과는 매우 동떨어져 있다는 것은 사실이다.

강력한 맑스-레닌주의적 혁명적 당들의 의무는 긴급한 것이며, 공산당들이 공산주의 운동의 재편성을 위해 취해진 조치들을 활용하고 모든 나라에서 확고한 기반을 구축하는 것은 절박한 것이다.

중요한 문제는 반혁명 전후에 기회주의에 의해 타격을 입은 전략적 방향을 명확히 하고, 발생했던 피해를 복구할 원칙들에 정통해지는 것이다.

우선적으로, 현대 자본주의가, 예를 들어 미국에 의한 반동적이고 공격적인 외교 정책으로만 취급될 수는 없는, 독점 자본주의, 제국주의라는 점에 대한 통일된 개념을 획득해야 한다. 왜냐하면 그렇게만 취급하는 것은 경제로부터의 정치의 분리이고, 제국주의의 경제적 토대, 전 세계로 확장되고 전 세계를 지배하는 독점자본들의 경제적 기반으로부터의 정치의 분리를 구성하기 때문이다.

부르주아 혁명은 자기 자신의 역사를 쓰면서 봉건주의의 전복으로 이어졌지만 그것들은 오래 전에 지나갔다. 우리의 시대는 자본주의에서 사회주의-공산주의로의 이행의 시기, 프롤레타리아 혁명의 시기이며, 이 중요한 문제는 공산주의자들의 투쟁의 횃불이다.

공산주의 운동의 전략의 핵심 쟁점인 혁명의 성격은 현존하는 세력들의 상호 관계에 근거한 기준에 의해 결정되지는 않는다. 그것은 우리 시대에 의해 결정되며, 자본주의의 발전, 대기업과 거대한 독점 그룹의 탄생과 거대한 성장의 맥락에서 창조된, 사회주의를 위한 물질적 전제 조건이 성숙되는 지형에 따라, 자본과 임금 노동 간의 근본적 모순을 해결할 필요성에 의해 결정된다.

이러한 법칙들은 반혁명 때문에 바뀌지는 않았다. 우리 시대에 혁명의 성격은 사회주의적이며 이것은 공산주의 운동의 과정에 대해 결정적으로 중요하다.

세력을 집결시키는 반독점 및 반자본주의 노선, 노동운동의 재편성 그리고 노동자계급이 억압받는 인민들과 사회적 동맹을 이루는 것을 통한 사회주의를 위한 투쟁은, 공산당과 노동당들에게 자본과 부르주아 계급 및 부르주아의 정치적 대표 및 노동 대표들과 충돌하는 힘을 제공할 수 있다.

이러한 방향에서 반자본주의 의식을 형성하고자 하는 노력은, 공산당의 투쟁의 횃불이 될 사회주의 혁명을 위해 노동자계급과 그

다양한 나라들에서 자본주의의 발전의 상이한 수준에도 불구하고, 노동자의 이익의 통일을 위한 투쟁에서 그 전위

동맹들을 준비시키기 위한, 역동적 성격을 띨 수 있다.

자본주의의 불균등 발전은 계급투쟁에서 상이한 조건들을 창출해 낸다. 경제에서, 정치적 정세에서, 사회적 세력들의 배치에서, 공산당들이 잘 평가해야 하는 과제를 가지고 있는 특질. 그러나 또한 모든 조건과 주어진 모든 특질을 감안할 때, 계급투쟁은 여전히 자본과 노동 간의 투쟁으로 남아 있다. 각 나라의 상이한 조건들 내에서, 단일한 국제적 의무, 즉, 사회주의 혁명과 노동자의 권력, 프롤레타리아트의 독재를 위한 주체적 요소의 준비에 복무하는 것이 필요하다. 이러한 관계는 공산당을 우익 기회주의와 교조주의로부터 보호한다.

맑스-레닌주의 이론과 혁명적 실천, 10월 사회주의 혁명의 대체할 수 없는 경험은, 자본주의와 사회주의 사이에 중간 단계, 이행의 단계가 없음을 입증했다. 스스로를 반독점 정부라 명명하는 것들은 체제의 지형에 의존하고 독점자본들의 권력을 영구화한다. 공산당이 부르주아 정부를 지지하거나 그것에 참여하는 것, 사회민주주의와 협력하는 것은 자본주의의 관리로 이어지는 결과를 초래하고, 그것은 독점자본들의 이익과 그들의 권력에 봉사하고 노동운동을 뒤로 밀어내 버린다.

국제 공산주의 운동과 그리스 공산당의 경험은, 노동자계급이 제국주의 전쟁의 위험, 자본주의의 공황, 파시스트 극우 세력의 부상과 연계되어 있는 발전으로 인해 야기된 압력 하에서 후퇴하지 않고, 모든 조건 하에서 자신의 이데올로기적, 정치적 및 조직적 독립성을 보장해주는, 강하고 잘 조직되고 이론적으로 무장한 자기 자신의 정당, 공산당이 없다면 자신의 역사적 사명을 완수할 수 없음을 확증하고 있다.

공산당은, 모든 형태의 사회적 불평등과 모든 형태의 생산수단의 사적 소유가 철폐될 때까지 계급투쟁은 계속된다는 것을 깊이 이해하기 위해, 기회주의와의 충돌의 필요성과 사회주의 건설 법칙의 적용을 위해, 반혁명적 전복으로부터 본질적인 결론을 도출하기 위해, 20세기 사회주의 건설의 긍정적, 부정적 경험으로부터 그리고 사회주의를 건설하고 있던 쏘련과 다른 나라들의 경험으로부터 교훈을 얻어야만 한다.

사회주의 건설의 요소로 자본주의의 법칙과 경제적 범주를 활용하는, 이른바 "시장 사회주의", "21세기 사회주의" 또는 상이한 변형들은 과학적 사회주의와 사회주의-공산주의 건설의 법칙과 일치하지 않는다.

지금은 자본주의적 생산 관계가 오랫동안 지배해 왔고 중국의 독점자본들이 전 세계로 확장되어, 막대한 자본을 긁어모으고 있는 중국이 가장 특징적인 사례이다.

사회주의-공산주의 건설의 법칙은 객관적으로 형성되어 있으며, 그 법칙의 위반은 자본주의의 복고를 초래한다. 사회주의 생산관계와 자본주의 생산 관계의 공존은 양립할 수 없다. 그것은 반혁명, 자본주의의 복고를 위한 처방이며 인민들은 이것을 가장 고통스러운 방식으로 경험했다.

사회주의는 노동계급의 정치권력, 생산 수단의 사회화, 사회적 생산과 서비스의 중앙 집중적인 계획, 노동자의 사회적 통제와 같은 것이다.

오늘날 계급투쟁의 국제적 성격은, 자본의 급속한 국제화, 독점자본과 자본주의 국가의 지역적 및 국제적 연합의 성장 그리고 전 세계에 걸친 제국주의적인 적대의 첨예화에 의해 더욱 확대되고 있다.

결론적으로 혁명적 노동운동의 국제적 조직은 필수이며, 이것은 공산주의 운동의 발전과 혁명적 재편성 과정으로부터 떠오르는 형태와는 독립적이다

이것은, 공산당이 조직적으로, 정치적으로, 이데올로기적으로 강화될 수 있기 위해, 노동자계급과 그것의 운동, 인민들 및 청년과 유대를 형성하기 위해, 전략적 중요성을 가진 부문 및 기업에서 확

다양한 나라들에서 자본주의의 발전의 상이한 수준에도 불구하고, 노동자의 이익의 통일을 위한 투쟁에서 그 전위

고한 기반을 구축하기 위해, 더 큰 책임성을 갖고 다루어져야 하는 근본적인 문제이다.

그리스 공산당은 상이한 형태들 내에서 공산당의 통일된 전략의 채택을 위한 추진력을 제공하는 조건들을 창출하기 위한 발의들(initiative), 예를 들어 "유럽 공산주의자 발의(European Communist Initiative)", "국제공산주의 평론(International Communist Review)"을 발전시키고 있다. 그리고 국제 공산주의 운동에서 맑스-레닌주의의 버팀목을 형성한다는 목표는 시의적절하고 필요하다.

《공산주의 당 선언》의 구호: "만국의 노동자여, 단결하라!"는 구호는, 공산당이 투쟁하고 있는 나라들의 발전 수준과 관계없이, 여전히 남아 있으며 전 세계 공산주의자들의 투쟁을 고무시키고 있다. 노사과연

2020년 5월 17일

국제주의와 계급투쟁 간의 변증법적 관계*

러시아 공산주의노동자 당
번역 : 송서경 | 회원

러시아의 노동 인민은 몇 년 전부터 부르주아지의 가차 없는 압력 하에 있었다.

은퇴 연령을 높이는 연방법 제350조가 2018년에 채택되었다. 쏘비에트 시대 이래 시행된 오래된 법에 따르면, 남성은 60세에 도달하면 은퇴할 수 있는 반면, 여성은 55세에 도달하면 은퇴할 수 있었다. 지금 은퇴 연령은 남성은 65세, 여성은 60세이다. 부르주아 정권은, 러시아 노동 인민이 현대의 조건 속에서 스스로를 어떻게 조직하고 연합하여 행동할 것인가를 배우게 될 때까지, 이러한 "개혁들"을 도입하기 위해, 가능한 한 많은 반(反)노동자 법률을 채택하기 위해 서두르고 있다. 2018년 여름, 전국적으로 많은 항의 활동이 일어났지만, 여전히 이러한 행동들(그것들은 대부분 집회와 피켓이었다)은 참가자가 충분하지 않았고, 제대로 조직되어 있지 않았으며, 그 요구는 지배 써클들이 연금개혁에 대한 그들의 계획을 포기하게 할 만큼 급진적이지 않았다.

러시아의 부르주아지는 또한 노동자의 다른 권리도 공격하고 있다. 봉급의 인상은 물가상승률에 미치지 못하고 있다. 많은 기업들에서 추가 근로 시간에 대해 당연히 있어야 할 특별한 할증률로 보상이 이루어지지 않고 있고, 많은 "고용주"들은 안전장치를 위한 비

---

* 원문은 다음과 같다. https://www.iccr.gr/en/issues/issue-10/

용을 아끼고 있다.

접근 가능하며 무상인 공공 의료보험을 "개혁"할 것을 목표로 하는 공식적인 정치는 노동자의 생활 조건에 또 하나의 타격이 된다. 의료진은 감축되고 있고 작은 마을의 병원들은 폐쇄되고 있다. 모든 곳에서 노동 인민은 양질의 의료 서비스를 받을 수 있는 기회를 잃고 있다.

많은 경우에 노동자계급은 지배계급의 전진을 묵묵히 참는 것을 거부하였다. 노동자들은 조직적으로 나설 때, 자신들의 요구의 충족을 부분적으로 달성할 수 있었다.

예를 들면, 2019년에 러시아 일부 지역에서 구급차 승무원이, 임금 체불, 저임금, 시간외 근무, 인력 미충원, 운전기사 외주화 등의 조건 하에 일해야만 했기 때문에, "이탈리아 파업"을 벌였다. 러시아의 몇몇 도시들에서는, 즉, 모자이스크(Mozhaisk 모스크바 지역), 토글리아티(Togliatti 사마라 지역), 가가린(Gagarin 스몰렌스크 지역)과 그 밖의 몇몇 도시들에서, 의사들은 일정 수준의 노동조건과 임금에 대한 자신들의 법적인 권리를 방어해 냈다.

2019년 7월 카잔에서 크레인 기사들이 조직적인 파업을 벌여 승리를 거뒀다.

우리는 또한 러시아 프롤레타리아트의 본보기가 될 수 있는, 노동자들의 다른 몇몇의 성공적인 행동을 떠올릴 수 있다.

여전히 전국의 많은 기업의 노동자들은, 자신들의 기본적인 권리를 위해 투쟁하기 위한 단결의 필요성을 아직 깨닫지 못하고 있고, 노동자에 대한 국가의 차별적인 정치와 부르주아지의 행동들에 대해 반응하지 않고 있다.

다른 나라들에서, 기본적 권리를 위해 투쟁하기 위한 단결에 대한 노동자의 열망이 자본주의에 대한 전략적 승리를 말할 수 있을 수준에 도달하지 못했다는 것을 우리는 알 수 있다. 사실은 정반대이다. 자본가들은 또한 국경을 넘나들며 노동 인민의 권리를 침해했다는 것을 우리는 알 수 있다. 노동자들은 파업과 여러 형태의 저항으로 대응했다. 그 행동 중 일부는 전 세계에 걸쳐 프롤레타리아트에게 좋은 본보기가 될 수 있다. 2019년 11월 파업을 벌인 핀란드 우체국 직원들의 승리는 다른 업종 노동자들이 보여준 연대의 물결이 있었기에 가능했다. 이 경우에 노동자들은 단결하면 큰 세력으로 변화된다는 것을 보여주었다. 같은 해 그리스 노동자들은 다국적 기업의 또 다른 공격에 맞서 싸웠다. 예를 들어, COSCO의 반노동자 정책과 그리스 기업가 연합 SEB에 맞서 싸운 것이 그러하다. 2019년 말 프랑스 노동 인민 수천 명이 전국적으로 대중적인 항의 행동을 벌였고, 정부가 은퇴에 관한 법률을 개악하려는 계획 중 일부를 포기하게 하는 성취를 이루었다. 이것들은 자본가들이 조직된 노동자에 의해 격퇴된 수천, 수만의 사례들 중에서 극히 일부이다.

그럼에도 불구하고 현대의 러시아와 다른 나라 노동자들의 투쟁은 아직 부르주아 지배의 근본을 겨냥하지 못하고 있다. 한편, 노동인민에 의한 파업이나 그 밖의 대중 행동은, 자본주의 틀 내의 노동자의 조건 개선을 목표로 하는 것이 아니라, 노동자들이 자본주의의 지배를 전복하고 사회주의를 수립하기 위해 투쟁하는 수준에는 아직 도달하고 있지 못한데, 그 경우에도 이러한 행동들이 높은 정도의 계급적 조직화를 보여주고 있지 못하다. 계급투쟁을 사고할 때, 우리는 현대의 시기를 프롤레타리아트에 의한 힘의 축적의 시기, 새로운 연합의 방식과 방법의 탐구의 시기로 성격을 규정할 수 있다. 지금 전 세계의 어디에서도 단호한 계급적 전투가 수행되고 있는 나라는 없다. 사회적-정치적 규칙으로서의 자본주의는 그 어디에서도 근본적으로 도전받고 있지 않다. 노동자계급의 전위가 강력하고 규율 잡힌 공산당을 수립하고 있는 나라들, 예를 들면, 그리스와 터키에서조차, 그들은 여전히 노동자 대중의 다수를 사회주의 투쟁에 끌어들여야 하고, 그들에게 적극적인 행동이 불가결하다고 설득해야만 하는 상황이다. 러시아와 세계의 많은 다른 나라들의 정세는 다

음과 같다: 공산당들, 심지어 오래됐고 기회주의와 수정주의의 병폐에 영향 받지 않은 당들, 자신의 발간물에서 현 정세를 정확하게 이해하고 반영하는 당들, 노동자 사이에서 맑스주의 사상을 선동 및 선전하려 많은 노력을 쏟는 당들마저도, 노동자계급 가운데에서는 작고 생소하다. 이러한 정세는 패배로 보아서는 안 되며, 우리가 지역적 상황뿐만 아니라 국제적 조류를 모두 고려해야 하는, 조직적 및 이론적 과제들이 공산주의자들 앞에 많이 있다는 것을 우리가 이해하고 있다는 점을 드러내는 것이다.

수십 년 동안 노동자계급의 적들은, 공산주의는 끝났고, 그러한 사상은 단지 20세기의 일시적 유행일 뿐이며, 다시는 대중을 정복할 수 없을 것이라고 규정함으로써 이 세계적인 조류를 설명하려고 시도해 왔다. 그럼에도 불구하고 공산주의자들은 역사는 순환하면서 발전하고 그것은 나선형의 궤적을 그리며 형성된다는 것을 이해하고 있다.

우리는, 프롤레타리아트의 마음속에서 공산주의 사상이 일시적으로 후퇴한 것은 변화하는 경제적 과정에 뿌리를 두고 있다는 것을 확신하고 있다. 쏘련과 동유럽 국가들에서 이 과정은 30년 동안 탈산업화와 세계 시장의 요구에 적응하는 방향으로 일어났다. 이것은 역으로 노동자계급의 구성과 구조를 모두 바꿔놓았다.

예를 들어 90년대 초 러시아에서는 생산수단에 대한 집단적 소유를 거부하고 국제무역에 대한 국가독점을 취소시킨 세력들이 권력을 잡았다. 다국적 기업들이 모든 현지 시장에 무한히 접근할 수 있게 되었다. 기업 간의 생산의 연계는 단절되었다. 이 모든 것이 생산의 감소, 폐업, 수천 개 기업의 전환으로 이어졌다. 수백만 명의 양질의 노동력이 시장에서 그들을 더 이상 요구하지 않음에 따라 다른 일자리를 찾아야만 했다. 현대식 공장은 파산했고 과잉의 노동력은 서비스, 무역, 운송 분야의 많은 중소기업의 자리를 채웠다. 실업자 군대가 출현했다. 일찍이 1992년 초에 러시아 인구의 70%

가 빈곤선 아래에 있었다. 기업의 사유화 과정들, 그리고 그것들을 세계 시장의 요구에 맞추는 끊임없는 조정들, 수십 년에 걸친 이러한 과정은, 노동자들이 자신감을 상실하게 했다. 과거에 발전된 공업 지역들의 많은 시민들은 일자리를 찾아서 대도시들과 심지어 해외 등과 같은 다른 곳으로 이동해야 했다. 쏘련의 모든 공화국들과 동유럽에서 비슷한 흐름이 관찰될 수 있었다.

현재까지 이들 나라들은 세계 시장에 통합되었는데, 제국주의의 지배적인 중심들에 대한 경제적 종속이 생겨났다.

러시아 또한 부분적으로 종속적으로 되었고 공업의 모든 분야(전자 및 의약 제조, 기타 첨단기술 분야들)를 잃었고, 반면에 탄수화물 공급자의 역할1)을 맡게 되었다.

이리하여 러시아와 그 이웃의 많은 나라들에서는 세계 시장의 요구에 맞추는 경제적 변화가 발생했고, 이 과정은 더 저렴한 노동력을 가진 저개발 국가로 공업을 이전하는 것과 함께 전개되었다. 이 과정은 과거에 단결되어 있고 뛰어난 자질이 있으며 경험이 풍부했던 프롤레타리아트가 분열되고 도덕적으로 타락하게 되는 데 기여했다. 해외로 이주하는 흐름이 시작되었다. 예를 들어 현대 러시아에서는 유럽과 북아메리카로 노동력이 유출되고 있고, 반면에 동시적으로 중앙아시아, 우크라이나, 몰도바, 코카서스 공화국으로부터 노동자들이 유입되는 현상을 관찰할 수 있다. 통계에 따르면 2019년 상반기에만 러시아에 이주노동자 약 240만 명이 들어왔다. 우리의 자료에 따르면 러시아의 노동자계급은 약 7700만 명으로, 이 노동력의 10%가 이주민이다.2)

러시아의 여러 지역에서 사회적 생산을 세계 시장에 통합하기 위

---

1) 역주) 러시아가 석유 등 탄소성의 화석 연료, 원자재 수출을 주요 외화 획득 원천으로 삼는 것을 말한다.
2) https://rkrp-rpk.ru/2019/03/14/трудовая-миграция-как-вызов-российск/

한 변화는, 하나의 분야로서 지역 농업의 절멸을 초래했다. 사회주의를 해체하고 사적 소유(사유화)를 도입한 결과, 많은 기업이 문을 닫거나 자신의 전문성과 생산량을 변화시켰다. 이것들과 다른 요인들로 인해 내부적인 이민이 어마어마한 비율로 증가했다. 이것은 대도시의 붐에 수반하는, 외진 지역의 죽음을 관찰함으로써 이해될 수 있다. 이러한 과정들은 도시와 일터에서 민족들의 중대한 혼합을 초래했는데, 이는 역으로 상이한 민족들 간의 갈등을 수반했다. 왜냐하면 민족의 "엘리트들"이 자원을 위한 경쟁을 시작했기 때문이었다. 또한 노동자들은 서로 간에 경쟁하고 있는데, 토착 노동자들의 민족주의적 감정은 이주 노동자가 더 낮은 임금을 받으며 일하려고 할 때 표현되고 있다.

예를 들어 2013년 모스크바 비률레보-웨스트 지구에서 일어난 한 범죄(살인)는 민족주의자들이 이주민들을 대량 학살하는 계기가 되었다. 지난 몇 년 동안 이러한 사건이 몇 건 있었다.

이러한 사건은 프롤레타리아트가 분열되어 있고 부르주아지와 대결하는 현대적 경험이 없기 때문에 가능한 것이었다. 노동자들은 모든 민족의 노동자의 단결만이 자본주의에 대한 승리를 가져올 것이라는 것을 아직 이해하지 못했다.

각각의 경우에 노동자들의 계급적 통합의 복잡성은, 공적인 생산에 연루된 다양한 민족 그룹들이 존재하는 반면에, 성공적인 연합된 계급투쟁에 필요한 연계가 아직 수립되지 못하고 있다는 점에 의해 규정되고 있다.

이러한 상황에서 노동자들의 실제적인 적인, 자본에 대한 노동자들의 저항을 이끌 수 있는 노동자계급의 전통적인 조직들은 현대의 조건들에서 행동할 능력이 없음이 입증되었다. 러시아뿐만 아니라 일부 다른 나라들에서, 노동조합 운동은 20세기 초와 같이, 다시 한 번 스스로를 정립해야 한다.

민족 문제는, 해결되지 않은 오래된 민족적 분쟁 내부에서 모순들의 악화로 인해 다시금 실제적인 것으로 되고 있다.

　상이한 민족들의 자본가들은 노동자들에 맞서 자신들의 기업들에서 단결되어 있고 그들은 민족적 배경을 가진 노동자들 사이에서 불화를 도입하고 있다. 하지만 지난 세기 심각한 갈등의 경우들과 유사하게, 자신의 민족적 구성에 따라서가 아니라, 자신의 계급적 구조에 토대하여 사회는 양극화되어 있다. 자본은 각별히 노력하여, 노동자들을 겨냥하고 노동자들의 투쟁을 기존의 한계에 제한하는 것을 의도하는, 민족주의적 선전과 문화적인 접근의 항상적인 흐름을 확보하기 위해, 주류 미디어를 통해 끊임없는 세뇌를 해야만 한다.

　따라서 민족 문제는 또한 해결되지 않은 오래된 민족적 갈등 내부의 모순이 악화됨으로 인해 다시금 실제적인 것으로 되고 있다.

　우리는 또한 러시아 공산주의 노동자당과 러시아 통일 노동 전선이 투쟁하고 있는 노동자들에게 출신과 상관없이 조직적 및 정보적 지원을 제공하고 있다는 것을 덧붙여야만 한다. **노사과연**

2020년 5월 14일

민족 문제와 공산주의자들의 전술[*]

러시아 공산주의 노동자당
번역 : 송서경 | 회원

민족에 대해 이야기 할 때, 우선 이 용어에 대한 정의를 내려야 한다. 이 글에서 우리는 I.V. 스탈린의 정의를 사용하는데, 그것은 스탈린의 정의가 과학적 이론에 근거할 뿐만 아니라, 민족 문제의 실천적 해결의 과정에서 발전되었기 때문이다. 이 정의를 담은 책이 출판된 후, 이 정의에 수반되는 논법의 사용만이 아니라 이 정의의 사용은 각각의 특정한 경우에서 역사적으로 가장 적절한 해결책을 발견하게 하였고, 이러한 해결책은 노동자계급의 이익에 부합하는 것이었다.

"민족이란 공통의 언어, 영토, 경제적 생활, 그리고 공통의 문화에서 나타나는 심리적 구성에 기초하여 형성된, 역사적으로 구성되는, 인민의 안정적 공동체이다." (I.V. 스탈린. 맑스주의와 민족 문제. 스탈린 전집 제2권, p. 296.)

어떤 민족 문제의 해결은 항상 복잡성을 띤다. 자본주의 질서의 틀 내에서 민족들은 형성될 뿐만 아니라 민족들은 또한 수많은 모순에 얽혀들고, 이 모순들은 해결 불가능하거나, 혹은 가장 어려운 방식으로, 혹은 심지어 유혈의 방식으로 해결될 수 있는 것이다. 그러므로 공산주의자들은 일어날 수 있는 모든 상황에 대한 어떠한 보편적인 해결책이나 일련의 해결책을 갖고 있지 않고, 가질 수도

---

[*] 원문은 다음과 같다. https://www.iccr.gr/en/issues/issue-10/

없다. 하지만 이러한 문제를 해결하기 위해 맑스-레닌주의 과학에 기초한 일반적인 접근법이 있다.

이 문제들은 몇몇의 그룹으로 나뉠 수 있다.

한 그룹에는 다민족 국가를 민족 국가로 분할하는 문제가 결정되고 있는(혹은 이미 결정된) 나라들과, 혹은 다민족적 특성을 유지하는 나라들—쏘련, 유고슬라비아, 조지아, 스페인(카탈로니아, 바스크 지역), 대영제국(스코틀랜드, 북아일랜드), 우크라이나(크림, 돈바스 공화국)—이 언급될 수 있다.

또 다른 그룹에는 자기 정체성을 찾고 있고 자신들의 자치공화국을 그리고 심지어 독립 국가를 세우려고 시도하는 소수민족들이 언급될 수 있다. 이들은 쿠르드인들, 몰다비아의 러시아인·가가우즈족, 크림반도의 러시아인·타타르족 등이다. 우리는 이러한 상황들을 주의 깊게 고려하면서, 동시에 주어진 지역의 계급 세력들의 배치를 항상 고려해야 한다는 것을 언급해야 한다.

이러한 각각의 상황과 그룹은 자신의 독특한 특징을 갖고 있다. 그럼에도 공산주의자가 주어진 모순들을 분석할 때마다 초점을 맞추어야만 하는 근본적 규칙은, 공산주의자들이 가장 적절한 전술을 선택하는 데 도움이 될 수 있다. 프롤레타리아들을 단결시키고 그들을 자본주의에서 사회주의로의 혁명적 전환을 실행할 수 있는 계급으로 조직하기 위한 조직적 및 이데올로기적 전제 조건의 준비를 목표로 하는, 프롤레타리아트에 의한 계급투쟁의 우선성은, 민족과 관련된 어떠한 문제에 직면하더라도 잊어버리거나 소홀히 할 수 없는 중요한 문제이다. 즉, 각 나라의 공산주의자들은 언제 어디서든지 각각의 나라에서 (민족 문제를 포함하여) 어떠한 문제를 풀려고 할 때는, 각 나라의 특수성을 고려하면서도, 공통의 과제를 수행한다.

무엇보다도 먼저, 국제주의와 계급투쟁 간의 관계의 문제를 풀려고 할 때, 공산주의자들은 반드시 역사에 대한 유물론적 이해를 가지고 있어야 하며, 주어진 지역과 전 세계에서 생산 수단 및 생산

관계에서의 어떠한 운동, 발전 그리고 변화의 변증법적 성격에 대한 개념을 고수해야 한다. 사회적 생활의 모든 사건들은 상호 연관되어 있고 상호 의존적이며 그것의 발생, 운동, 발전, 그리고 변화의 역사를 가지고 있으며, 반면에 이 역사적 과정에서 사건은 양적으로 그리고 질적으로 변화할 수 있다는 것을, 그리고 정치적 및 경제적 조건의 변화는 그것의 최초의 성격 그리고 심지어 그것의 최초의 본질에 대한 거부를 초래할 수 있다는 것을 고려해야만 한다. 또한 고려되고 있는 어떠한 사건도 현재 진행 중인 과정에 있다는 것을 명심하는 것이 또한 본질적이다. 여기서 경제적 상황과 정치적 역사의 모든 흐름, 심지어 아직 숨겨져 있는 흐름까지도 고려하고 이해하는 것이 중요하다. 공산주의자들이 전술을 선택할 때는, 현재적인 그리고 잠재된 모든 정치적 갈등, 현존하는 계급들의 모든 갈등과, 경제적 발전 과정에서 일어나는 계급들의 세분화를 고려해야만 한다.

이러한 접근법은 방법에 대한 무분별한 복제와 반복을 배제한다. 구체적인 조건 하에서 이루어진 올바른 결론은, 결론이 보편적 해결책으로서 기계적으로 사용되는 경우에는, 상이한 역사적 상황 하에서 근본적으로 잘못된 것으로 판명될 수 있다.

역사적으로 민족의 출현은 떠오르는 자본주의의 사회적-경제적 구성체에 의해 결정되었다. 인간 사회와 역사에 외삽(外揷)되는 맑스주의의 근본 원칙은 다음과 같다:

"물질적 생활의 생산 방식이 일반적으로 생활의 사회적, 정치적 그리고 정신적 과정을 결정한다. 인간의 의식이 존재를 결정하지 않으며, 반대로 그들의 사회적 존재가 그들의 의식을 결정한다." (칼 맑스. 정치경제학 비판을 위하여. 전집 제2판 13권 pp. 6-7.)

사적 유물론은 대중의 생활의 사회적 조건과 이 조건들의 변화를 연구할 기회를 준 최초의 체계였는데, 이 연구는 자연과학에 특징적인 정밀함으로 수행되어져야 할 것이었다. 맑스주의는 사회적-경제적 구성체의 발생, 발전 그리고 쇠퇴에 대한 철저한 이해에 대한 길을 열었는데, 그것은 모든 모순되는 조류의 복잡성을 고려하고 또 그것들을 사회의 다양한 계급들에 의한, 정확하게 규정되는 생산과 생활의 조건에 연계시키는 것이었다. 이러한 접근 방식은, "지배적" 사상을 선택하거나 그것들을 해석할 때 주관주의와 자의성을 제거할 수 있게 하였다. 이 방법은 예외 없이 모든 사상과, 생산력에 관계되는 모든 조류의 뿌리를 드러낸다. 사람들은 스스로 자신들의 역사를 창조하지만, 무엇이 실제로 사람들의 생각, 정확히 말하면 대중들의 생각을 결정하는 지, 무엇이 모순되는 사상과 열망들 간의 충돌을 일으키는 지, 모든 인간 사회들 사이의 이러한 충돌의 요약된 결과가 무엇인지, 사람의 역사적 활동 전체의 기초를 창출하는 물질적 생활 생산의 객관적 조건은 무엇인지, 이러한 조건들의 발전의 법칙은 무엇인지에 자신의 관심의 초점을 맞춘 사람은 맑스였다.

민족은 생산력과 생산 관계의 변화에 의존하는 사회적-정치적 상부구조에 속한다. 따라서 경제적 토대의 변화는 주어진 사회에서 사회적-경제적, 사회적-정치적 관계들의 전체 체계의 변화들을, 계급적 구조뿐만 아니라 새로운 계급들 간의 계급투쟁의 성격의 변화들을 전면에 제기한다. V.I. 레닌은 이것을 다음과 같이 드러내었다:

"… 주어진 사회의 특정 구성원들의 열망이 다른 구성원들의 열망과 모순된다는 것, 사회적 생활이 모순으로 가득 차 있다는 것, 역사는 우리에게 민족들과 사회들 내부의 투쟁만이 아니라 민족과 사회 간의 투쟁을 보여준다는 것, 혁명과 반동의 시기, 전쟁과 평화의 시기, 정체나 진보 혹은 쇠퇴의 시기가 상호 간에 뒤따른다는 것은 잘 알려져 있다. 맑스주의는 이 혼란스러워 보이는 미로 속에서 그 법칙을 밝힐 수 있는 방향성, 즉 계급투쟁 이론을 제시하였다. 오직 모든 사회 구성원의 열망, 혹은 사회의 그룹의 열망의 복잡성을 연구해야만 이러한 열망의 결과를 과학적으로 결정할 수 있다. 사회를 구성하는 계급들 간의 지위와 생활의 조건의 차이만이 모순되는 열망의 근원이다." (V.I. 레닌. 전집 26권, p. 58. "칼 맑스(맑스주의의 근본원리를 담고 있는 간략한 전기적인 스케치")

이제 우리는, 민족 문제에 대한 역사적-유물론적 접근이, 올바르게 적용되었을 때 우리에게 가장 전망 있는 실천적 결과를 가져오는 도구라는 것을 알 수 있다.

따라서 우리는 이제, 어떤 구체적인 상황에서든 국제주의와 계급투쟁의 비율 문제를 해결할 때 공산주의자들이 적용해야 할 기본적인 이론적 개념을 분명히 말할 수 있는 입장에 있다.

1. 공산주의자의 모든 활동은, 가장 밀접한 전략적 목표, 프롤레타리아트를 혁명적 계급으로 집결시키고, 부르주아지에 의한 지배를 전복시키며, 프롤레타리아트가 정치권력을 장악한다는 것을 목표로 해야만 한다.

2. 물질적 생활의 생산 양식이 사회적, 정치적, 그리고 정신적 과정을 결정하듯이, 토대와 상부구조의 성격뿐만 아니라 그것들의 기구의 특수성을 우리는 고려해야 한다.

3. 우리는 계급들 간의 경제적 및 정치적 관계의 성격과 특수성뿐만 아니라 각각의 구체적인 경우에서 그것들의 전화(轉化)의 특징들을 고려해야 한다.

근본적인 이론적 개념에서 도출되는 구체적인 원칙들

볼셰비키는 자신의 역사를 통하여 많은 이유들로 인해 중요한 근본적인 규칙들을 정교화했다—첫째, 민족 문제를 해결하는 사례로서, 둘째, 변화하지 않는 기본적인 역사적 조건 하에서 그것들은 지금도 적용 가능하기 때문이다.

우리가 말하고 있는 첫 번째 원칙은, 분리의 자유까지 포함하는 민족의 자결권이다. 이 원칙은 국가 내의 모든 민족들의 무조건적인 평등뿐만 아니라, 모든 소수 민족의 권리의 무조건적인 보전, 광범위한 자치 정부의 도입, 민족적 지역에 대한 자치권을 부여하는 것을 전제하는 것이다. V.I. 레닌과 그와 함께 하던 동료들이 폴란드와 핀란드가 러시아로부터 분리되는 것과 관련하여 견지한 원칙적 입장은 실천적 사례로 사용될 수 있다. 그럼에도 민족의 자결권을 옹호할 때, 공산주의자는 이 문제의 어떤 특정한 해결책이 그 나라의 노동자 운동의 발전에 가장 이로운 지 항상 분석해야 한다는 것을 우리는 이해해야 한다. 즉, 민족이 분리될 수 있는 권리를 지지하면서 노동자들로 하여금 계급 우선성에 초점을 맞추면서 이 문제가 해결될 수 있도록 결정하도록 촉구하는 것이 가능하다.

볼셰비키의 경험에서 나올 수 있는 두 번째의 중요한 결론은, 국제주의에 대한 철저한 고수와, 명백한 것이든 감추어진 것이든, 부르주아 민족주의의 어떠한 표현에 대해서도 끊임없이 투쟁했다는 것이다. 예를 들어 V.I. 레닌과 I.V. 스탈린은, 같은 민족에 속하는 노동자계급과 부르주아지가 부르주아지에 의해 불가피하게 지도되는 어떤 구조의 틀 내에서 결합하는 것을 전제하는, "민족적-문화적 자치" 개념에 대해 가차 없는 비판을 하곤 했다. 이 슬로건이 또한 상이한 민족들의 프롤레타리아들의 분할에 기여했다는 것을 언급하는 것은 중요하다.

자신의 저작 "제4차 라트비아 사회민주주의 대회를 위한 강령 초안"(V.I. 레닌 전집 23권, pp. 209-210.)에서 레닌은, 볼셰비키가 각 민족의 문화로부터 부분들을 취하는 국제주의적 문화를 지지하듯이, 민족 문화를 지지하는 것은 아니라고 말했다. '민족적-문화적 자치'라는 슬로건은 민족적 및 문화적 통일이라는 유령으로 노동자를 기만하는데, 반면 그동안 부르주아적 혹은 소부르주아적인 "문화"가 실제적으로 모든 민족에서 지배적으로 된다.

"각 민족의 절대적인 평등과, 국가의 가장 무모순적인 민주주의라는 조건 하에서, 모든 민족의 노동자들의 단결—이것이 우리의 슬로건이자 전체 혁명적인 국제 사회민주주의의 슬로건이다."(V.I. 레닌, 전집 23권, pp. 209-210.—"제4차 라트비아 사회민주주의 대회를 위한 강령 초안")

더 나아가 국제적인 접근법을 보다 상세히 제시하면서, 볼셰비키는 민족들의 평등의 개념을 분명히 했다: 특정 민족이나 언어에게 어떠한 특권도 있어서는 안 되고, 각 민족은 민주적인 방법으로 자기-결정할 가능성을 가져야 하며, 어떤 종류의 민족적 차별도 금지하는 법률이 채택되어야 한다.

프롤레타리아 국제주의는, 부르주아 민족주의와는 대립되는 것으로서, 모든 민족에 속하는 노동자들의 단결과 모든 노동자 조직에서의 그들의 결속을 전제한다. 이러한 방식으로 단결된 노동자들만이 민주주의를 수호할 수 있고, 보다 국제적으로 스스로 변화하는 자본에 맞서 저항할 수 있다.

레닌의 민족 정치의 중요한 특징은, 그 생활의 조건이 불가피하게 민주적이고 사회주의적인 이데올로기를 탄생시키는 노동 대중과 피착취 대중이 모든 민족에서 존재하듯이, 어떤 나라의 문화에서도 민주적이고 사회주의적인 문화의 일부 요소가 발견될 수 있다는 사실에 대한 이해이다. 그와 반대로 모든 민족에게는, 부르주아지만이 아니라 성직자의 세계관도 반영하는, 부르주아적인, 대개는 지배적인 문화가 존재한다. 국제적 문화라는 슬로건을 제기할 때, 공산주의자는 모든 문화로부터—단지 부르주아적인 문화, 부르주아 민족주의에 대립하는 것으로서—그 민주적이고 사회주의적인 요소만을 취한다.

노동 인민의 형제적인 국가—쏘비에트 사회주의 공화국 연방—의 창출은 레닌의 민족 정치에서 진정한 혁명의 구현이었다. 10월 혁명 이후 몇 년 만에 "소비에트 인민"이라고 불리던 다양한 민족들의 대표자들로 구성된 새로운 통일체가 생겨났다.

쏘련의 민족 정치에 대한 부르주아적 비판은 정확하게 각 민족의 부르주아 민족주의자들에 의한 공격에 토대를 둔 것이었다. 확실히 쏘련의 "민족적" 억압에 대한 부르주아적 탄식은 거짓말투성이이다.

사실, 쏘련에서는 모든 민족의 노동자의 민족주의자들에 대한 필연적인 진압이 관찰될 수 있었다. 이것이 바로, 자본가들이 쏘련의 민족 정치를 그토록 두려워하고, 그토록 싫어했던 이유이다. 최초의 사회주의 국가에서는 부르주아지가 생각하는 대로, 각 민족의 분리된 발전이 존재하지 않았고, 평화롭고 점진적이며 자발적인 보편적 동화(同化)가 있었는데, 이 과정은 아무런 특권이 없는 상태에서 평등에 바탕을 두고 있었다. 프롤레타리아트와 다른 노동 계급들 출신의 그 동맹들에 의한 거대한 다민족 국가의 통제는 그것의 역사적 유효성을 보여주었다. 이제 우리는, 충분히 크지 않은 나라는 그 어떤 나라라도, 그 나라의 노동 인민이 다른 나라의 노동자들의 투쟁과 별개로 행동할 경우에, 그들에 맞서 단결한 세계 부르주아지에 대항하여 고립되어 존재할 수 있는 전망을 가질 수 없다는 것을 알 수 있다.

한 국가 내에서 서로 다른 민족의 노동자들이 서로 섞일 때는, 프롤레타리아 운동의 공통의 국제적 문화를 옹호하고, 언어 문제에 관용을 보이며, 다양한 민족적 특수성을 고려해야 한다. 노동자들은 민족주의적 선전의 가장 교활한 형태조차 인식하도록 배워야 한다. 한 민족의 노동자들을 다른 민족의 노동자로부터 분리시키는 어떠한 선동도, 자발적 "동화"라는 맑스주의 개념에 대한 어떤 종류의 공격도, 상이한 민족 문화에 대한 구별도, 무자비하게 싸워야 할 부르주아 민족주의로서 즉각적으로 인식되어야 한다.

어떠한 민족 문제를 해결하는 과정에서도, 공산주의자는 아무런 제한 없는 무모순적인 민주주의의 원칙을 옹호해야 한다. 이러한 문제들에 있어서 민주주의의 어떠한 결여도, 망설이고 있는 수많은 노동자들이 민족주의자들 편—부르주아지가 그 노동자들에 대해 제한 없는 영향력을 발휘하는 것을 허용하는—으로 감염되는 것을 초래할 수 있다.

일반적 결론들

현대의 공산주의자들은 지난 세기에 투쟁의 광범위한 경험을 가지고 있는데, 민족 문제의 해결은 중요한 역할을 차지한다. 오늘날 노동자계급의 통합의 과제는 특정 지역에 살고 있는 모든 민족의 노동 인민에 대한 접근법을 발견하는 과제와 불가피하게 연계되어 있다. 부르주아지는 수백만 명의 노동자들의 대규모적인 재배치를 조직했지만, 여전히 그들이 더욱더 착취하려 하는 노동자들을 분열시키기 위해 어떠한 일도 한다. 이주민 거주지들은 다른 나라로 이주한 경우에도 "출신지의" 부르주아지의 영향력으로부터 어떤 사람이 이탈하는 것을 종종 허용하지 않는다. 다양한 종교 사원의 건축과 종교적 편견의 조장은 노동자들이 공장 밖에서 의사소통하는 것을 방해하고 공통의 근거를 찾는 것을 저지한다.

이 모든 것을 인식하면서, 공산주의자들은 볼셰비키의 경험을 채택할 뿐만 아니라, 상이한 민족들의 프롤레타리아트의 통합의 새로운 효과적인 방법들을 서로로부터 취하기 위해 현대적인 국제적 의사소통을 또한 수립해야 한다.

어떤 경우에도 이 거대한 작업은 역사적 경험을 배제하거나 오늘의 상황과 방법에 대한 끊임없는 분석 없이는 수행될 수는 없다.

우리에 대하여

"국제공산주의 평론(International Communist Review)"은 맑스-레닌주의 이론의 확산 및 발전에 기여하는 것을 목표로 하여, 계급투쟁의 문제뿐만 아니라 현대 자본주의 발전을 이데올로기적으로 분석하고 정치적 입장을 내놓는 것을 통해, 여러 가지 이론적 및 이데올로기적 문제에 대해 공통적으로 사업을 하는 공산당과 노동자당의 이론적, 정치적 평론들 간의 협력의 한 형태다. 그것은 자신의 원칙과 목적의 윤곽을 그리고 있는, 창립 선언에 토대를 두고 있다.

노사과연